Über dieses Buch

Als ihm die Welt von Gestern, die ihm eigentliche Welt, bereits untergegangen war und seine »geistige Heimat Europa sich selbst vernichtete«, schuf Stefan Zweig sich »jenseits der Zeit sein eigenes Vaterland, seine eigene Welt«, die des Geistes.

Allen jenen Freunden, Gefährten, Vorbildern und Weggenossen, die ihm wichtig geworden waren, jeder zu seiner Zeit, trug er in Form eines Aufsatzes, eines Essays seinen Dank zu. Dem einen, Jakob Wassermann, 1912, dem anderen, Montaigne, in der Einsamkeit des Exils, kurz vor dem Tod, 1941/42. Es sind große Darstellungen darunter, aber auch kleinere, aus einer besonderen Gelegenheit heraus entstandene. Immer jedoch erfährt man die Identität Stefan Zweigs mit seinem Wort, mit seiner Haltung. Sein Anspruch ist groß: er sucht den Brückenschlag vom langsam sich verlierenden Vaterland zur noch möglichen Zuflucht.

Richard Friedenthal, der Freund, hat diesen Band zusammengetragen und sehr bewußt den letzten großen Essay, über Montaigne, an den Anfang gestellt. Er ist ein Vermächtnis, sich der Würde des Menschen bewußt zu bleiben.

Der Autor

Stefan Zweig wurde am 28. November 1891 in Wien geboren, lebte von 1919 bis 1935 in Salzburg, emigrierte dann nach England und 1940 nach Brasilien. Früh als Übersetzer Verlaines, Baudelaires und vor allem Verhaerens hervorgetreten, veröffentlichte er 1901 seine ersten Gedichte unter dem Titel ›Silberne Saiten‹. Sein episches Werk machte ihn ebenso berühmt wie seine historischen Miniaturen und die biographischen Arbeiten. 1944 erschienen seine Erinnerungen, das von einer vergangenen Zeit erzählende Werk ›Die Welt von Gestern‹. Im Februar 1942 schied er in Petrópolis, Brasilien, freiwillig aus dem Leben.

Im Fischer Taschenbuch Verlag sind ferner erschienen: ›Phantastische Nacht‹, Vier Erzählungen (Bd. 45), ›Sternstunden der Menschheit‹ (Bd. 595), ›Die Welt von Gestern‹ (Bd. 1152), ›Schachnovelle‹ (Bd. 1522), ›Ungeduld des Herzens‹ (Bd. 1679), ›Maria Stuart‹ (Bd. 1714), ›Magellan‹ (Bd. 1830), ›Joseph Fouché‹ (Bd. 1915), ›Verwirrung der Gefühle‹ (Bd. 2129), ›Die Hochzeit von Lyon und andere Erzählungen‹ (Bd. 2281), ›Der Kampf mit dem Dämon. Hölderlin, Kleist, Nietzsche‹ (Bd. 2282), ›Drei Meister. Balzac, Dickens, Dostojewski‹ (Bd. 2289), ›Drei Dichter ihres Lebens. Casanova, Stendhal, Tolstoi‹ (Bd. 2290).

STEFAN ZWEIG

EUROPÄISCHES ERBE

FISCHER TASCHENBUCH VERLAG

Herausgegeben von
Richard Friedenthal

Fischer Taschenbuch Verlag
Juni 1981
Ungekürzte Ausgabe
Umschlagentwurf: Jan Buchholz/Reni Hinsch
Foto: Harro Wolter
Fischer Taschenbuch Verlag GmbH, Frankfurt am Main
Lizenzausgabe mit freundlicher Genehmigung der
S. Fischer Verlag GmbH, Frankfurt am Main
© S. Fischer Verlag, Frankfurt am Main 1960
Gesamtherstellung: Hanseatische Druckanstalt GmbH, Hamburg
Printed in Germany
780-ISBN-3-596-22284-2

Inhalt

Montaigne

Es gibt einige wenige Schriftsteller, die jedem aufgetan sind in jedem Alter und in jeder Epoche des Lebens – Homer, Shakespeare, Goethe, Balzac, Tolstoi – und dann wieder andere, die sich erst zu bestimmter Stunde in ihrer ganzen Bedeutung erschließen. Zu ihnen gehört Montaigne. Man darf nicht allzu jung, nicht ohne Erfahrungen und Enttäuschungen sein, um ihn richtig würdigen zu können, und am hilfreichsten wird sein freies und unbeirrbares Denken einer Generation, die, wie etwa die unsere, vom Schicksal in einen kataraktischen Aufruhr der Welt geworfen wurde. Nur wer in der eigenen erschütterten Seele eine Zeit durchleben muß, die mit Krieg, Gewalt und tyrannischen Ideologien dem Einzelnen das Leben und innerhalb seines Lebens wieder die kostbarste Substanz, die individuelle Freiheit, bedroht, nur der weiß, wieviel Mut, wieviel Ehrlichkeit und Entschlossenheit vonnöten sind, in solchen Zeiten der Herdentollheit seinem innersten Ich treu zu bleiben. Nur er weiß, daß keine Sache auf Erden schwerer und problematischer wird als innerhalb einer Massenkatastrophe sich seine geistige und moralische Unabhängigkeit unbefleckt zu bewahren. Erst wenn man selbst an der Vernunft, an der Würde der Menschheit gezweifelt und verzweifelt hat, vermag man es als Tat zu rühmen, wenn ein Einzelner inmitten eines Weltchaos sich vorbildlich aufrecht erhält.

Daß man Montaignes Weisheit und Größe erst als Erfahrener, als Geprüfter zu würdigen vermag, habe ich an mir selber erfahren. Als ich das erste Mal mit zwanzig Jahren seine »Essais«, dies einzige Buch, in dem er sich uns hinterlassen hat, zur Hand nahm, wußte ich – ehrlich gesagt – nicht viel damit anzufangen. Ich besaß zwar genug literarischen Kunstverstand, um respektvoll zu erkennen, daß sich hier eine interessante Persönlichkeit kundtat, ein besonders hellsichtiger und weitsichtiger, ein liebenswerter Mensch und überdies noch ein Künstler, der jedem Satz und jedem Diktum individuelle Prägung zu geben wußte. Aber meine Freude blieb eine literarische, eine antiquarische Freude; es fehlte die innere

Zündung der leidenschaftlichen Begeisterung, das elektrische Überspringen von Seele zu Seele. Schon die Thematik der »Essais« schien mir ziemlich abwegig und zum größten Teil ohne Überschaltungsmöglichkeit in meine eigene Seele. Was gingen mich jungen Menschen des zwanzigsten Jahrhunderts die weiträumigen Exkurse des Sieur de Montaigne über die »Cérémonie de l'entrevue des rois« oder seine »Considérations sur Cicero« an? Wie schulmäßig und unzeitgemäß dünkte mich das schon stark von der Zeit angebräunte Französisch, das obendrein mit lateinischen Zitaten gespickt war. Und selbst zu seiner milden, temperierten Weisheit fand ich keine Beziehung. Sie kam zu früh. Denn was sollte das kluge Abmahnen Montaignes, man solle sich nicht ehrgeizig mühen, sich nicht allzu leidenschaftlich in die äußere Welt verstricken? Was konnte sein beschwichtigendes Drängen zu Temperiertheit und Toleranz einem ungestümen Alter bedeuten, das nicht desillusioniert werden will und nicht beruhigt, sondern unbewußt nur verstärkt sein mochte in seinem vitalen Auftrieb? Es liegt im Wesen der Jugend, daß sie nicht zu Milde, zur Skepsis beraten zu sein wünscht. Jeder Zweifel wird ihr zur Hemmung, weil sie Gläubigkeit und Ideale braucht zur Auslösung ihrer inneren Stoßkraft. Und selbst der radikalste, der absurdeste Wahn wird ihr, sofern er sie nur befeuert, wichtiger sein als die erhabenste Weisheit, die ihre Willenskraft schwächt.

Und dann – jene individuelle Freiheit, deren entschlossenster Herold für alle Zeiten Montaigne geworden ist, schien sie uns wirklich um 1900 noch derart hartnäckiger Verteidigung zu bedürfen? War das alles denn nicht schon längst Selbstverständlichkeit geworden, durch Gesetz und Sitte garantierter Besitz einer längst von Diktatur und Knechtschaft emanzipierten Menschheit? Selbstverständlich uns gehörig, wie der Atem unseres Mundes, der Pulsschlag unseres Herzens, schien uns das Recht auf das eigene Leben, die eigenen Gedanken und ihre ungehemmte Aussage in Wort und Schrift. Offen lag uns die Welt, Land um Land, wir waren nicht Gefangene des Staates, nicht geknechtet in Kriegsdienst, nicht untertan der Willkür tyrannischer Ideologien. Niemand war in Gefahr, geächtet, verbannt, eingekerkert und vertrieben zu werden. So schien Montaigne unserer Generation sinnlos an Ketten zu rütteln, die wir längst zerbrochen meinten, ahnungslos, daß sie vom Schicksal uns schon neu geschmiedet wurden, härter und grausamer als je. So ehrten und respektierten wir seinen Kampf um die Freiheit der Seele als einen historischen, der für uns längst überflüssig und ohne Belang war. Denn es gehört zu den geheimnisvollen Gesetzen des Lebens, daß wir seiner wahren und wesentlichen Werte immer erst zu spät gewahr werden: der Jugend, wenn sie entschwindet, der Gesundheit, sobald sie uns verläßt, und der Freiheit, dieser kostbarsten Essenz unserer Seele, erst im Augenblick, da sie uns genommen werden soll oder schon genommen worden ist.

Es mußte also, um Montaignes Lebenskunst und Lebensweisheit zu verstehen, um die Notwendigkeit seines Kampfes um das »soi-même« als die notwendigste Auseinandersetzung unserer geistigen Welt zu begreifen, eine Situation kommen, die der seines eigenen Lebens ähnlich war. Auch wir mußten, wie er, erst einen jener entsetzlichen Rückfälle der Welt aus einem der herrlichsten Aufstiege erleben. Auch wir mußten aus unseren Hoffnungen, Erfahrungen, Erwartungen und Begeisterungen mit der Peitsche zurückgejagt werden bis auf jenen Punkt, wo man schließlich nurmehr sein nacktes Ich, seine einmalige und unwiederbringliche Existenz verteidigt. Erst in dieser Bruderschaft des Schicksals ist mir Montaigne der unentbehrliche Helfer, Tröster und Freund geworden, denn wie verzweifelt ähnlich ist sein Schicksal dem unseren! Als Michel de Montaigne ins Leben tritt, beginnt eine große Hoffnung zu erlöschen, eine gleiche Hoffnung, wie wir sie selbst zu Anfang unseres Jahrhunderts erlebt haben: die Hoffnung auf eine Humanisierung der Welt. Im Verlauf eines einzigen Lebensalters hatte die Renaissance der beglückten Menschheit mit ihren Künstlern, ihren Malern, ihren Dichtern, ihren Gelehrten eine neue, in gleicher Vollkommenheit nie erhoffte Schönheit geschenkt. Ein Jahrhundert – nein, Jahrhunderte schienen anzubrechen, wo die schöpferische Kraft das dunkle und chaotische Dasein Stufe um Stufe, Welle um Welle dem Göttlichen entgegentrug. Mit einem Male war die Welt weit, voll und reich geworden. Aus dem Altertum brachten die Gelehrten mit der lateinischen, der griechischen Sprache die Weisheit Platos und Aristoteles' wieder den Menschen zurück. Der Humanismus unter Erasmus' Führung versprach eine einheitliche, eine kosmopolitische Kultur; die Reformation schien eine neue Freiheit des Glaubens neben der neuen Weite des Wissens zu begründen. Der Raum und die

Grenzen zwischen den Völkern zerbrachen, denn die eben entdeckte Druckerpresse gab jedem Wort, jeder Meinung die Möglichkeiten beschwingter Verbreitung; was einem Volke geschenkt war, schien allen gehörig, man glaubte, daß durch den Geist eine Einheit geschaffen sei über dem blutigen Zwist der Könige, der Fürsten und der Waffen. Und abermaliges Wunder: zugleich mit der geistigen weitete sich die irdische Welt ins Ungeahnte. Aus dem bisher weglosen Ozean tauchten neue Küsten, neue Länder auf, ein riesiger Kontinent verbürgte eine Heimstatt für Generationen und Generationen. Rascher pulsierte der Blutkreislauf des Handels, Reichtum durchströmte die alte europäische Erde und schuf Luxus, und der Luxus wiederum Bauten, Bilder und Statuen – eine verschönte, eine vergeistigte Welt. Immer aber, wenn der Raum sich erweitert, spannt sich die Seele. Wie in unserer eigenen Jahrhundertwende, da abermals der Raum sich großartig dehnte, dank der Eroberung des Äthers durch das Flugzeug und das unsichtbar die Länder überschwebende Wort, da Physik und Chemie, Technik und Wissenschaft Geheimnis auf Geheimnis der Natur entrangen und ihre Kräfte den Menschen dienstbar machten, beseelte unsagbare Hoffnung die schon so oft enttäuschte Menschheit, und aus tausend Seelen klang Antwort dem Jubelruf Ulrich von Huttens zurück: »Es ist eine Lust zu leben.«

Aber immer, wenn die Welle zu steil und zu rasch ansteigt, fällt sie um so kataraktischer zurück. Und so wie in unserer Zeit gerade die neuen Errungenschaften, die Wunder der Technik sich in die fürchterlichsten Faktoren der Zerstörung verwandeln, so verwandeln sich die Elemente der Renaissance und des Humanismus, die heilsam erschienen, in mörderisches Gift. Die Reformation, die Europa einen neuen Geist der Christlichkeit zu geben träumte, zeitigt die beispiellose Barbarei der Religionskriege, die Druckerpresse verbreitet statt Bildung den Furor Theologicus, statt des Humanismus triumphiert die Intoleranz. In ganz Europa zerfleischt sich jedes Land in mörderischem Bürgerkrieg, indes in der Neuen Welt sich die Bestialität der Konquistadoren mit einer unüberbietbaren Grausamkeit austobt. Das Zeitalter eines Raffael und Michelangelo, eines Leonardo da Vinci, Dürer und Erasmus fällt zurück in die Untaten eines Attila, eines Dschingiskhan, eines Tamerlan.

Diesen grauenhaften Rückfall aus dem Humanismus in die Bestialität, einer dieser sporadischen Wahnsinnsausbrüche der Menschheit, wie wir ihn heute abermals erleben, völlig ohnmächtig mitansehen zu müssen, trotz unbeirrbarer geistiger Wachheit und mitfühlendster seelischer Erschütterung: das bedeutet die eigentliche Tragödie im Leben Montaignes. Er hat den Frieden, die Vernunft, die Konzilianz, alle diese hohen geistigen Kräfte, denen seine Seele verschworen war, nicht einen Augenblick seines Lebens in seinem Land, in seiner Welt wirksam gesehen. Beim ersten Blick in die Zeit, wie beim Abschiednehmen, wendet er sich – wie wir – voll Grauen ab von dem Pandämonium der Wut und des Hasses, das sein Vaterland, das die Menschheit schändet und verstört. Er ist ein halber Knabe, nicht älter als fünfzehn Jahre, als vor seinen Augen in Bordeaux der Volksaufstand gegen die »gabelle«, die Salzsteuer, mit einer Unmenschlichkeit niedergeschlagen wird, die ihn selbst zeitlebens zum rasenden Feind aller Grausamkeit macht. Der Knabe sieht, wie Menschen zu Hunderten vom Leben zu Tode gequält werden, gehängt, gepfählt, geviertet, enthauptet, verbrannt, er sieht die Raben noch tagelang um die Richtstatt flattern, um sich vom verbrannten und halb verfaulten Fleisch der Opfer zu nähren. Er hört die Schreie der Gepeinigten und muß den Geruch des verbrannten Fleisches riechen, der durch die Gassen schwelt. Und kaum da der Knabe erwachsen ist, beginnt der Bürgerkrieg, der mit seinen fanatischen Gegensätzen der Ideologien Frankreich so völlig verwüstet, wie heute die sozialen und nationalen Fanatismen die Welt von einem bis zum anderen Ende zerstören. Die »Chambre Ardente« läßt die Protestanten verbrennen, die Bartholomäusnacht rottet achttausend Menschen an einem Tage aus. Die Hugenotten wieder vergelten Verbrechen mit Verbrechen: sie stürmen die Kirchen, sie zerschmettern die Statuen, selbst den Toten läßt die Besessenheit keinen Frieden und die Gräber Richard Löwenherz' und Wilhelms des Eroberers werden aufgerissen und geplündert. Von Dorf zu Dorf, von Stadt zu Stadt ziehen die Truppen, bald die katholischen, bald die hugenottischen, aber immer Franzosen gegen Franzosen, Bürger gegen Bürger, und keine Partei der anderen nachgebend in ihrer überreizten Bestialität. Ganze gefangene Garnisonen werden niedergemacht vom ersten bis zum letzten Mann, die Flüsse verpestet durch die niederschwemmenden

Leichen; auf 120 000 sind die Dörfer geschätzt, die vernichtet und geplündert werden, und bald löst das Morden sich los von seinem ideellen Vorwand. Bewaffnete Banden überfallen die Schlösser und die Reisenden, gleichgültig, ob Protestanten oder Katholiken. Ein Ritt durch einen nachbarlichen Wald vor dem Hause ist nicht weniger gefährlich als eine Fahrt ins neue Indien oder zu den Kannibalen. Niemand weiß mehr, ob sein Haus ihm gehört und seine Habe, ob er morgen noch leben wird oder tot sein, gefangen oder frei, und als alter Mann, am Ende seines Lebens, 1588, schreibt Monaigne: »In dieser Verwirrung, in der wir uns seit dreißig Jahren befinden, sieht sich jeder Franzose stündlich einer Lage gegenüber, die eine völlige Umkehrung seines Schicksals bedeuten kann.« Es gibt keine Sicherheit mehr auf Erden: dieses Grundgefühl wird sich in Montaignes geistiger Anschauung notwendigerweise wider-spiegeln. Man muß daher suchen, solche Sicherheit außerhalb dieser Welt zu finden, abseits seines Vaterlandes; man muß sich weigern, mitzutoben im Chor der Besessenen, und jenseits der Zeit sein eigenes Vaterland, seine eigene Welt sich schaffen.

Wie die humanen Menschen in jener Zeit gefühlt – grauen-haft ähnlich unserem eigenen Empfinden –, bezeugt das Gedicht, das La Boétie 1560 an Montaigne, seinen siebenund-zwanzigjährigen Freund, richtet und in dem er ihn anruft: »Was für ein Schicksal hat uns gerade in diesen Zeiten geboren sein lassen. Der Untergang meines Landes liegt vor meinen Augen, und ich sehe keinen anderen Weg als auszuwandern, mein Haus zu verlassen und zu gehen wohin immer mich das Schicksal trägt. Lange schon hat der Zorn der Götter mich gemahnt zu fliehen, indem er mir die weiten und offenen Länder jenseits des Ozeans wies. Wenn an der Schwelle unseres Jahrhunderts eine neue Welt aus den Wogen erstand, so war es, weil die Götter sie bestimmten als ein Refugium, wo die Menschen frei unter einem besseren Himmel ihr Feld bestellen sollten, indes das grausame Schwert und eine schmachvolle Plage Europa zum Untergang verdammt.«

In solchen Epochen, da die Edelwerte des Lebens, da unser Friede, unsere Selbständigkeit, unser eingeborenes Recht, alles, was unser Dasein reiner, schöner, berechtigter macht, aufgeopfert werden der Besessenheit eines Dutzends von Fanatikern und Ideologen, münden alle Probleme für den

Menschen, der seine Menschlichkeit nicht an die Zeit verlieren will, in ein einziges: wie bleibe ich frei? Wie bewahre ich mir trotz aller Drohungen und Gefahren inmitten der Tollwut der Parteien die unbestechliche Klarheit des Geistes, wie die Humanität des Herzens unverstört inmitten der Bestialität? Wie entziehe ich mich den tyrannischen Forderungen, die Staat oder Kirche oder Politik mir wider meinen Willen aufzwingen wollen? Wie wehre ich mich dagegen, nicht weiter zu gehen in meinen Mitteilungen oder Handlungen, als mein innerstes Ich innerlich will? Wie schütze ich diese einzige, einmalige Parzelle meines Ichs gegen die Einstellung auf das Reglementierte und das von außen dekretierte Maß? Wie bewahre ich meine ureigenste Seele und ihre nur mir gehörige Materie, meinen Körper, meine Gesundheit, meine Gedanken, meine Gefühle vor der Gefahr, fremdem Wahn und fremden Interessen aufgeopfert zu werden?

An diese Frage, und an sie allein, hat Montaigne sein Leben und seine Kraft gewandt. Um dieser Freiheit willen hat er sich beobachtet, überwacht, geprüft und getadelt in jeder Bewegung und in jedem Gefühl. Und dies Suchen um die seelische Rettung, um die Rettung der Freiheit in einer Zeit der allgemeinen Servilität vor Ideologien und Parteien bringt ihn uns heute brüderlich nahe wie keinen anderen Künstler. Wenn wir ihn vor allen ehren und lieben, so geschieht es darum, weil er wie kein anderer sich der höchsten Kunst des Lebens hingegeben hat: »rester soi-même«.

Andere, ruhigere Zeiten haben die literarische, die moralische, die psychologische Nachlassenschaft Montaignes aus einem anderen Gesichtswinkel betrachtet; sie haben gelehrt darüber gestritten, ob er Skeptiker gewesen oder Christ, Epikuräer oder Stoiker, Philosoph oder Amüseur, Schriftsteller oder bloß genialer Dilettant. In Doktor-Dissertationen und Abhandlungen sind seine Anschauungen über Erziehung und Religion auf das sorglichste seziert worden. Mich aber berührt und beschäftigt an Montaigne heute nur dies: wie er in einer Zeit ähnlich der unsrigen sich innerlich freigemacht hat und wie wir, indem wir ihn lesen, uns an seinem Beispiel bestärken können. Ich sehe ihn als den Erzvater, Schutzpatron und Freund jedes »homme libre« auf Erden, als den besten Lehrer dieser neuen und doch ewigen Wissenschaft, sich selbst zu bewahren, gegen alle und alles. Wenige Menschen auf Erden haben ehrlicher und erbitterter darum gerungen, ihr innerstes Ich, ihre »essence« unvermischbar und unbeeinflußbar vom trüben und giftigen Schaum der Zeiterregung zu halten, und wenigen ist es gelungen, dieses innerste Ich vor ihrer Zeit zu retten für alle Zeiten.

Dieser Kampf Montaignes um die Wahrung der inneren Freiheit, der vielleicht bewußteste und zäheste, den je ein geistiger Mensch geführt, hat äußerlich nicht das geringste Pathetische oder Heroische an sich. Nur gezwungen könnte man Montaigne in die Reihe der Dichter und Denker einreihen, die mit ihrem Wort für die »Freiheit der Menschheit« gekämpft haben. Er hat nichts von den rollenden Tiraden und dem schönen Schwung eines Schiller oder Lord Byron, nichts von der Aggressivität eines Voltaire. Er hätte gelächelt über den Gedanken, etwas so Persönliches wie innere Freiheit auf andere Menschen und gar auf Massen übertragen zu wollen, und die professionellen Weltverbesserer, die Theoretiker und Überzeugungsverschleißer hat er aus dem innersten Grunde seiner Seele gehaßt. Er wußte zu gut, eine wie ungeheure Aufgabe schon dies allein bedeutet: in sich selbst innere Selbständigkeit zu bewahren. So beschränkt sich sein Kampf ausschließlich auf die Defensive, auf die Verteidigung jener innersten Schanze, die Goethe die »Zitadelle« nennt und zu der kein Mensch einem anderen Zutritt verstattet. Seine Taktik war, im Äußeren möglichst unauffällig und unscheinbar zu bleiben, mit einer Art Tarnkappe durch die Welt zu gehen, um den Weg zu sich selbst zu finden.

So hat Montaigne eigentlich nicht das, was man eine Biographie nennt. Er hat nie Anstoß erregt, weil er sich im Leben nicht vordrängte und für seine Gedanken nicht um Zuhörer und Jasager warb. Nach außen schien er ein Bürger, ein Beamter, ein Ehemann, ein Katholik, ein Mann, der unscheinbar das äußerlich Verlangte seiner Pflichten erfüllte. Er nahm für die Umwelt die Schutzfarbe der Unauffälligkeit an, um nach innen das Farbenspiel seiner Seele in allen Nuancen entfalten und betrachten zu können. Sich herzuleihen war er jederzeit bereit – sich herzugeben niemals. Immer behielt er in jeder Form seines Lebens das Beste, das Eigentliche seines Wesens zurück. Er ließ die andern reden und sich zu Rotten scharen, eifern, predigen und paradieren; er ließ die Welt ihre wirren und törichten Wege gehen und kümmerte sich nur um eines: vernünftig zu sein für sich selbst, menschlich in einer Zeit der Unmenschlichkeit, frei innerhalb des Massenwahnes. Er ließ jeden spotten, der ihn gleichgültig nannte, unentschieden und feige; er ließ die andern sich wundern, daß er sich nicht vordrängelte zu Ämtern und Würden. Selbst die Nächsten, die ihn kannten, ahnten nicht, mit welcher Ausdauer, Klugheit und Geschmeidigkeit er im Schatten der Öffentlichkeit an der einen Aufgabe arbeitete, die er sich gestellt hatte: statt eines bloßen Lebens sein eignes Leben zu leben.

Damit hat der scheinbar Tatenlose eine unvergleichliche Tat getan. Indem er sich selbst erhielt und beschrieb, hat er den Menschen in nuce in sich erhalten, den nackten und überzeitlichen Menschen. Und während alles andere, die theologischen Traktate und die philosophischen Exkurse seines Jahrhunderts uns fremd und verjährt anmuten, ist er unser Zeitgenosse, der Mann von heute und immer, ist sein Kampf der aktuellste auf Erden geblieben. Hundertmal, von Blatt zu Blatt, wenn man Montaigne aufschlägt, hat man das Gefühl: nostra res agitur, das Gefühl, hier ist besser, als ich selbst es sagen könnte, gedacht, was die innerste Sorge meiner Seele in dieser Zeit ist. Hier ist ein Du, in dem mein Ich sich spiegelt, hier ist die Distanz aufgehoben, die Zeit von Zeiten trennt. Nicht ein Buch ist mit mir, nicht Literatur, nicht Philosophie, sondern ein Mensch, dem ich Bruder bin, ein Mensch, der mich berät, der mich tröstet, ein Mensch, den ich verstehe und der mich versteht. Nehme ich die »Essais« zur Hand, so verschwindet im halbdunklen Raum das bedruckte Papier. Jemand atmet, jemand lebt mit mir, ein Fremder ist zu mir getreten und ist kein Fremder mehr, sondern jemand, den ich mir nahe fühle wie einen Freund. Vierhundert Jahre sind verweht wie Rauch: es ist nicht der Seigneur de Montaigne, der gentilhomme de la chambre eines verschollenen Königs von Frankreich, nicht der Schloßherr aus Périgord, der zu mir spricht; er hat die weiße gefältelte Schaube abgelegt, den Spitzhut, den Degen, er hat die stolze Kette mit dem Orden des St. Michel vom Halse genommen. Es ist nicht der Bürgermeister von Bordeaux, der bei mir zu Besuch ist, und nicht der Schriftsteller. Ein Freund ist gekommen, mich zu beraten und von sich zu erzählen. Manchmal ist in seiner Stimme eine leise Trauer über die Gebrechlichkeit unseres menschlichen Wesens, die Unzulänglichkeit unseres Verstandes, die Engstirnigkeit unserer Führer, den Widersinn und die Grausamkeit unserer Zeit, jene edle Trauer, die sein Schüler Shakespeare gerade den liebsten seiner Gestalten, einem Hamlet, Brutus oder Prospero so unvergeßlich mitgegeben hat. Aber dann spüre ich wieder sein Lächeln: warum nimmst du dies alles so schwer? Warum läßt du dich anfechten und niederbeugen von dem Unsinn und der Bestialität deiner Zeit? All das rührt doch nur an deine Haut, nicht an dein inneres Ich. Das Außen kann dir nichts nehmen und kann dich nicht verstören, solange du dich nicht selber verstören läßt. »L'homme d'entendement n'a rien à perdre.« Die zeitlichen Geschehnisse sind machtlos über dich, sofern du dich weigerst, an ihnen teilzunehmen, der Wahnsinn der Zeit ist keine wirkliche Not, solange du selbst deine Klarheit behältst. Und selbst die schlimmsten deiner Erlebnisse, die scheinbaren Erniedrigungen, die Schläge des Schicksals –, du fühlst sie nur, solange du schwach vor ihnen wirst, denn wer ist es als du selbst, der ihnen Wert und Schwere, der ihnen Lust und Schmerz zuteilt? Nichts kann dein Ich erheben und erniedrigen als du selbst – selbst der schwerste Druck von außen hebt sich dem leicht auf, der innerlich fest und frei bleibt. Immer und insbesondere, wenn das einzelne Individuum in seinem seelischen Frieden und seiner Freiheit bedrängt ist, bedeutet das Wort und der weise Zuspruch Montaignes eine Wohltat, denn nichts schützt uns mehr in Zeiten der Verwirrung und Parteiung als Aufrichtigkeit und Menschlichkeit. Immer und jedesmal ist, was er vor Jahrhunderten sagte, noch gültig und wahr für jeden, der sich um seine eigene Selbständigkeit bemüht. Niemand aber haben wir dankbarer zu sein als jenen, die in einer unmenschlichen Zeit wie der unseren das Menschliche in uns bestärken, die uns mahnen, das Einzige und Unverlierbare, das wir besitzen, unser innerstes Ich, nicht preiszugeben. Denn nur jener, der selbst frei bleibt gegen alles und alle, mehrt und erhält die Freiheit auf Erden.

2. KAPITEL

Daß der Verfasser der »Essais« sein Buch mit dem stolzen Autorennamen Michel Sieur de Montaigne zeichnen kann und ein adliges Wappen führen, hat ursprünglich die bescheidene

Summe von neunhundert Franken gekostet. Denn ehe sein Urgroßvater am 10. Oktober 1477 von den Erzbischöfen von Bordeaux das Schloß Montaigne um diese Summe kauft und ehe dann dessen Enkel, Montaignes Vater, dazu die Erlaubnis erwirkt, den Namen dieses Landsitzes seinem eigenen Namen als Adelstitel beizufügen, hießen Michaels Ahnen höchst simpel und bürgerlich Eyquem. Erst Michael Montaigne, der dank seiner klugen und skeptischen Weltkenntnis weiß, wie vorteilhaft es ist, in dieser Welt einen wohlklingenden Namen zu führen, »einen schönen Namen zu haben, der sich bequem aussprechen und behalten läßt«, radiert nach dem Tode seines Vaters aus allen Pergamenten und Urkunden den früheren Familiennamen aus. Nur diesem Umstand ist es zuzuschreiben, daß wir in der Geschichte der Weltliteratur den Verfasser der »Essais« im Alphabet nicht unter dem Buchstaben »E« als Michael Eyquem aufzublättern haben, sondern unter »M« als Michel de Montaigne.

Der Name der Familie Eyquem hat in Bordeaux seit Jahrhunderten einen guten Klang nach Silber und Gold, freilich nebenbei auch einen leichten Geruch von geräucherten Fischen. Woher diese Eyquems ursprünglich nach Bordeaux gekommen sind, ob aus England, wo Montaigne – in Sachen seiner Ahnenschaft immer wenig zuverlässig – behauptet, »alte vetterliche Beziehungen zu einem bekannten großen Hause« entdeckt zu haben, oder bloß aus der Umgebung der Stadt, das hat die gelehrte Ahnenforschung bisher noch nicht ergründet. Nachweisbar ist nur, daß die Eyquems jahrzehntelang im Hafenviertel de la Rousselle ihre Kontore gehabt haben, von denen sie geräucherte Fische, Wein und andere Artikel höchst kleinbürgerlich als Makler verfrachteten. Der erste Aufstieg aus Fischhandel und Krämerei beginnt mit Ramon Eyquem, Montaignes Urgroßvater, der, 1402 zu Blanquefort in Médoc geboren, sich schon als Reeder betätigt und durch seine vorsichtige Klugheit sowie durch die Heirat mit der reichsten Erbin von Bordeaux den Grundstock zu dem Familienvermögen legt. In seinem fünfundsiebzigsten Jahre macht dieser Ramon Eyquem seine klügste Akquisition, indem er die »maison noble«, das Schloß Montaigne, von dem Lehnsherrn, dem Erzbischof von Bordeaux, erwirbt. Diese Übernahme des Adelsschlosses durch einen simplen Bürger wird der Sitte der Zeit gemäß zu einem feierlichen Akt. Allein schreitet der greise

Kaufmann in das verlassene Schloß, durch das große Tor, das hinter ihm mit Riegeln verschlossen wird, bis der Diener, die Pächter, die Farmleute und Siedler dem neuen Herrn Eid und Huldigung dargebracht haben. Sein Sohn Grimon Eyquem, bescheidener gesinnt, ruht bloß auf dem väterlichen Erbe aus. Er vergrößert das Vermögen, läßt aber das alte Schloß in halbverfallenem Zustande, ohne sich weiter darum zu bekümmern. Erst der Enkel Ramon Eyquems, der Vater Montaignes, Pierre Eyquem, vollzieht den entscheidenden Übertritt der Familie aus der bürgerlichen in die adlige Welt. Er sagt der Schiffsmaklerei und dem Fischhandel Valet, um den mehr ritterlichen Beruf des Soldaten zu wählen. Er begleitet als junger Mensch König Franz I. in den italienischen Krieg, aus dem er ein – leider uns nicht erhaltenes – Tagebuch und als ersehnteste Belohnung seiner treuen Dienste den Titel Sieur de Montaigne zurückbringt. Bewußt erfüllt der neue Edelmann, was sein Großvater vorsorglich vorausgeträumt, indem er das alte und halbverfallene Schloß zum imposanten Herrensitz umbaut. Inmitten weiten Landes, das der tüchtige und energische Mann in unzähligen Prozessen und einzelnen Käufen erwirbt, erhebt sich mit dicken Mauern und Türmen die stattliche Burg. Es ist eine Festung, von außen gesehen, und zugleich eine Stätte humanistischer Bildung und generöser Gastlichkeit. Nicht ohne innere Belehrung und den Willen zu weiterer Bildung hat der junge Soldat das Italien der Renaissance in seiner schönsten Kunstblüte gesehen. Die bloße Geldgier und Gewinnfreude seiner Ahnen verwandelt sich bei ihm in höheren Ehrgeiz. Er legt den Grund zu einer stattlichen Bibliothek, er zieht gelehrte Männer, Humanisten und Professoren in sein Haus, und ohne die Verwaltung des großen Vermögens und seines ausgedehnten Grundbesitzes zu vernachlässigen, erachtet er es als seine Adelspflicht, wie einst im Kriege dem König nun im Frieden seiner Heimat zu dienen. Zuerst nur »Prevost« und »Jurat«, also bloßer Beisitzer der Stadtgemeinde, wird er schließlich zum Vizebürgermeister und dann zum Bürgermeister von Bordeaux gewählt, wo seine hingebungsvolle Tätigkeit ihm ein ehrenvolles Andenken schafft. Rührend schildert Montaigne die Hingabe des schon kranken und ermüdeten Mannes: »Ich erinnere mich, daß er mir schon in meiner Kindheit alt erschien. Seine Seele war grausam getroffen worden durch die öffentlichen Streitkeiten. Er hatte die sanfte Atmosphäre seines Hauses hinter sich lassen müssen. Vielleicht hatte auch die Schwäche des Alters ihn schon lange vor der Zeit erfaßt. Sowohl in seiner häuslichen Umgebung wie in seiner Gesundheit schien er dadurch beeinträchtigt, und sicherlich verachtete er das Leben, das er schon entgleiten fühlte. Und doch begab er sich im Interesse der Stadt auf lange und mühsame Reisen. So war sein Charakter. Und doch ertrug er all diese Zustände mit natürlicher großer Güte. Es gab keinen wohltätigeren und beliebteren Menschen als ihn.«

Mit Montaignes Vater ist der zweite und der vorletzte Schritt im Aufstieg der Familie getan. Aus den kleinen Händlern, die nur sich und ihre Familie bereichern, sind die Eyquems die Ersten der Stadt geworden, und aus den Eyquems die Sieurs de Montaigne. Mit Ehrfurcht wird der Name im ganzen Périgord und Guyenne genannt. Aber erst der Sohn wird den Aufstieg vollenden, er wird der Lehrer Shakespeares sein, der Berater von Königen, der Ruhm seiner Sprache und der Schutzpatron allen freien Denkens auf Erden.

Während so innerhalb von drei Generationen von Ramon über Grimon zu Pierre Eyquem die väterliche Familie aufsteigt, vollendet im gleichen Rhythmus, mit gleicher Zähigkeit und Weitsicht die mütterliche Familie Michel de Montaignes ihren Weg nach oben. Als in seinem dreiunddreißigsten Jahre der Sieur Pierre de Montaigne, Michels Vater, eine Demoiselle Antoinette de Louppes de Villeneuve zur Gattin wählt, scheint sich für den ersten flüchtigen Blick alter Adel mit altem Adel zu verbinden. Blättert man aber von diesem schön klingenden Ehekontrakt auf die älteren Pergamente und archivalischen Vermerke zurück, so entdeckt man, daß der Adel der Louppes de Villeneuve ebenso kurzen Atem hat wie jener der Montaigne und, um Casanovas Wort zu gebrauchen, genau so selbstherrlich aus dem Alphabet geholt ist wie jener der Eyquems. Fast zur gleichen Zeit, da der Fischhändler Ramon Eyquem rund hundert Jahre vor Montaignes Geburt die erste Stufe aus der sozial mißachteten bürgerlichen Welt in die ritterliche erklimmt, macht ein reicher spanischer Jude, Mosche Paçagon in Saragossa, den gleichen Schritt, um sich aus einer verfemten Gilde abzulösen, indem er sich taufen läßt. Ebenso wie die Eyquems bemüht, bei seinen Kindern und Nachbarn die eigentliche Herkunft zu verschatten, legt er sich statt seines jüdischen einen spanischen und ritterlich klingenden Namen zu. Er nennt sich nach der Taufe Garcia Lopez de Villanuova. Seine weitverzweigte Familie durchlebt dann die üblichen Schicksale der spanischen Inquisitionsjahre. Einigen dieser neuen Christen gelingt die Umschaltung. Sie werden Berater und Bankiers bei Hofe; andere weniger geschickte oder weniger vom Glück begünstigte werden als Maranen verbrannt. Die Vorsichtigen unter ihnen aber wandern rechtzeitig aus Spanien aus, ehe die Inquisition ihr adliges Christentum zu scharf unter die Lupe nimmt. Ein Teil der Familie Lopez de Villanuova übersiedelt nach Antwerpen und wird protestantisch. Eine andere, katholische Linie verlegt ihre Geschäfte nach Bordeaux und Toulouse, wo sich die Familie französisiert und zur weiteren Verschleierung ihrer Herkunft Louppes de Villeneuve nennt. Zwischen den Villeneuves und den Montaignes, oder vielmehr zwischen den Eyquems und den Paçagons gehen allerhand Geschäfte hin und her. Das letzte und für die Welt erfolgreichste wird am 15. Januar 1528 abgeschlossen durch die Heirat Pierre Eyquems mit Antoinette de Louppes, die eine Mitgift von tausend Gold-Écus in die Ehe bringt. Und man kann ungefähr ermessen, wie reich die Eyquems damals schon gewesen sein müssen, wenn Michel de Montaigne späterhin diese Mitgift als eine verhältnismäßig geringe bezeichnet.

Diese Mutter jüdischen Blutes, mit der Montaigne über ein halbes Jahrhundert im gleichen Hause lebt und die ihren berühmten Sohn sogar noch überlebt, erwähnt Montaigne in seinen Werken und Schriften mit keinem einzigen Wort. Man weiß nicht mehr von ihr, als daß sie bis zum Tode ihres Mannes, dem sie fünf Kinder geschenkt hat, das adlige Haus mit der der Familie doppelt eigenen »Prudhommie« verwaltet, so daß sie in ihrem Testament stolz niederschreiben kann: »Es ist bekannt, daß ich während eines Zeitraumes von vierzig Jahren im Haus der de Montaigne an der Seite meines Gatten gearbeitet habe, so daß durch meine Bemühungen, meine Sorge und Führung des Haushaltes besagtes Haus in seinem Werte gesteigert, verbessert und vermehrt worden ist.« Mehr ist von ihr nicht bekannt geworden, und man hat dieses Nichterwähnen der Mutter im ganzen Werk Montaignes oft dahin ausgelegt, daß er seine jüdische Herkunft habe verschleiern oder verdecken wollen. Montaigne war bei all seiner

Klugheit einer unseligen Adelseitelkeit verfallen; sein Testament verlangte zum Beispiel, daß er in der »Grabstätte seiner Ahnen« beigesetzt werden solle, während in Wirklichkeit nur sein Vater in Montaigne begraben war. Aber ebensowenig wie seine Mutter hat Montaigne – außer in einer einzigen Widmung – seine Frau oder seine Tochter jemals in seinen Schriften erwähnt. Sein Weltbild war aus der Antike geformt, wo die Frau im geistigen Bereich nicht in Betracht kam. Und so wissen wir weder von besonderer Neigung noch besonderer Abneigung des Eyquem-Enkels zur Enkelin des Mosche Paçagon. Es sind zwei Auftriebe, jeder stark und gesund, die sich in Montaigne, dem Spitzenpunkt dieser Pyramide des Aufstiegs, gleichzeitig vollenden und erschöpfen. In ihm löst sich alles, was zwischen den gascognischen Fischersleuten und jüdischen Maklern gegensätzlich war, in eine neue, einheitliche und schöpferische Form. Was er der einen Linie verdankt, was der anderen, das wird sich aus einer so vollkommenen Bindung ohne Künstlichkeit kaum lösen lassen. Man wird nur sagen können, daß er durch diese Gemischtheit prädestiniert war, ein Mensch der Mitte und ein Mensch der Bindung zu werden, unbefangen nach allen Seiten blickend, ohne Borniertheit in jedem Sinne, ein »libre penseur« und »citoyen du monde«, freigeistig und tolerant, Sohn und Bürger nicht einer Rasse und eines Vaterlandes, sondern Weltbürger jenseits von Ländern und Zeiten.

3. KAPITEL

In einem adligen Namen ist unbewußt der Wille enthalten, sich zu bewahren und zu übertragen von Geschlecht zu Geschlecht. So ist es für den ersten, der den Titel eines Seigneur de Montaigne trägt, für Pierre Eyquem de Montaigne, eine stolze Verkündigung, Ahnherr zu werden eines in Zukunft berühmten Geschlechtes, als ihm am letzten Tage des Februar 1533, nachdem er zuvor zwei Töchter bald nach ihrer Geburt verloren hat, der ersehnte erste Sohn, unser Michel de Montaigne, geboren wird. Von der Stunde seiner Geburt an weiht der Vater den Sohn einer hohen Bestimmung. Wie er selbst seinen eigenen Vater an Bildung, Kultur und gesellschaftlicher Stellung überholt hat, so soll dieser Sohn nun ihn wiederum übertreffen. Zweihundertfünfzig Jahre vor Jean Jacques Rousseau, drei Jahrhunderte vor Pestalozzi gestaltet mitten im 16. Jahrhundert in einem abgelegenen Schlosse der Gascogne sich ein Fischhändlerenkel und ehemaliger Soldat die Erziehung seines Sohnes als wohldurchdachtes Problem. Er läßt seine gelehrten humanistischen Freunde kommen und berät mit ihnen über die beste Methode, seinen Sohn von Anfang an im menschlichen und gesellschaftlichen Sinne zu etwas Außerordentlichem zu erziehen, und in manchen Punkten zeigt diese für jene Zeit wahrhaft verblüffende Fürsorge Übereinstimmung mit den modernsten Auffassungen. Schon der erste Beginn ist erstaunlich. Gleich aus der Wiege und von der Mutterbrust hinweg wird der Säugling, statt daß man wie sonst in aristokratischen Häusern eine Amme nimmt, aus dem Schlosse Montaigne entfernt und zu Leuten aus dem untersten Stande gegeben, zu armen Holzfällern in einem winzigen Weiler, der zur Seigneurie der Montaignes gehört. Der Vater will damit das Kind nicht nur zur »Einfachheit und Anspruchslosigkeit« erziehen und hofft es körperlich abzuhärten, er will es, in einer damals fast unverständlichen demokratischen Anwandlung, von Anfang an »dem Volke nahebringen und den Lebensbedingungen der Menschen, die unserer Hilfe bedürfen«. Vielleicht hat Pierre Eyquem in seiner bürgerlichen Zeit, ehe er noch den Adelstitel trug, den Hochmut der Privilegierten mit Erbitterung an sich erfahren. So will er, daß sein Sohn sich von Anfang an nicht als einer der »Oberen«, als Mitglied einer privilegierten Klasse empfinde, sondern frühzeitig lerne, »sich den Menschen zuzuwenden, die uns ihren Arm leihen, und nicht so sehr denen, die uns ihren Rücken weisen«. Körperlich scheint Montaigne die frugale und spartanische Zeit in der armseligen Köhlerhütte gut angeschlagen zu haben, und er berichtet, daß er als Kind sich dermaßen an die einfache Kost gewöhnt habe, daß er statt der Zuckerwaren, Konfitüren und Plätzchen immer nur die gewöhnliche Nahrung der Bauern bevorzugte: »Schwarzbrot, Speck und Milch.« Zeitlebens ist Montaigne seinem Vater dafür dankbar gewesen, daß er ihn gleichsam mit der Muttermilch vorurteilsfrei gemacht hat, und während Balzac es bis zu seinem Tode seiner Mutter vorwirft, daß sie ihn bis zu seinem vierten Jahre in das Haus eines Gendarmen gegeben, statt ihn bei sich zu behalten, billigt Montaigne das wohlgemeinte Experiment mit dem Versprechen: »Wenn ich Jungen haben sollte, dann wünschte ich ihnen aus freien Stücken das gleiche Schicksal, das ich hatte.«

Um so krasser ist dann der Umschwung, sobald der Vater das Kind nach drei Jahren wieder in das Schloß Montaigne nimmt. Nach dem Rat der gelehrten Freunde soll die Seele geschmeidig gemacht werden, nachdem der Körper gefestigt ist. Wie vom Heißen ins Kalte wird der junge Michel vom Proletarischen ins Humanistische hinübergestellt. Von Anfang an ist Pierre Eyquem in seinem Ehrgeiz entschlossen, aus seinem Sohn nicht einen müßigen Edelmann zu machen, der seine Zeit bei Würfeln, Wein und Jagd zwecklos vergeudet, oder einen bloßen Kaufmann und Geldraffer. Er soll aufsteigen in die höchsten Kreise derjenigen, die durch geistige Überlegenheit, durch Bildung und Kultur die Schicksale der Zeit im Rate der Könige lenken und mit ihrem Wort die Ereignisse beeinflussen, die statt in der Enge der Provinz in den weiteren Kreisen der Welt ihre Heimat haben. Der Schlüssel aber zu diesem geistigen Reich ist im Jahrhundert des Humanismus das Latein, und so beschließt Vater Montaigne, seinem Sohn dieses magische Instrument möglichst frühzeitig in die Hand zu geben. Auf dem abgelegenen Schloß in Périgord wird ein Experiment kuriosester Art in Szene gesetzt, das eines gewissen komödienhaften Zuges nicht entbehrt. Der Vater läßt mit großen Kosten einen deutschen Gelehrten kommen, und zwar bewußt einen, der kein einziges Wort französisch versteht, und noch zwei nicht minder gelehrte Gehilfen werden ihm beigestellt, die unter strengstem Verbot mit dem Kind nicht anders als in lateinischer Sprache sprechen dürfen. Die ersten und einzigen Vokabeln und Sätze, die das vierjährige Kind lernt, sind lateinische, und um zu verhüten, daß der Knabe sich gleichzeitig die französische Muttersprache aneignen könne und daß damit die Reinheit und Vollkommenheit seiner lateinischen Diktion gestört werde, wird um den kleinen Michel ein unsichtbarer Ring gezogen. Wenn der Vater, die Mutter oder die Diener dem Kinde etwas mitteilen wollen, müssen sie sich selbst zuvor die lateinischen Brocken von den Lehrern eintrichtern lassen. Und so entsteht im Schlosse Montaigne die wahrhaft lustspielhafte Situation, daß um eines pädagogischen Experimentes willen ein ganzes Haus mit Eltern und Gesinde um eines Vierjährigen willen Latein lernen muß.

Das hat dann die amüsante Folge, daß einzelne Worte und lateinische Vornamen bis weit hinein in die Nachbardörfer in Umlauf kommen.

Immerhin wird dadurch mit Leichtigkeit das gewünschte Resultat erzielt; der zukünftige große französische Prosaist weiß zwar mit sechs Jahren noch nicht einen einzigen Satz in seiner Muttersprache zu sagen, aber er hat ohne Buch, Grammatik und irgendwelchen Zwang, ohne Rute und ohne Tränen Latein in der reinsten und vollkommensten Form sprechen gelernt. Die antike Weltsprache ist so sehr Ursprache und Muttersprache für ihn, daß er zeitlebens Bücher in ihr beinahe lieber liest als in der eigenen. Und im Augenblick des Schreckens oder plötzlicher Aufschreie kommt ihm unwillkürlich das lateinische Wort statt des französischen in den Mund. Wäre Montaigne nicht in seinen Mannesjahren schon in den Niedergang des Humanismus geraten, so wären seine Werke wahrscheinlich wie die des Erasmus ausschließlich in dieser erneuerten Kunstsprache geschrieben worden und Frankreich hätte einen seiner meisterlichsten Schriftsteller verloren.

Diese Methode, seinen Sohn Latein ohne Anstrengung, ohne Bücher und gleichsam nur im Spiel erlernen zu lassen, ist aber nur eine Auswirkung der allgemeinen, wohlüberlegten Tendenz des Vaters, das Kind heranzubilden, ohne ihm die mindeste Mühe zu machen. Im Gegensatz zur harten Erziehung der Zeit, die mit dem Stock starre Vorschriften einhämmert, soll es sich seinen eigenen inneren Neigungen gemäß entwickeln und gestalten. Ausdrücklich haben die humanistischen Berater den fürsorglichen Vater angewiesen, »er sollte mir Geschmack am Wissen und an meinen Pflichten dadurch beibringen, daß mein freier Wille und mein eigener Wunsch danach geweckt wurde, ohne Zwang. Meine Seele sollte ganz sanft und in aller Freiheit erhoben werden, ohne Härte und unnatürlichen Druck.«

Bis zu welchem Grade diese bewußte Kultivierung des individuellen Willens auf dem sonderbaren Schlosse in Périgord geübt wurde, bezeugt ein amüsantes Detail. Offenbar hat einer der Präzeptoren geäußert, es sei schädlich für das »zarte Gehirn des Kindes«, wenn man es morgens »mit einem Schlage gewaltsam« aus dem Schlafe wecke. So wird ein besonderes System ersonnen, den Nerven des Knaben selbst diese geringfügigste Erschütterung zu ersparen: Michel de Montaigne wird in seinem kleinen Kinderbett täglich durch Musik erweckt. Flötenspieler oder Geigenkünstler umstehen wartend das Lager, bis ihnen das Zeichen gegeben wird, den schlafenden Michel durch eine Melodie sanft aus seinen Träumen ins Wachen zu führen, und dieser zärtliche Brauch wird mit strengster Sorgfalt eingehalten. »Zu keinem Zeitpunkt«, berichtet Montaigne, »war ich ohne Bedienung.« Kein bourbonischer Königssohn, kein habsburgischer Kaisersproß ist je mit solcher Rücksicht aufgezogen worden wie dieser Enkel gascognischer Fischhändler und jüdischer Geldmakler.

Eine solche superindividualistische Erziehung, die einem Kinde nichts verbietet und jeder seiner Neigungen freie Bahn läßt, stellt ein Experiment dar, und sogar ein nicht ungefährliches. Denn derart verwöhnt zu sein, niemals einen Widerstand zu finden und keiner Zucht sich fügen zu müssen, läßt einem Kinde die Möglichkeit, jede Laune wie jedes eingeborene Laster zu entwickeln. Und Montaigne gibt später selbst zu, daß er es nur einem Glücksfalle zu danken habe, wenn diese laxe und schonungsvolle Erziehung bei ihm gut angeschlagen habe.

»Wenn aus mir etwas Rechtes geworden ist, so möchte ich sagen, daß ich gewissermaßen unschuldig dazu gekommen bin, durch Zufall und wie von selbst. Wenn ich mit einer zuchtloseren Anlage geboren worden wäre, dann fürchte ich, wäre es recht kläglich mit mir ausgegangen.«

Gewisse Spuren dieser Erziehung, im Guten und im Schlimmen, sind freilich bei ihm sein Leben lang fühlbar geblieben, vor allem der hartnäckige Widerstand, sich irgendeiner Autorität zu fügen, einer Disziplin sich unterzuordnen, und auch eine gewisse Atrophie des Willens geht darauf zurück. Diese Kindheit hat Montaigne für alle kommenden Jahre verwöhnt, jeder starken und gewaltsamen Anspannung, allem Schwierigen, Regelmäßigen, Pflichthaften möglichst auszuweichen und immer nur dem eigenen Willen, der eigenen Laune nachzugeben. Jene »Weichheit« und »Sorglosigkeit«, die er oft bei sich beklagt, mag ihren innersten Kern in diesen Jahren haben, aber zugleich auch sein unbändiger Wille, frei zu bleiben und sich niemals einer fremden Meinung sklavisch unterzuordnen. Der gütigen Fürsorge seines Vaters hat er es zu danken, wenn er später stolz sagen darf:

»Ich besitze eine freie Seele, die völlig in sich ruht und

gewöhnt ist, sich selbst zu lenken, wie es ihr gefällt.« Wer einmal selbst als Unmündiger mit noch unbewußten Sinnen die Wollust und Wohltat der Freiheit erkannt hat, wird sie nie mehr vergessen und verlieren.

Diese nachsichtig verwöhnende Erziehungsform bedeutet einen entscheidenden Glücksfall für Montaignes besondere Seelenentfaltung. Aber es ist auch ein Glück für ihn, daß sie rechtzeitig ein Ende nimmt. Um Freiheit zu würdigen, muß man Zwang kennengelernt haben, und diese Erziehung wird Montaigne reichlich gegeben, sobald er mit sechs Jahren ins Kollegium von Bordeaux geschickt wird, wo er bis zum dreizehnten Jahre verbleibt. Nicht daß dort der Sohn des reichsten Mannes und Bürgermeisters der Stadt sehr hart und energisch angefaßt woerden wäre; das einzige Mal, da er die Rute bekommt, geschieht es »recht sänftlich«. Aber es ist immerhin eine strenge Disziplin, der er dort begegnet, eine Disziplin, die selbstherrlich ihre Anschauungen dem Schüler aufnötigt, ohne ihn nach den seinen zu fragen. Zum ersten Male muß er regelmäßig lernen, und unbewußt wehrt sich der Instinkt des Kindes, das nur gewohnt war, seinem eignen Willen zu folgen, gegen ein Wissen, das starr formuliert und präpariert ihm aufgezwungen wird. »Die Lehrer donnern immer in unsere Ohren«, klagt er, »als ob sie es in eine Röhre gössen, und unser Geschäft ist nur, zu wiederholen, was sie uns sagen.« Statt in den Schülern eigne Meinungen sich fruchtbar entwickeln zu lassen, füllen sie ihnen das Gedächtnis mit totem Stoff an, – »unser Verständnis und Bewußtsein bleibt dabei leer«, so klagt er. Und dann fragt er erbittert: »Was nützt es uns, daß wir uns den Bauch mit Fleisch füllen, wenn wir es nicht verdauen können, wenn es sich nicht in uns umbildet, uns stärkt und kräftigt?« Es erbittert ihn, daß die Scholasten des Kollegiums ihn Fakten und Zahlen und Gesetze und Systeme lernen lassen – nicht umsonst hat man die Rektoren jener Schule damals Pedanten genannt – und daß sie ihm ein Buchwissen, einen »reinen Bücherdünkel« aufzwingen wollen. Er empört sich darüber, daß sie den für den besten Schüler erklären, der am willigsten sich das merkt, was sie ihm vorsagen. Gerade das Zuviel an übernommenem Wissen ertötet die Fähigkeit, sich selbständig ein persönliches Weltbild aufzubauen:

»So wie die Pflanzen unter zuviel Feuchtigkeit eingehen oder die Lampen unter zuviel Öl erlöschen, so wird auch unsere geistige Tätigkeit durch ein Übermaß an Studien und Stoff beeinflußt.«

Ein solches Wissen ist nur eine Belastung des Gedächtnisses, nicht eine Funktion der Seele:

»Etwas auswendig wissen bedeutet nicht, daß man etwas weiß, sondern lediglich, daß man etwas im Gedächtnis behalten hat.«

Nicht das Datum der Schlacht von Cannae zu wissen ist wichtig bei der Lektüre des Livius und Plutarch, sondern die Charaktere Scipios und Hannibals zu kennen; nicht das kalte historische Faktum bedeutet ihm etwas, sondern sein menschlicher, sein seelischer Gehalt. So wird der reife Mann später seinen Schullehrern, die ihm selbst nichts als Regeln eindrillen wollten, eine schlechte Note und gleichzeitig eine gute Lektion erteilen. »Unsere Lehrer«, so sagt er in seinen späteren Jahren, »sollten nur das beurteilen, was ein Schüler durch das Zeugnis seines Lebens, nicht durch sein bloßes Gedächtnis gewonnen hat. Laßt den jungen Menschen alles, was er liest, prüfen und sieben und ihn nichts bloß auf Treu und Glauben oder Autorität hinnehmen. Gerade die verschiedensten Meinungen sollten ihm vorgelegt werden. Ist er fähig, so wird er seine Wahl treffen, wenn nicht, im Zweifel bleiben. Wer aber nur anderen folgt, der folgt keiner Sache, findet keine Sache, und sucht sogar keine Sache.«

Eine solche freigeistige Erziehung vermochten die guten Lehrer, obwohl sich unter ihnen ausgezeichnete und sogar berühmte Humanisten befanden, dem eigenwilligen Knaben nicht zu geben. Und so wird er ohne Dank von seiner Schule Abschied nehmen. Er verläßt sie »ohne ein Ergebnis, das ich noch jetzt in Rechnung stellen könnte«, wie er dann später sagt.

Wie Montaigne mit seinen Lehrern, so dürften auch diese mit ihrem Schüler nicht sonderlich zufrieden gewesen sein. Denn abgesehen von jenem inneren Widerstand gegen jedes Buchwissen, Schulwissen, Kopfwissen, gegen jede Disziplin und Ordnung, fehlte Montaigne – wie so vielen anderen hervorragenden Naturen, in denen die geistige Intensität in voller Kraft erst nach der Pubertät erwacht – eine rasche und geschmeidige Auffassungsgabe. Dieser später so wache, bewegliche und neugierige Geist ist in jenen Entwicklungsjahren in einer merkwürdigen Dumpfheit befangen. Es ist eine gewisse Trägheit, die auf ihm lastet:

»Ich war zwar von guter Gesundheit, und meiner Natur nach immer sanft und umgänglich, aber ich war damals so schwerfällig, schlaff und schläfrig, daß man mich aus meinem Müßiggang nicht herausreißen konnte, nicht einmal wenn man mich zum Spielen bringen wollte.«

Seine Fähigkeit des scharfen Beobachtens ist zwar schon vorhanden, aber gleichsam nur in potentiellem Zustand und in seltenen Augenblicken:

»Was ich sah, das beobachtete ich gut, und unter der Decke jenes schwerfälligen Naturells wuchsen in mir schon kühne Gedanken und Ansichten, die weit über mein Alter hinausgingen.«

Aber diese glücklichen Augenblicke wirken nur nach innen. Sie machen sich den Lehrern kaum bemerkbar, und Montaigne wirft ihnen keineswegs vor, ihn unterschätzt zu haben, sondern gibt seiner Jugend ein hartes Zeugnis:

»Mein Geist war träge und bewegte sich nur so weit vorwärts, wie man ihn ansornte; mein Begriffsvermögen entwickelte sich erst spät; meine Erfindungsgabe war matt, und vor allem litt ich an einer unglaublichen Schwäche des Gedächtnisses.«

Niemandem aber wird die Schule mehr zur Qual als den Begabten, deren Anlagen sie mit ihren trockenen Methoden nicht aufzulockern und fruchtbar zu machen weiß. Und wenn Montaigne diesem Gefängnis seiner Jugend heil entkommen ist, so war es nur, weil er wie so viele andere – Balzac hat es im »Louis Lambert« am schönsten geschildert – den heimlichen Tröster und Helfer findet: das dichterische Buch neben dem Schulbuch. Wie Louis Lambert kann er, einmal diesem Zauber der freien Lektüre verfallen, nicht mehr enden. Der junge Montaigne liest begeistert die Metamorphosen des Ovid, Virgils Aeneis, die Dramen des Plautus in der Originalsprache, die seine eigentliche Muttersprache ist. Und dieses Verständnis der klassischen Werke sowie seine Meisterschaft in der Behandlung des gesprochenen lateinischen Wortes bringt den schlechten und schläfrigen Schüler im Kollegium auf sonderbare Weise wieder zu Ehren. Einer seiner Lehrer, George Buchanan, der später in der Geschichte Schottlands eine bedeutsame Rolle spielen wird, ist der Verfasser damals hochgeachteter lateinischer Tragödien, und in diesen sowie in anderen lateinischen Theaterstücken tritt Montaigne mit viel Glück bei den Schulaufführungen als Schauspieler auf. Er übertrifft alle anderen durch die Modulationsfähigkeit seiner Stimme und die früh erworbene Meisterschaft in der lateinischen Sprache. Mit dreizehn Jahren ist die Erziehung des Unerziehbaren äußerlich schon abgeschlossen, und von nun ab wird Montaigne sein Leben lang sein eigner Lehrer und Schüler sein.

Nach der Schule, dem Kollegium, scheint dem Dreizehnjährigen noch eine gewisse Erholungszeit im väterlichen Hause gewährt worden zu sein, ehe er an der Universität Toulouse, oder vielleicht Paris Rechtswissenschaften studierte. Jedenfalls betrachtet er selbst mit dem zwanzigsten Jahre seine Entwicklung als endgültig abgeschlossen:

»Was mich anbelangt, so glaube ich, daß unsere Seele mit zwanzig Jahren bereits das geworden ist, was sie werden soll, und daß sie dann schon alle Anlagen erkennen läßt, die ihr gegeben sind... Es steht für mich fest, daß von diesem Zeitpunkt ab sowohl mein Geist wie mein Körper eher abgenommen als zugenommen haben, eher zurückgeblieben als fortgeschritten sind.«

Von diesem Montaigne der Zeit seiner zum ersten Male gesammelten Frische und Kraft ist uns kein Porträt erhalten. Aber er hat sich selbst zeit seines Lebens immer wieder mit solcher Sorgsamkeit, Lust und Schärfe beschrieben, daß man sich im Vertrauen auf seine Wahrheitsliebe eine zureichende physiognomische Vorstellung machen kann. Von Statur ist Montaigne, wie sein Vater, auffallend klein, ein Umstand, den er selbst als Nachteil empfindet und beklagt, weil diese wenigen Zoll unter dem Mittelmaß ihn einerseits auffällig machen und andererseits die Autorität seines Auftretens vermindern. Aber es bleibt genug übrig, um den jungen Edelmann wohlansehnlich zu machen. Der feste, gesunde Körper, der zarte Schnitt des Gesichtes, sein schmales Oval mit feingezogener Nase, in dem jede Linie hübsch geschwungen ist, die klare Stirn, die schön gewölbten Augenbrauen, der saftige Mund über und unter dem kastanienbraunen Bärtchen, das ihn wie mit heimlicher Absicht verschattet – das ist das Bild, das der junge Montaigne der Welt bietet. Die Augen, auffallend durch ihren starken, spähenden Glanz, dürften damals noch nicht den leicht melancholischen Blick gezeigt haben, der in den Porträts späterer Tage zu bemerken ist. Nach seinem eigenen Bericht war er dem Temperament nach, wenn auch nicht gerade lebendig und fröhlich, so doch wenigstens ruhig und ausgeglichen. Für die ritterlichen Tugenden, für Sport und Spiel fehlte ihm die körperliche Agilität und Vitalität seines Vaters, der noch mit sechzig Jahren, bloß auf seinen Daumen gestützt, sich im Sprung über den Tisch schwingen kann und im Sturm, immer drei Stufen auf einmal, die Treppen seines Schlosses emporläuft.

»Beweglich und geschickt bin ich nie gewesen. In der Musik oder im Singen oder Spielen eines Instrumentes konnte man mir nie etwas beibringen; ich hatte keine Begabung dafür. Beim Tanzen, Ballspiel oder Ringen brachte ich es nie über das Mittelmaß hinaus; beim Schwimmen, im Sprung über Hindernisse oder im Weitsprung und im Fechten versagte ich ganz. Meine Finger sind so ungeschickt, daß ich selbst nicht lesen kann, was ich geschrieben habe; ich kann nicht einmal einen Brief anständig zusammenfalten. Ich könnte mir nie eine Schreibfeder schneiden oder mein Pferd satteln, einen Falken fliegen lassen oder mit Hunden, Vögeln und Pferden umgehen.«

Sein Sinn ist mehr auf Geselligkeit gerichtet, und dieser widmet er sich dann auch, neben der Freude an Frauen, die ihn nach seiner eignen Aussage von frühester Stunde an und ausgiebig verlockt haben. Dank seiner besonders lebendigen Phantasie faßt er leicht auf. Ohne ein Stutzer zu sein – er bekennt, daß er dank einer gewissen Nonchalance, der sein Naturell zuneigt, zu den Leuten gehört, deren reiche Kleider doch immer etwas traurige Figur auf ihren Schultern machen –, sucht er Umgang und Kameradschaft. Und seine rechte Lust ist Diskussion, aber Diskussion gleichsam als Florettspiel, nicht aus Streitsucht oder Ressentiment. Über dem heißen gascognischen Blut, das ihn allerdings manchmal zu raschen, leidenschaftlichen Ausbrüchen treibt, wacht von Anfang an der klare, von Natur aus temperierte Verstand. Montaigne, den jede Roheit entsetzt, jede Brutalität anekelt, fühlt sich beim bloßen Anblick des Leidens bei anderen »physisch gepeinigt«. Der junge Montaigne, vor dem Stadium seiner erlernten und erdachten Weisheit, besitzt nichts als die instinktive Weisheit, das Leben und sich selbst in diesem Leben zu lieben. Noch ist nichts in ihm entschieden, kein Ziel sichtbar, dem er entgegenstrebt, keine Begabung, die sich deutlich oder herrisch kundgibt. Unschlüssig blickt der Zwanzigjährige mit seinen neugierigen Augen in die Welt, um zu sehen, was sie ihm, was er ihr zu geben hat.

4. KAPITEL

Es ist ein entscheidendes Datum im Leben Montaignes, als 1568 sein Vater Pierre Eyquem stirbt. Denn bisher hatte er mit Vater, Mutter, Gattin, Brüdern und Schwestern in dem Schlosse gelebt, das er etwas emphatisch »das Schloß seiner Ahnen« nennt, ohne sich um Vermögen, Wirtschaft und Geschäfte zu kümmern. Durch den Tod seines Vaters wird er ein Erbe, und sogar ein reicher Erbe. Als dem Erstgeborenen fällt ihm der Titel zu und eine Rente von zehntausend Livres, aber damit auch die Last der Verantwortung für den ganzen Besitz. Die Mutter wird mit ihrer eingebrachten Mitgift abgefunden, und nun hat Montaigne, als major domus, als Haupt der Familie, die Pflicht, die hundert kleinen Geschäfte und täglichen Verrechnungen zu leiten oder wenigstens zu prüfen, er, der nur ungern für sein eignes Tun und Lassen verantwortlich sein will. Und nichts ist Montaigne widriger als eine regelmäßige Beschäftigung, die Pflichtgefühl, Ausdauer, Zähigkeit, Sorgsamkeit, also durchaus methodische Tugenden erfordert. Unbefangen gesteht er ein, wie wenig er sich bis zur Mitte seines Lebens um die Hauswirtschaft gekümmert hat. Der Herr über Güter, Wälder, Wiesen und Weingärten bekennt offen: »Ich kann eine Kornart nicht von der anderen unterscheiden, weder auf dem Felde noch im Speicher, wenn der Unterschied nicht ganz augenfällig ist. Ich weiß kaum, ob das Kohl oder Salat ist, was in meinem Garten steht. Ich kenne nicht einmal die Bezeichnungen für die wichtigsten Geräte der Landwirtschaft und das, was jedes Kind weiß. Kein Monat vergeht, ohne daß ich dabei ertappt werde, daß ich keine Ahnung habe, wozu der Sauerteig beim Brotbacken dient oder was da eigentlich vorgeht, wenn sie den Wein in der Kufe mischen.« Aber ebenso ungeeignet wie mit Spaten und Schaufel ist dieser neue Gutsbesitzer in seiner Gutskanzlei. »Ich kann mich nie dazu überwinden, die Kontrakte durchzulesen oder die Abmachungen zu überprüfen, die eigentlich notwendigerweise durch meine Hände gehen und von mir kontrolliert werden müßten. Nicht aus philosophischer Verachtung der weltlichen und vergänglichen Dinge – nein, es ist in Wahrheit eine unentschuldbare kindische Faulheit und Nachlässigkeit. Alles würde ich lieber tun, als einen solchen Kontrakt durchzulesen.«

An und für sich ist ihm das Erbe, das ihm zugefallen ist, willkommen, denn Montaigne liebt sein Vermögen, das ihm die innere Unabhängigkeit sichert. Aber er wünschte sie zu haben, ohne sich damit zu schaffen zu machen: »Es ist mir am liebsten, wenn meine Verluste oder Mißhelligkeiten in meinen Geschäften mir verborgen bleiben.« Kaum, daß ihm eine Tochter geboren ist, träumt er schon davon, daß ein Schwiegersohn ihm all diese Arbeit und Sorge abnehmen möge. Er möchte die Verwaltung so erledigen, wie er Politik treiben wollte und alles andere auf Erden: gelegentlich, wenn er gerade Lust dazu hat, und mit der linken Hand, ohne sich selbst zu beteiligen. Er erkennt, daß Besitz ein Danaergeschenk ist, das täglich und stündlich verteidigt werden will. »Ich würde noch immer ganz zufrieden sein, wenn ich das Leben, das ich jetzt führe, gegen ein einfacheres eintauschen könnte, das nicht so von geschäftlichen Beanspruchungen starrt.«

Um diese goldne Last, die ihm die Schulter drückt, leichter zu tragen, beschließt Montaigne, eine andere abzuwerfen. Der Ehrgeiz seines Vaters hat ihn ins öffentliche Leben gedrängt. Etwa fünfzehn Jahre ist er Beisitzer in der niederen Kammer des Parlaments gewesen und nicht weiter gekommen in seiner Karriere. Nun, nach dem Tode seines Vaters, stellt er die Frage an das Schicksal. Er läßt sich, nachdem er die ganze Zeit der zehnte Beisitzer der Chambre des Enquêtes gewesen ist, als Kandidat für den Aufstieg in die große Kammer aufstellen. Am 14. November 1569 beschließt die Kammer jedoch, Montaigne abzuweisen, unter dem Vorwand, daß sein Schwiegervater Präsident und ein Schwager bereits Rat der großen Kammer sei. Die Entscheidung fällt gegen ihn, aber im höheren Sinn für ihn aus, denn damit hat Montaigne einen Grund oder Vorwand, dem öffentlichen Dienst Valet zu sagen. Er legt seine Stellung nieder, oder vielmehr, er verkauft sie und dient von diesem Tage an der Öffentlichkeit nur mehr in seinem Sinne: gelegentlich und wenn eine besondere Aufgabe ihn lockt. Ob

nicht auch geheime Gründe bei diesem Rückzug ins Privat-
leben mitgespielt haben, ist schwer zu mutmaßen. Jedenfalls
muß Montaigne gespürt haben, daß die Zeit zu einer Entscheidung drängt, und er liebt keine Entscheidungen. Die
öffentliche Atmosphäre ist von neuem vergiftet. Wieder haben die Protestanten zu den Waffen gegriffen und die Bartholomäusnacht ist nahe. Montaigne hat im Sinne seines Freundes La Boétie seine politische Aufgabe nur darin gesehen, im
Sinne der Konzilianz und Toleranz zu wirken. Seiner Natur
gemäß war er der geborene Vermittler zwischen den Parteien,
und seine eigentliche Leistung im öffentlichen Dienst hat
immer in solchen geheimen Vermittlungsverhandlungen bestanden. Aber die Zeit dafür ist nun vorbei; es kommt zu
einem Entweder-Oder. Frankreich muß hugenottisch oder
katholisch werden. Die nächsten Jahre werden ungeheure
Verantwortung jedem aufbürden, der sich mit den Geschicken
des Landes beschäftigt, und Montaigne ist der geschworene
Feind jeder Verantwortung. Er will den Entscheidungen ausweichen. Als der Weise in einer Zeit des Fanatismus sucht er
Rückzug und Flucht.

In seinem 38. Jahr hat sich Montaigne zurückgezogen. Er
will niemandem mehr dienen als sich selbst. Er ist müde der
Politik, der Öffentlichkeit, der Geschäfte. Es ist ein Augenblick der Desillusion. Er ist weniger als sein Vater, was
äußeres Ansehen und Stellung im Leben anbetrifft. Er ist ein
schlechterer Beamter gewesen, ein schlechterer Gatte, ein
schlechterer Verwalter. Was ist er nun wirklich? Er hat das
Gefühl, daß sein bisheriges Leben falsch war; er will jetzt
richtig leben, nachdenken und nachsinnen. In den Büchern
hofft er die Lösung für das Problem »Leben und Sterben« zu
finden.

Und um sich gleichsam die Rückkehr in die Welt abzu-
schneiden, läßt er sich in lateinischer Sprache an der Wand
seiner Bibliothek die Inschrift anbringen:

»Im Jahre des Herrn 1571, im Alter von 37 Jahren, am
Vorabend der Kalenden des März, an seinem Geburtstag hat
Michel de Montaigne, seit langem schon müde des Sklaven-
dienstes am Hof und der Bürden öffentlicher Ämter, aber
noch im Vollbesitz seiner Kräfte, beschlossen, sich an der
jungfräulichen Brust der Musen auszuruhen. Hier, in Stille
und Geborgenheit, wird er den sinkenden Ablauf eines Lebens

vollenden, dessen größter Teil bereits vorübergegangen ist – wenn das Schicksal ihm erlaubt, diesen Aufenthaltsort und den friedlichen Ruhesitz seiner Väter zu behalten. Er hat diesen Raum der Freiheit, der Stille und der Muße geweiht.«

Dieser Abschied soll mehr sein als ein Abschied vom Amt. Es soll eine Absage sein an die äußere Welt. Bisher hat er für andere gelebt, – jetzt will er für sich leben. Bisher hat er getan, was das Amt, der Hof, der Vater von ihm forderten – nun will er nur mehr tun, was ihm Freude macht. Wo er helfen wollte, konnte er nichts ausrichten; wo er aufstrebte, da versperrte man ihm den Weg; wo er raten wollte, hat man seinen Rat mißachtet. Er hat Erfahrungen gesammelt, nun will er ihren Sinn finden und die Wurzel aus der Summe ziehen. Michel de Montaigne hat achtunddreißig Jahre gelebt; nun will Michel de Montaigne wissen, wer eigentlich dieser Michel de Montaigne ist.

Aber auch dieser Rückzug in das eigene Haus, in das private Leben ist Montaigne nicht genug. Denn zwar gehört ihm das Haus nach Erbe und Recht, aber er fühlt, daß er eigentlich mehr dem Hause gehört als sich selbst. Da ist die Frau, da ist die Mutter, da sind die Kinder, die ihm alle nicht sonderlich wichtig sind – es gibt eine merkwürdige Stelle, wo er eingesteht, nicht recht zu wissen, wie viele seiner Kinder gestorben sind –, da sind die Angestellten, die Pächter, die Bauern, und all das will überdacht sein. Die Familie lebt nicht immer sehr friedlich zusammen; es ist ein volles Haus, und er will allein sein. All das ist ihm widerlich, störend, unbequem, und er denkt wie sein Vorbild La Boétie, von dem er als Tugend rühmt: »La Boétie hat während seines ganzen Lebens die Asche seines häuslichen Herdes verächtlich hinter sich gelassen.« Montaigne hat nicht auf den öffentlichen Dienst verzichtet, um jetzt als Familienvater täglich kleinere Sorgen um sich zu haben. Er will dem Kaiser geben, was des Kaisers ist, aber nicht einen Tropfen mehr. Er will lesen, denken, genießen; er will sich nicht beschäftigen lassen, sondern sich selbst beschäftigen. Was Montaigne sucht, ist sein inneres Ich, das nicht dem Staat, der Familie, der Zeit, den Umständen, dem Gelde, dem Besitz gehören soll, jenes innere Ich, das Goethe die »Zitadelle« nannte, in die er niemandem Einlaß gewährte.

Der Weg aus dem Amt ins Haus war nur der erste Rückzug;

jetzt zieht er sich vor der Familie, den Ansprüchen des Besitzes, den Geschäften zum zweiten Male zurück in die Zitadelle.

Diese Zitadelle, die Goethe nur symbolisch meint, schafft und baut sich Michel de Montaigne wirklich mit Steinen und Schloß und Riegel. Heute kann man sich kaum noch rekonstruieren, wie das Schloß Montaigne damals ausgesehen hat; es ist in späteren Zeiten mehrfach umgebaut worden, und 1882 hat ein Brand die Baulichkeiten völlig vernichtet, glücklicherweise mit Ausnahme jener »Zitadelle« Michel de Montaignes, seines berühmten Turms.

Als Michel de Montaigne das Haus übernimmt, findet er einen runden, hohen, festen Turm vor, den sein Vater anscheinend zu Befestigungszwecken angelegt hat. Im dunklen Erdgeschoß ist eine kleine Kapelle, in der ein halb verloschenes Fresco den heiligen Michael darstellt, wie er den Drachen niederzwingt. Eine enge Wendeltreppe führt zu einem runden Zimmer im ersten Stock, das Montaigne um seiner Abgeschlossenheit willen zu seinem Schlafzimmer erwählt. Aber erst das Stockwerk darüber, bisher der »nutzloseste Raum des ganzen Gebäudes«, eine Art Rumpelkammer, wird für ihn der wichtigste Ort im Hause. Aus ihm beschließt er eine Stätte der Meditation zu machen. Von diesem Zimmer aus hat er den Blick auf sein Haus, seine Felder. Wenn ihn die Neugier faßt, kann er sehen, was vorgeht, und alles überwachen. Aber niemand kann ihn überwachen, niemand ihn stören in dieser Abgeschlossenheit. Der Raum ist groß genug, um darin auf und ab zu gehen, und Montaigne sagt von sich, daß er nur bei körperlicher Bewegung gut denken kann. Er läßt die Bibliothek, die er von La Boétie geerbt hat, und seine eigene hier aufstellen. Die Deckenbalken werden mit 54 lateinischen Maximen bemalt, so daß sein Blick, wenn er müßig nach oben schweift, irgendein weises und beruhigendes Wort findet. Nur die letzte der 54 ist in französisch, sie lautet »Que sais-je?«. Nebenan befindet sich noch ein kleines Kabinett für den Winter, das er mit einigen Gemälden schmücken läßt, die dann übermalt wurden, weil sie etwas zu leichtfertig für den späteren Geschmack waren.

Diese Isolation mit ihren Inschriften hat etwas Pompöses, etwas Künstliches. Man hat das Gefühl, daß Montaigne sich damit selbst disziplinieren, zur Einsamkeit disziplinieren will. Da er sich nicht wie ein Einsiedler einem religiösen Gesetz, einem Eide unterwirft, will er sich selber festhalten und zwingen. Vielleicht weiß er selbst nicht, warum, aber es ist ein innerer Wille, der ihn treibt. Dieses Sich-Abschließen bedeutet einen Anfang. Jetzt, da er aufhört für die Außenwelt zu leben, beginnt das Leben schöpferischer Muße. Hier in seinem Turm wird Montaigne Montaigne.

5. KAPITEL

Das schöpferische Jahrzehnt

> Das schönste Glück des denkenden Menschen ist,
> das Erforschliche erforscht zu haben
> und das Unerforschliche ruhig zu verehren.
>
> Goethe

In diesem Turm verbringt in den nächsten zehn Jahren Michel de Montaigne den größten Teil seines Lebens. Ein paar Stufen hinauf die Wendeltreppe und er hört nicht mehr Lärm und Gespräch des Hauses, er weiß nichts mehr von den Angelegenheiten, die ihn so stören. Denn »ich habe ein zartes Herz, das sich leicht beunruhigt. Wenn es sich mit etwas beschäftigt, dann kann schon eine Fliege, die dagegenstößt, es umbringen.« Blickt er zum Fenster hinaus, so sieht er unten seinen Garten, seinen Wirtschaftshof und darin seine Hausgenossen. Um ihn aber ist nichts in dem runden Raum als seine Bücher. Einen Großteil hat er von La Boétie geerbt, die andern hat er sich dazugekauft. Nicht daß er den ganzen Tag liest; es ist schon das Bewußtsein ihrer Gegenwart, das ihn beglückt.

»Da ich weiß, daß ich mich an ihnen erfreuen kann, wann es mir gefällt, bin ich schon mit ihrem bloßen Besitz zufrieden. Ich gehe nie ohne Bücher auf Reisen, weder in Kriegs- noch in Friedenszeiten. Aber oft vergehen Tage und Monate, ohne daß ich in sie hineinblicke. Ich werde das mit der Zeit schon noch lesen, so sage ich zu mir selbst, oder morgen, oder wenn es mir gerade gefällt ... Bücher sind, das habe ich gefunden, der beste Proviant, den man auf die Lebensreise mitnehmen kann.«

Bücher sind für ihn nicht wie Menschen, die ihn bedrängen und beschwatzen und die man Mühe hat loszuwerden. Wenn man sie nicht ruft, kommen sie nicht; er kann dieses oder jenes zur Hand nehmen, je nach seiner Laune.

»Meine Bücherei ist mein Königreich, und hier versuche ich als absoluter Herrscher zu regieren.«

Die Bücher sagen ihm ihre Meinung, und er antwortet mit der seinen. Sie sprechen ihre Gedanken aus und regen bei ihm Gedanken an. Sie stören nicht, wenn er schweigt; sie sprechen nur, wenn er sie fragt. Hier ist sein Reich. Sie dienen seinem Vergnügen.

Wie Montaigne liest und was er gerne liest, hat er in unübertrefflicher Weise erzählt. Sein Verhältnis zu den Büchern ist wie in allen Dingen das der Freiheit. Auch hier erkennt er keine Pflichten an. Er will lesen und lernen, aber nur gerade soviel, wie es ihm gefällt, und gerade dann, wenn es ihm Vergnügen macht. Als junger Mensch, so sagt er, habe er gelesen, »um damit zu prunken«, um mit Kenntnissen zu prahlen; später, um etwas weiser zu werden, und jetzt nur mehr zum Vergnügen und niemals um eines Vorteils willen. Ist ein Buch ihm zu langweilig, so schlägt er ein anderes auf. Ist ihm eines zu schwer, »so kaue ich mir nicht die Nägel über den schwierigen Stellen ab, die ich in einem Buche finde. Ein oder zwei Mal mache ich einen Vorstoß, dann gebe ich es auf, denn mein Verstand ist nur für einen Sprung geschaffen. Wenn ich einen Punkt nicht auf den ersten Blick begreife, dann helfen erneute Anstrengungen nichts; sie machen die Sache nur noch dunkler.« Im Augenblick, wo die Lektüre Mühe macht, läßt dieser lässige Leser das Buch fallen: »Ich brauche nicht über ihnen zu schwitzen, und ich kann sie wegwerfen, wenn es mir paßt.« Er hat sich nicht in den Turm gesetzt, um ein Gelehrter zu werden oder ein Scholast; von den Büchern verlangt er, daß sie ihn anregen sollen und nur durch Anregung belehren. Er verabscheut alles Systematische, alles, was ihm fremde Meinung und fremdes Wissen aufzwingen will. Alles, was Lehrbuch ist, ist ihm widerlich. »Im allgemeinen wähle ich Bücher, in denen die Wissenschaft bereits benutzt ist und nicht solche, die erst zu ihr hinführen.« Ein träger Leser, ein Amateur der Lektüre, aber einen besseren, einen klügeren Leser hat es in seiner Zeit und in allen Zeiten nie gegeben. Das Urteil Montaignes über Bücher ist man bereit, hundertprozentig zu unterschreiben.

Im allgemeinen hat er zwei Vorlieben. Er liebt die reine

Dichtung, obwohl er selbst dafür gar keine Begabung besitzt und zugibt, daß die lateinischen Verse, in denen er sich versucht hat, immer nur Imitationen des gerade zuletzt Gelesenen waren. Er bewundert hier die Kunst der Sprache; aber er ist ebenso bezaubert von der einfachen Volkspoesie. Nur das, was in der Mitte liegt, was Literatur ist und nicht reine Dichtung, läßt ihn kalt.

Liebt er so einerseits die Phantasie, so haben es ihm andererseits die Fakten angetan, und darum ist Geschichte »das Wild, das ihn lockt«. Auch da, ganz in unserem Sinne, liebt er die Extreme. »Ich schätze die Geschichtsschreiber, die entweder sehr einfach oder von hohem Rang sind.« Er liebt die Chronisten wie Froissart, die nur den nackten Rohstoff der Geschichte beibringen, und andererseits wieder die wirklich »fähigen und ausgezeichneten Historiker«, die aus diesem Rohmaterial falsch und wahr mit wirklicher Psychologie zu sondern wissen – »und das ist ein Privileg, das nur sehr wenige besitzen«. Darum, so sagt er, »bereiten diejenigen, die Biographien schreiben, die rechte Speise für mich zu. Denn sie legen mehr Wert auf die Motive als auf die Ereignisse, es geht ihnen mehr darum, was von innen her kommt, als was äußerlich geschieht. Deshalb ist vor allen anderen Plutarch mein Mann.«

Die anderen, die dazwischenfallen, die weder Künstler noch Naive sind, »verderben nur alles. Sie wollen uns das Fleisch vorkauen, sie maßen sich das Recht an, über die Geschichte zu richten und sie entsprechend ihren eignen Vorurteilen zu verdrehen.« So liebt er die Welt der Bilder und Symbole im Gedicht – die Welt der Tatsachen in der Prosa, höchste Kunst oder absolute Kunstlosigkeit, den Dichter oder den simplen Chronisten. »Der Rest ist Literatur«, wie Verlaine sagt.

Als den Hauptvorzug der Bücher für ihn rühmt Montaigne, daß die Lektüre mit ihrer Vielfalt vor allem sein Urteilsvermögen anregt. Sie reizt ihn, zu antworten, seine eigne Meinung zu sagen. Und so gewöhnt sich Montaigne an, in den Büchern Notizen zu machen, anzustreichen, und am Ende das Datum einzuschreiben, an dem er das Buch gelesen hat, oder auch den Eindruck, den es ihm zu jener Zeit gemacht. Es ist kein Kritisieren, es ist noch nicht Schriftstellern, es ist nur ein Dialogisieren mit dem Bleistift in der Hand, und nichts liegt ihm im Anfang ferner, als irgend etwas im Zusammenhang niederzuschreiben. Aber allmählich beginnt die Einsamkeit seines Zimmers auf ihn zu wirken, die vielen stummen Stimmen der Bücher fordern immer dringender eine Antwort, und um seine eignen Gedanken zu kontrollieren, sucht er einige schriftlich festzuhalten. So wird aus dieser lässigen Lektüre doch eine Tätigkeit. Er hat sie nicht gesucht – sie hat ihn gefunden.

»Als ich mich auf mein Haus zurückzog, da hatte ich beschlossen, so weit als irgend möglich mich in keinerlei Angelegenheiten einzumischen, sondern die geringe Zeit, die mir noch bleiben würde, in Frieden und Zurückgezogenheit zu verbringen. Es schien mir, daß ich meinen Geist nicht besser befriedigen könnte, als wenn ich ihm volle Muße gewährte, sich in seinen eignen Gedanken zu ergehen und sich mit ihnen zu vergnügen. Und ich hoffte, daß er mit dem Laufe der Zeit, da er gefestigter und reifer geworden wäre, das mit größerer Leichtigkeit bewerkstelligen könnte. Aber das Gegenteil war der Fall. Wie ein Pferd, das ausbricht, gab er sich selbst hundertfach weiteren Spielraum. In mir erhob sich eine ganze Horde von Chimären und phantastischen Gestalten, eine nach der anderen, ohne Ordnung oder Beziehung zueinander. Um ihre Seltsamkeit und Absurdheit besser mit kühlem Kopf ins Auge zu fassen, begann ich sie zu Papier zu bringen. Ich hoffte, daß mein Geist sich sehr bald seiner selbst schämen würde. Ein Verstand, der sich kein festes Ziel setzt, verliert sich. Wer überall sein will, ist nirgends. Kein Wind dient dem Manne, der keinen Hafen ansteuert.«

Die Gedanken gehen ihm durch den Kopf; er notiert sie ohne jede Verpflichtung, denn nicht im entferntesten denkt der Schloßherr von Montaigne daran, diese kleinen Versuche – essais – drucken zu lassen.

»Wenn ich meine Gedanken so hin- und herwerfe – Muster, die ich vom Tuch abschneide, zusammengestückt ohne Plan oder Vorsatz –, so bin ich weder verpflichtet, für sie gerade zu stehen oder mich an sie zu halten. Ich kann sie fallen lassen, wenn mir das paßt; ich kann zu meinen Zweifeln und meiner Unsicherheit zurückkehren, und zu meiner beherrschenden Geistesform, der Unwissenheit.«

Er fühlt sich nicht gehalten, exakt wie ein Gelehrter, originell wie ein Schriftsteller oder wie ein Dichter eminent in seiner Diktion zu sein. Er hat durchaus nicht wie die Fachphilosophen die Präsumption, daß diese Gedanken kein anderer zuvor gedacht haben dürfe. Deshalb macht es ihm auch gar keine Sorge, hie und da etwas hinzuschreiben, was er gerade im Cicero oder Seneca gelesen hat.

»Oft lasse ich andere etwas für mich sagen, was ich selbst nicht so gut sagen kann. Ich zähle meine Entlehnungen nicht – ich wiege sie ab.«

Mit Absicht läßt er dann auch die Namen aus. Aber all das gibt er willig zu: er freue sich, wenn er etwas stehlen, ändern und verkleiden könne, wenn damit nur etwas Neues, Zweckmäßiges erreicht wird. Er ist nur »réfléchisseur«, nicht Schriftsteller, und er nimmt das, was er skribbelt, nicht allzu ernst:

»Meine Absicht ist es, den Rest meines Lebens friedlich, und nicht in schwerer Arbeit zu verbringen. Es gibt nichts, wofür ich mir den Kopf zerbrechen möchte, auch nicht im Dienste der Wissenschaft.«

Ununterbrochen wiederholt Montaigne in seinem Verlangen nach Freiheit, daß er kein Philosoph sei, kein Schriftsteller und kein vollendeter Künstler. Weder was er sage noch was er zitiere, solle als Beispiel dienen, als Autorität oder als Muster.

»Mir selbst gefallen meine Notizen keineswegs, wenn ich sie wieder überlese. Sie mißfallen mir.«

Wenn es ein Gesetz gäbe gegen unnütze und unverschämte Skribenten wie gegen Vaganten und Nichtstuer, so sagt er, dann müßte man ihn und hundert andere aus dem Königreich verbannen. Es verrät ein wenig Eitelkeit, wenn er immer wieder betont, wie schlecht er schreibt, wie nachlässig er sei, wie wenig er von der Grammatik wisse, daß er kein Gedächtnis habe und völlig unfähig sei, das, was er wirklich sagen wolle, auszudrücken.

»Ich bin alles andere eher als ein Bücherschreiber. Meine Aufgabe ist es, meinem Leben Gestalt zu geben. Das ist mein einziger Beruf, meine einzige Sendung.«

Ein Nicht-Schriftsteller, ein vornehmer Herr, der nicht recht weiß, was er mit seiner Zeit anfangen soll, und darum ab und zu ein paar Gedanken in formloser Weise aufzeichnet: so wird Montaigne nicht müde, sich zu schildern. Und dieses Porträt ist richtig für die ersten Jahre, in denen die ersten Essais in ihrer ersten Form entstanden. Aber warum, so muß man fragen, entschließt sich dann der Herr von Montaigne, diese Versuche

1580 in Bordeaux in zwei Bänden drucken zu lassen? Ohne es zu wissen, ist Montaigne Schriftsteller geworden. Die Veröffentlichung hat ihn dazu gemacht.

Alle Öffentlichkeit ist ein Spiegel; jeder Mensch hat ein anderes Gesicht, wenn er sich beobachtet fühlt. De facto beginnt Montaigne, kaum daß diese ersten Bände erschienen sind, für die anderen zu schreiben, und nicht nur für sich. Er fängt an, die Essais umzuarbeiten, zu erweitern; ein dritter Band wurde 1588 den beiden ersten hinzugefügt, und das berühmte Exemplar von Bordeaux mit seinen nachgelassenen Notizen für eine neue Ausgabe zeigt, wie er bis zu seinem Todestage jeden Ausdruck gefeilt, ja selbst die Interpunktion verändert hat. Die späteren Ausgaben enthalten unzählige Füllungen. Sie sind vollgestopft mit Zitaten; Montaigne glaubt zeigen zu müssen, daß er viel gelesen hat, und er stellt sich selbst immer mehr in den Mittelpunkt. Während er früher nur bemüht war, sich kennenzulernen, soll die Welt nun erfahren, wer Montaigne war. Er gibt ein Porträt von sich, und es ist bis auf einige Züge prachtvoll wahrheitsgetreu gezeichnet.

Aber im allgemeinen gilt doch: die erste Fassung der Essais, die weniger von ihm persönlich sagt, sagt mehr. Sie ist der wirkliche Montaigne, der Montaigne im Turm, der Mann, der sich sucht. Es ist mehr Freiheit in ihnen, mehr Ehrlichkeit. Auch der Weiseste entgeht der Versuchung nicht; auch der freieste Mensch hat seine Bindungen.

6. KAPITEL

Montaigne wird nicht müde, über sein schlechtes Gedächtnis zu klagen. Er empfindet es – gleichzeitig mit einer gewissen Trägheit – als den eigentlichen Defekt seines Wesens. Sein Verstand, seine Perzeptionskraft ist außerordentlich. Was er sieht, was er begreift, was er beobachtet, was er erkennt, das erfaßt er mit einem rapiden Falkenblick. Aber er ist dann zu bequem, wie er sich immer wieder vorwirft, diese Erkenntnisse systematisch zu ordnen, logisch auszubauen, und kaum gefaßt, verliert sich, vergißt sich wieder jeder Gedanke. Er vergißt die Bücher, die er gelesen hat, er hat kein Gedächtnis für Daten, er erinnert sich an wesentliche Lebensumstände nicht. Alles geht an ihm vorüber wie ein Strom und läßt nichts zurück, keine bestimmte Überzeugung, keine feste Ansicht, nichts Starres, nichts Bleibendes.

Diese Schwäche, die Montaigne so sehr bei sich beklagt, ist in Wirklichkeit seine Stärke. Sein Bei-nichts-stehen-Bleiben zwingt ihn, immer weiter zu gehen. Nichts ist für ihn abgetan. Er sitzt nicht auf seinen Erfahrungen, er erwirbt kein Kapital, von dem er zehrt, sondern sein Geist muß es sich immer wieder erobern. So wird sein Leben ein ständiger Erneuerungsprozeß: »Unablässig beginnen wir von neuem zu leben.« Die Wahrheiten, die er findet, sind im nächsten Jahr und oft schon im nächsten Monat nicht mehr Wahrheiten. Er muß von neuem suchen. So ergeben sich viele Widersprüche. Bald scheint er ein Epikuräer, bald ein Stoiker, bald ein Skeptiker. Er ist alles und nichts, immer ein anderer und immer derselbe, der Montaigne von 1550, 1560, 1570, 1580, der Montaigne von gestern noch.

Dieses Suchen ist Montaignes eigenste Lust, nicht das Finden. Er gehört nicht zu den Philosophen, die nach dem Stein der Weisen suchen, nach einer zweckdienlichen Formel. Er will kein Dogma, keine Lehre und hat ständig Angst vor starren Behauptungen: »Nichts kühn behaupten, nichts leichtfertig leugnen.« Er geht auf kein Ziel zu. Jeder Weg ist für seine »pensée vagabonde« der rechte. So ist er nichts weniger als ein Philosoph, es sei denn im Sinne des Sokrates, den er am meisten liebt, weil er nichts hinterlassen hat, kein Dogma, keine Lehre, kein Gesetz, kein System, nichts als eine Gestalt: der Mensch, der sich in allem und alles in sich sucht.

Wir danken vielleicht das Beste an Montaigne seinem unermüdlichen Suchertrieb, seiner Neugierlust, seinem schlechten Gedächtnis, und auch den Schriftsteller verdanken wir ihnen. Montaigne weiß, daß er die Gedanken vergißt, die er in einem Buche liest, und sogar die Gedanken, die ein Buch in ihm angeregt. Um sie festzuhalten, seine »songes«, seine »rêveries«, die sonst Welle über Welle überflutet werden, hat er nur ein Mittel: sie zu fixieren, am Rande eines Buches, auf dem letzten Blatt. Dann allmählich auf einzelnen Zetteln, wie sie ihm der Zufall bringt, ein »Mosaik ohne Bindung«, wie er sie selber nennt. Es sind Notizen, Erinnerungszeichen zuerst, und nicht viel mehr; nur allmählich versucht er einen gewissen Zusammenhang zwischen ihnen zu finden. Er versucht es mit dem Vorgefühl, nicht zum richtigen Ende zu kommen; meist schreibt er in einem Zug, und deshalb bewahren seine Sätze ihren spontanen Charakter.

Aber immer ist er überzeugt, daß sie nicht das Eigentliche sind. Schreiben und notieren ist ihm nur ein Nebenprodukt, ein Niederschlag – fast möchte man bösartig sagen, wie der Sand in seinem Harn, wie die Perle in der Auster. Das Hauptprodukt ist das Leben, von dem sie nur ein Splitter und Abfall sind: »mein Beruf, meine Kunst ist, zu leben«. Sie sind etwa, was eine Photographie für ein Kunstwerk sein kann, nicht mehr. Der Schriftsteller in ihm ist nur ein Schatten des Menschen, während wir sonst tausendfach bei Menschen staunen, wie groß ihre Schreibkunst, wie gering ihre Lebenskunst ist.

Er schreibt – er ist kein Schriftsteller. Das Schreiben ist ihm nur ein Ersatz. Neue Worte zu suchen, erscheint ihm ein »kindischer Ehrgeiz«. Der Sprache, der Rede sollen seine Sätze ähneln, sie sollen so einfach und simpel auf dem Papier stehen, wie sie aus dem Munde kommen, saftig, nervig, kurz, nicht zierlich und zugespitzt. Sie sollen nicht pedantisch und »mönchisch« sein, sondern eher »soldatisch«.

Weil aus zufälligem Anlaß jeder einzelne dieser Essais entstanden ist, aus einer Laune, aus einem Buch, aus einem Gespräch, einer Anekdote, darum scheinen sie zunächst ein bloßes Nebeneinander, und so hat sie Montaigne auch selbst empfunden. Er hat nie versucht, sie zu ordnen, sie zusammenzufassen. Aber allmählich entdeckt er, daß all diese Essais doch ein Gemeinsames haben, einen Mittelpunkt, einen Zusammenhang, eine Zielrichtung. Sie haben einen Punkt, von dem sie ausgehen oder auf den sie zurückführen, und immer denselben: das Ich. Erst scheint er nach Schmetterlingen zu haschen, nach dem Schatten an der Wand; nach und nach wird ihm klar, daß er etwas Bestimmtes sucht, zu einem bestimmten Zweck: sich selbst, daß er über das Leben nachdenkt in all seinen Formen, um richtig zu leben – aber richig nur für sich selbst. Was ihm müßige Laune geschienen hat, offenbart allmählich seinen Sinn. Was immer er beschreibt: er beschreibt eigentlich nur die Reaktion seines Ichs auf dies und jenes. Die Essais haben einen einzigen Gegenstand, und er ist derselbe wie der seines Lebens: das »moi« oder vielmehr »mon essence«.

Er entdeckt sich als Aufgabe, denn »die Seele, die kein festes

Ziel hat, verliert sich«. Als Aufgabe hat er sich gestellt, zu sich selbst aufrichtig zu sein, so wie er sich das als Pindars Weisheit notiert, »aufrichtig zu sein, ist der Beginn einer großen Tugend«. Kaum daß er dies entdeckt hat, beginnt die vormals fast spielerische Tätigkeit, das »amusement«, etwas Neues zu werden. Er wird zum Psychologen, er betreibt Autopsychologie. Wer bin ich, fragt er sich. Drei bis vier Menschen vor ihm haben sich diese Frage gestellt. Er erschrickt vor der Aufgabe, die er sich gestellt hat. Seine erste Entdeckung: es ist schwer zu sagen, wer wer man ist. Er versucht sich nach außen zu stellen, sich zu sehen »wie einen anderen«. Er belauscht, er beobachtet, er studiert sich, er wird, wie er sagt, »meine Metaphysik und Physik«. Er läßt sich nicht mehr aus dem Auge und sagt, daß er seit Jahren nichts unkontrolliert getan habe: »Ich weiß von keiner Bewegung mehr, die sich meinem Verstand verbirgt.« Er ist nicht mehr allein, er wird zwei. Und er entdeckt, daß dieses »amusement« kein Ende hat, daß dieses Ich nichts Starres ist, daß es sich wandelt, in Wellen, »ondulant«, daß der Montaigne von heute nicht dem von gestern gleicht. Er stellt fest, daß man also nur Phasen, Zustände, Einzelheiten entwickeln kann.

Aber jede Einzelheit ist wichtig; gerade die kleine, die flüchtige Geste lehrt mehr als die starre Haltung. Er nimmt sich unter die Zeitlupe. Er löst, was eine Einheit scheint, auf in eine Summe von Bewegungen, von Wandlungen. So wird er mit sich nicht fertig, so bleibt er ewig auf der Suche. Doch um sich zu verstehen, genügt es nicht, sich zu betrachten. Man sieht die Welt nicht, wenn man nur auf den eignen Nabel blickt. Darum liest er Geschichte, darum studiert er Philosophie, nicht um sich zu belehren, sich überzeugen zu lassen, sondern um zu sehen, wie andere Menschen gehandelt haben, um sein Ich neben andere zu stellen.

Er studiert die »reichen Seelen der Vergangenheit«, um sich ihnen zu vergleichen. Er studiert die Tugenden, die Laster, die Fehler und die Vorzüge, die Weisheit und die Kindischkeit der andern. Geschichte ist sein großes Lehrbuch, denn in den Aktionen offenbart sich, wie er sagt, der Mensch.

So ist es eigentlich nicht das Ich, das Selbst, das Montaigne sucht, er sucht gleichzeitig das Menschliche. Er unterscheidet genau, daß in jedem Menschen das Gemeinsame ist, und etwas Einmaliges: die Persönlichkeit, eine »essence«, eine Mischung, die unvergleichbar ist mit allen andern, geformt schon im zwanzigsten Lebensjahr. Und daneben das allgemein Menschliche, das, in dem jeder sich gleicht, jedes dieser gebrechlichen, begrenzten Wesen, die eingebannt sind in die großen Gesetze, eingeschlossen in die Spanne zwischen Geburt und Tod. So sucht er zweierlei. Er sucht das Ich, das Einmalige, Besondere, das Ich Montaigne, das er keineswegs als besonders außerordentlich, besonders interessant empfindet, aber das doch unvergleichlich ist und das er unbewußt der Welt erhalten will. Er sucht das Ich in uns, das seine eignen Manifestationen finden will, und dann das andere, das uns gemeinsam ist.

Wie Goethe die Urpflanze, so sucht er den Urmenschen, den Allmenschen, die reine Form, in der noch nichts ausgeprägt ist, die nicht entstellt ist von Vorurteilen und Vorteilen, von Sitten und Gesetzen. Es ist kein Zufall, daß ihn jene Brasilianer, die er in Rouen trifft, so faszinieren, die keinen Gott, keinen Führer, keine Religion, keine Sitte, keine Moral kennen. Er sieht in ihnen gleichsam den unverstellten, unverdorbenen Menschen, die reine Folie einerseits und dann die Schrift, mit der jeder einzelne Mensch sich auf dem leeren Blatt verewigt. Was Goethe sagt in seinen »Urworten« über die Persönlichkeit, ist das Seine:

Wie an dem Tag, der dich der Welt verliehen,
Die Sonne stand zum Gruße der Planeten,
Bist alsobald und fort und fort gediehen
Nach dem Gesetz, wonach du angetreten.
So mußt du sein, dir kannst du nicht entfliehen,
So sagten schon Sibyllen, so Propheten;
Und keine Zeit und keine Macht zerstückelt
Geprägte Form, die lebend sich entwickelt.

Man hat dieses Suchen nach sich selbst, dieses sich immer an den Anfang und das Ende jeder Betrachtung stellen Montaignes Egoismus genannt, und insbesondere Pascal hat es als Hochmut, als Selbstgefälligkeit, ja sogar als Sünde, als seinen Ur-Defekt bezeichnet. Aber Montaignes Haltung bedeutet keine Abwendung von den andern, keinen Exhibitionismus wie bei Jean Jacques Rousseau. Nichts liegt ihm ferner als Selbstgefälligkeit und Selbstentzückung. Er ist kein Abgesonderter, kein Einsiedler, er sucht nicht, um sich zu zeigen, nicht um zu prunken, sondern für sich. Wenn er sagt, daß er sich unablässig analysiert, so betont er zugleich, daß er sich unaufhörlich tadelt. Er handelt aus einem Willen, seiner Natur entsprechend. Und wenn es ein Fehler ist, so gesteht er ihn willig ein. Wenn es wahr sein sollte, daß es eine Überheblichkeit ist, die Menschen mit seinem Ich zu behelligen, so leugnet er diese Eigenschaft nicht, weil er sie besitzt, auch wenn sie »krankhaft« sein sollte: »und ich darf diesen Fehler nicht verheimlichen; er ist bei mir nicht nur im Schwange, sondern mein Beruf.« Es ist seine Funktion, seine Begabung, auch seine Freude tausendmal mehr als seine Eitelkeit. Der Blick auf sein Ich hat ihn nicht fremd gemacht der Welt. Er ist nicht Diogenes, der in sein Faß kriecht, nicht Rousseau, der sich eingräbt in einen monomanischen Verfolgungswahnsinn. Es ist nichts, was ihn bitter macht oder von der Welt entfernen soll, die er liebt. »Ich liebe das Leben und nutze es so, wie es Gott gefallen hat, es uns zu geben.« Daß er sein Ich gepflegt hat, hat ihn nicht einsam gemacht, sondern ihm Tausende von Freunden gebracht. Wer sein eignes Leben schildert, lebt für alle Menschen, wer seine Zeit zum Ausdruck bringt, für alle Zeiten.

Es ist wahr: Montaigne hat sein Leben lang nichts andres getan als gefragt: wie lebe ich? Aber das Wunderbare, das Wohltätige bei ihm ist, daß er nie versucht hat, diese Frage in einen Imperativ zu verwandeln, dies »Wie lebe ich?« in ein »So sollst du leben!« Der Mann, der »Que sais-je?« auf seine Medaille als Wahlspruch prägen ließ, hat nichts mehr gehaßt als starre Behauptungen. Er hat nie versucht, andern anzuraten, was er für sich nicht genau wußte: »Dies hier ist nicht meine Lehre, es ist meine Bemühung um das Wissen, und es ist nicht die Weisheit anderer Leute, sondern die meine.« Mag ein anderer daraus irgendeinen Vorteil ziehen, so hat er nichts dawider. Mag das, was er sagt, Narrheit sein, Irrtum, es soll niemand daran Schaden nehmen. »Wenn ich mich zum Narren mache, so geht das auf meine Kosten und ohne Nachteil für irgend jemand, denn es ist eine Torheit, die in mir bleibt und keinerlei Folgen hat.«

Was er gesucht hat, hat er für sich gesucht. Was er gefunden hat, gilt für jeden andern genau so viel, als er davon nehmen will oder kann. Was in Freiheit gedacht ist, kann nie die Freiheit eines andern beschränken.

7. KAPITEL

Die Verteidigung der Zitadelle

In den ganzen Werken Montaignes habe ich nur eine einzige Formel und eine einzige starre Behauptung gefunden: »La plus grande chose au monde est savoir être à soi.« Nicht eine äußere Stellung, nicht der Vorzug des Geblüts, der Begabung machen den Adel des Menschen, sondern der Grad, in dem es ihm gelingt, sich seine Persönlichkeit zu bewahren und sein eigenes Leben zu leben. Darum ist für ihn die höchste Kunst unter den Künsten die der Selbsterhaltung: »Beginnen wir bei den Freien Künsten mit der Kunst, die uns frei macht«, und niemand hat sie besser geübt. Das scheint einerseits ein geringes Verlangen, denn nichts wäre auf den ersten Blick natürlicher, als daß der Mensch sich geneigt fühlte, er selber zu bleiben, das Leben »gemäß seiner natürlichen Anlage« zu führen. Aber in Wirklichkeit, wenn man näher hinblickt, was ist schwerer?

Um frei zu sein, darf man nicht verschuldet sein und nicht verstrickt, und wir sind verstrickt, an den Staat, an die Gemeinschaft, an die Familie; der Sprache, die wir sprechen, sind die Gedanken untertan; der isolierte Mensch, der völlig freie, ist ein Phantom. Es ist unmöglich, im Vakuum zu leben. Wir sind bewußt oder unbewußt durch Erziehung Sklaven der Sitte, der Religion, der Anschauungen; wir atmen die Luft der Zeit.

Von all dem sich loszusagen, ist unmöglich. Montaigne weiß dies selbst, ein Mann, der im Leben seine Pflichten gegen Staat, Familie, Gesellschaft erfüllt, der Religion wenigstens äußerlich treu angehangen, die Umgangsformen geübt hat. Was Montaigne für sich sucht, ist nur, die Grenze zu finden. Wir dürfen uns nicht hergeben, wir dürfen uns nur »herleihen«. Es ist nötig, »die Freiheit unserer Seele sich aufzusparen und nicht auszuleihen, außer bei den seltenen Gelegenheiten, wo wir es klar für richtig halten«. Wir brauchen uns nicht von der Welt zu entfernen, nicht in eine Zelle zurückzuziehen. Aber wir haben einen Unterschied zu machen: wir mögen dies oder jenes lieben, aber mit nichts uns »ehelich verbinden« als mit uns selbst. Alles, was wir an Leidenschaften oder Begehrnissen haben, lehnt Montaigne nicht ab. Im Gegenteil, er rät uns immer, soviel zu genießen wie möglich, er ist ein diesseitiger

Mensch, der keine Einschränkungen kennt; wen Politik freut, der soll Politik treiben, wer Bücher liebt, Bücher lesen, wer die Jagd liebt, soll jagen, wer sein Haus, Grund und Boden und Geld und die Dinge liebt, soll sich ihnen hingeben. Aber dies ist ihm das Wichtigste: man soll nehmen, soviel einem gefällt, und sich nicht von den Dingen nehmen lassen. »Im Haus, bei den Studien, bei der Jagd und jeder anderen Übung muß man bis zu den äußersten Grenzen des Genusses gehen, aber sich hüten, sie zu überschreiten, sonst beginnt sich der Schmerz einzumischen.« Man soll nicht durch Pflichtgefühl, durch Leidenschaft, durch Ehrgeiz sich weiter treiben lassen, als man eigentlich gehen wollte und will, man soll unablässig prüfen, wieviel die Dinge wert sind, und sie nicht überschätzen; man soll dort enden, wo das Behagen endet. Man soll den Kopf wach halten, sich nicht binden, nicht Sklave werden, frei sein.

Aber Montaigne macht keinerlei Vorschriften. Er gibt nur ein Beispiel, wie er es selbst versucht, sich unablässig von allem zu befreien, was ihn hemmt, stört, einschränkt. Man könnte versuchen, eine Tabelle aufzustellen:

Freisein von Eitelkeit und Stolz, dies vielleicht das Schwerste.

Sich nicht überheben.

Freisein von Furcht und Hoffnung, Glauben und Aberglauben. Frei von Überzeugungen und Parteien.

Freisein von Gewohnheiten: »Die Gewohnheit verbirgt uns das wahre Gesicht der Dinge.«

Frei von Ambitionen und jeder Form von Gier: »Die Ruhmsucht ist die nutzloseste, wertloseste und falscheste Münze, die in Umlauf ist.«

Frei von Familie und Umgebung. Frei von Fanatismus: »jedes Land glaubt, die vollkommenste Religion« zu besitzen, in allen Dingen an der Spitze zu stehen. Frei sein vom Schicksal. Wir sind seine Herren. Wir geben den Dingen Farbe und Gesicht.

Und die letzte Freiheit: vom Tode. Das Leben hängt vom Willen anderer ab, der Tod von unserem Willen: »La plus volontaire mort est la plus belle.«

Als den Menschen, der sich von allem loslöst, an nichts bindet, der im Leeren lebt und alles bezweifelt, hat man ihn sehen wollen. So hat ihn auch Pascal geschildert. Nichts ist falscher. Montaigne liebt unermeßlich das Leben. Die einzige

Furcht, die er kannte, war die vor dem Tode. Und er liebt im Leben alles, wie es ist. »In der Natur ist nichts zwecklos, nicht einmal die Zwecklosigkeit. Nichts existiert im Weltall, was nicht an der rechten Stelle wäre.« Er liebt das Häßliche, weil es das Schöne sichtbar macht, das Laster, weil es die Tugend hervorhebt, die Dummheit und das Verbrechen. Alles ist gut, und Gott segnet die Vielfalt. Was der einfachste Mensch ihm sagt, ist wichtig, mit offnen Augen kann man von dem Dümmsten lernen, vom Analphabeten mehr als von dem Gelehrten. Er liebt die Seele, die in »mehreren Stockwerken zu Hause ist« und sich überall wohlfühlt, wo sie vom Schicksal hingestellt wird, den Menschen, der sich »mit seinem Nachbarn über sein Haus bereden kann, seine Jagd, seine Rechtsstreitigkeiten, der auch vergnüglich mit einem Tischler oder Gärtner sich unterhält«.

Falsch ist nur eines und verbrecherisch: diese vielfältige Welt in Doktrinen und Systeme einschließen zu wollen, falsch ist, andere Menschen abzulenken von ihrem freien Urteil, von dem, was sie wirklich wollen, und ihnen etwas aufzunötigen, was nicht in ihnen ist. Nur solche sind die Ehrfurchtslosen vor der Freiheit, und nichts hat Montaigne so sehr gehaßt wie die »frénésie«, die Tobsucht der geistigen Diktatoren, die ihre »Neuigkeiten« frech und eitel als die einzige und unumstößliche Wahrheit der Welt aufprägen wollen und denen das Blut von Hunderttausenden von Menschen gleichgültig ist, wenn sie nur recht behalten.

So mündet, wie immer eines freien Denkers Lebenshaltung, die Montaignes in Toleranz. Der für sich frei denken will, gibt jedem andern das Recht dazu, und niemand hat es höher geachtet als er. Er schrickt nicht zurück vor den Kannibalen, jenen Brasilianern, von denen er einem in Rouen begegnet, weil sie Menschen verzehrt haben. Ruhig und klar sagt er, er finde das viel unbeträchtlicher als lebendige Menschen zu foltern, zu martern und zu quälen. Es ist kein Glaube, keine Anschauung, die er von vornherein ablehnt, sein Urteil ist von keinem Vorurteil getrübt. »Ich verfalle keineswegs jenem üblichen Irrtum, einen andern nach meinem Bilde zu beurteilen.« Er warnt vor Heftigkeit und roher Gewalt, die wie nichts anderes eine an und für sich wohlgeratene Seele verderben und betäuben können.

Es ist wichtig, dies zu sehen, weil es ein Beweis dafür ist, daß der Mensch immer frei sein kann – zu jeder Zeit. Wenn Calvin Hexenprozesse befürwortet und einen Widersacher an langsamem Feuer verenden läßt, wenn Torquemada Hunderte auf den Scheiterhaufen schickt, so haben ihre Lobpreiser entschuldigend vermerkt, sie hätten nicht anders gekonnt, es sei unmöglich, sich völlig den Anschauungen seiner Zeit zu entziehen. Aber das Menschliche ist unveränderlich. Immer haben auch in Zeiten der Fanatiker die Humanen gelebt, zur Zeit des »Hexenhammers«, der »Chambre Ardente« und der Inquisition, und nicht einen Augenblick haben diese die Klarheit und Menschlichkeit eines Erasmus, eines Montaigne, eines Castellio verwirren können. Und während die anderen, die Professoren der Sorbonne, die Konzilien, die Legaten, die Zwinglis, Calvins das »Wir wissen die Wahrheit« verkünden, ist sein Wahrspruch der des »Was weiß ich?«. Während sie mit Rad und Verbannung das »So sollt Ihr leben!« erzwingen wollen, lautet sein Rat: Denkt Eure Gedanken, nicht meine! Lebt Euer Leben! Folgt mir nicht blind nach, bleibt frei!

Wer für sich selbst frei denkt, ehrt alle Freiheit auf Erden.

8. KAPITEL

Als sich 1570 in seinem achtunddreißigsten Jahr Michel de Montaigne in seinen Turm zurückzieht, glaubt er, seinem Leben einen endgültigen Abschluß gegeben zu haben. Er hat wie später Shakespeare mit einem allzu klaren Blick die Fragilität der Dinge erkannt, den »Übermut der Ämter, den Irrwitz der Politik, die Erniedrigung des Hofdienstes, die Langeweile des Magistratsdienstes«, und vor allem seine eigene Ungeeignetheit, in der Welt zu wirken. Er hat sich bemüht zu helfen, und man hat ihn nicht gewollt, er hat sich bemüht – nicht sehr dringlich allerdings und immer mit dem Stolz eines Menschen, der sich selbst achtet –, die Mächtigen zu beraten, die Fanatiker zu beschwichtigen, aber man hat sich nicht bemüht um ihn. Von Jahr zu Jahr wird die Zeit unruhiger, das Land ist im Aufruhr, die Bartholomäusnacht erweckt neues Blutvergießen. Bis an sein Haus, bis an seine Tür wälzt sich der Bürgerkrieg. So hat er den Entschluß gefaßt, sich nicht mehr einmengen, nicht mehr erschüttern zu lassen. Er will die Welt nicht mehr sehen, er will nur wie in einer camera obscura in seiner Studierstube sich spiegeln lassen. Er hat abgedankt, er hat resigniert. Mögen die andern sich um Stellungen, um Einfluß, um Ruhm bemühen, er bemüht sich nur mehr um sich selbst. Er hat sich verschanzt in seinem Turm, er hat den Wall seiner tausend Bücher zwischen sich und den Lärm gestellt. Manchmal macht er noch einen Ausflug aus seinem Turm; er reist als Ritter des St.-Michael-Ordens zum Leichenbegängnis Karls IX., er übernimmt ab und zu, wenn man ihn darum ersucht, eine politische Vermittlung, aber ist entschlossen, mit der Seele nicht mehr teilzunehmen, die Aktualität zu überwinden, die Schlachten des Herzogs von Guise und Coligny so zu sehen wie jene von Plataä. Er schafft sich eine künstliche Ferne der Optik, er ist entschlossen, nicht mehr mitzuleiden, unbeteiligt zu sein, seine Welt ist das Ich. Er will ein paar Erinnerungen aufzeichnen, ein paar Gedanken zusammenstellen, mehr träumen als leben und geduldig den Tod erwarten und sich vorbereiten auf ihn.

Er sagt sich dasselbe wie wir alle so oft in ähnlichen Zeiten des Irrwitzes: kümmere dich nicht um die Welt. Du kannst sie nicht ändern, sie nicht verbessern. Kümmere dich um dich, rette in dir, was zu retten ist. Baue auf, während die andern zerstören, versuche vernünftig zu sein für dich inmitten des Wahnsinns. Schließ dich ab. Bau dir eine eigene Welt.

Aber nun ist es 1580 geworden. Er ist zehn Jahre gesessen in seinem Turm, abgeschieden von der Welt, und hat geglaubt, daß es ein Ende sei. Aber nun erkennt er seinen Irrtum oder vielmehr seine Irrtümer, und Montaigne ist immer der Mann, sich einzugestehen, wenn er einen Irrtum begangen. Der erste Irrtum war, daß er glaubte, mit achtunddreißig Jahren alt zu sein, daß er sich zu früh auf den Tod vorbereitete und eigentlich lebendig in den Sarg gelegt. Nun ist er achtundvierzig und sieht erstaunt, die Sinne sind nicht trüber geworden, sondern eher heller, das Denken klarer, die Seele gleichgültiger, neugieriger, ungeduldiger. Man weiß nicht so früh zu verzichten, das Buch des Lebens zuzuschlagen, als wäre man schon beim letzten Blatt. Es war schön, Bücher zu lesen, eine Stunde mit Plato in Griechenland zu sein, eine Stunde von Senecas Weisheit zu hören, es war Rast und Beruhigung, mit diesen Gefährten aus anderen Jahrhunderten zu leben, mit den Besten der Welt. Aber man lebt in seinem eigenen Jahrhundert, auch wenn man nicht will, und die Luft der Zeit dringt auch in die verschlossenen Räume, besonders wenn sie erregte Luft ist, schwül und fiebrig und gewitterhaft. Wir erleben das alle, auch in Abgeschlossenheit kann die Seele nicht in Ruhe bleiben, wenn das Land in Aufruhr ist. Durch Turm und Fenster spüren wir die Schwingung der Zeit, man kann sich eine Pause gönnen, aber man kann sich ihr nicht ganz entziehen.

Und dann ein anderer Irrtum, den Montaigne allmählich erkannte: er hat die Freiheit gesucht, indem er sich aus der großen Welt, aus Politik und Amt und Geschäft zurückzog in seine kleine Welt von Haus und Familie, und ist bald gewahr geworden, daß er nur ein Gebundensein gegen ein anderes vertauscht. Es hat nichts geholfen, sich einzuwurzeln in eigenen Grund, da ist Efeu und Unkraut, das um den Stamm rankt, die kleinen Mäuse von Sorgen, die an den Wurzeln nagen. Es hat nichts geholfen der Turm, den er sich gebaut und den niemand betreten darf. Wenn er aus den Fenstern blickt, sieht er, daß Reif auf den Feldern liegt, und er denkt an den verdorbenen Wein. Wenn er die Bücher aufschlägt, hört er unten zankende Stimmen, und er weiß, wenn er aus seinem Zimmer tritt, wird er die Klagen hören über die Nachbarn, die Sorgen der Verwaltung. Es ist nicht die Einsamkeit des Anachoreten, denn er hat Besitz und Besitz ist nur für den, der an ihm Freude hat. Montaigne hängt nicht daran. »Geld aufhäufen ist ein schwieriges Geschäft, von dem ich nichts verstehe.« Aber der Besitz hängt an ihm, er gibt ihn nicht frei. Montaigne übersieht klar seine Situation. Er weiß, daß aus einer höheren Perspektive all diese Vexationen kleine Sorgen sind. Persönlich würde er es gern wegwerfen: »Es wäre für mich leicht, das alles aufzugeben.« Aber solange man sich damit beschäftigt, wird man es nicht los.

An und für sich ist Montaigne kein Diogenes. Er liebt sein Haus, er liebt seinen Reichtum, seinen Adel und gesteht, daß er eine kleine Geldkassette mit Gold zur inneren Sicherung immer mit sich führt. Er genießt seine Stellung als großer Herr. »Es ist, ich gestehe es, ein Vergnügen, etwas zu beherrschen, und wenn es auch nur eine Scheune ist, und unter dem eigenen Dach Gehorsam zu haben. Aber es ist ein langweiliges Vergnügen und durch eine Reihe von Vexationen verdorben.« Man hat Plato gelesen und muß sich herumzanken mit Dienstleuten, prozessieren mit den Nachbarn, jede kleine Reparatur wird zur Sorge. Weisheit würde nun gebieten, sich um alle diese Kleinigkeiten nicht zu kümmern. Aber – jeder von uns hat es erfahren – solange man Besitz hat, klebt man am Besitz oder er hängt an einem mit tausend kleinen Haken, und nur eines hilft: Distanz, die alle Dinge verändert. Nur äußere Distanz gibt die innere. »Kaum ich fort bin von meinem Hause, streife ich alle diese Gedanken von mir ab. Und wenn in meinem Haus ein Turm zusammenfällt, kümmere ich mich weniger darum als jetzt, wenn eine Schindel vom Dache fällt.« Wer auf einen kleinen Ort sich beschränkt, gerät in kleine Proportionen. Alles ist relativ. Immer sagt es Montaigne von neuem:

Was wir Sorgen nennen, das hat nicht sein eignes Gewicht. Wir sind es, die vergrößern oder verkleinern. Das Nahe bemüht uns mehr als das Ferne, und in je kleinere Verhältnisse wir uns begeben, um so mehr bedrückt uns das Kleinliche. Entfliehen kann man nicht. Aber man kann Urlaub nehmen.

Alle diese Gründe, die in seinem achtundvierzigsten Jahr nach der Zeit der Reclusion wieder in ihm eine »humeur vagabonde« erwecken, aus allen Gewohnheiten, aus allen Regelmäßigkeiten und Sicherheiten wieder in die Welt zurückzukehren, spricht Montaigne mit seinem herrlichen menschlichen Freimut aus und sagt wie immer gerade das deutlich, was jeder von uns gefühlt. Einen anderen Grund und einen nicht minder wichtigen für seine Flucht aus der Einsamkeit muß man eher zwischen den Zeilen lesen. Montaigne hat immer und überall die Freiheit und das Wandelbare gesucht, aber auch die Familie ist eine Einschränkung und die Ehe eine Monotonie, und man hat überdies das Gefühl, als ob er nicht restlos glücklich in seinem häuslichen Leben gewesen wäre. Die Ehe, so meint er, habe die Nützlichkeit für sich, die rechtlichen Bindungen, die Ehre, die Dauer – alles »langweilige und gleichförmige Vergnügungen«. Und Montaigne ist der Mann des Wandels, er hat weder die langweiligen noch die gleichförmigen Vergnügungen geliebt.

Daß seine Ehe keine Liebesheirat gewesen, sondern eine Verstandesehe, ja daß er solche Liebesheiraten eher verurteilt und eine »Verstandesehe« für die einzig richtige erklärt, hat er in unzähligen Varianten wiederholt, und daß er sich nur einer »habitude« gefügt hätte. Jahrhundertelang hat man es ihm gründlich übelgenommen, daß er in seiner unerschütterlichen Aufrichtigkeit den Frauen eher als den Männern das Recht zugesprochen, sich zur Abwechslung einen Geliebten zu halten, ja manche Biographen haben darum an der Vaterschaft seiner letzten Kinder gezweifelt.

All das mögen theoretische Anschauungen sein. Aber es klingt nach mehrjähriger Ehe doch sonderbar, wenn er sagt: »In unserem Jahrhundert pflegen die Frauen ihre Gefühle und guten Gesinnungen gegen ihren Gatten meist so lange zu verzögern, bis er tot ist. Unser Leben ist beladen mit Gezänk, und unser Tod wird von Liebe und Fürsorge umgeben.« Er fügt sogar die mörderischen Worte hinzu, es gebe wenige Ehefrauen, die nicht im Witwenstand »gesünder werden, und Gesundheit ist eine Eigenschaft, die nicht lügen kann«. Sokrates könnte nach seinen Erfahrungen mit Xanthippe nicht unerfreulicher über die Ehe sprechen. »Daher sollst du ihren vertränten Augen keine Beachtung schenken«, und man glaubt ihn zu seiner eignen Frau sprechen zu hören, wenn er Abschied nimmt: »Eine Frau sollte ihre Blicke nicht so gierig auf die Stirn ihres Mannes heften, daß sie es nicht ertragen kann, ihn den Rücken kehren zu sehen, wenn er das nötig hat.« Wenn er einmal von einer guten Ehe spricht, so fügt er gleich die Einschränkung bei: »falls es solche gibt.«

Man sieht, die zehn Jahre Einsamkeit waren gut, aber sie sind nun genug und zuviel. Er spürt, daß er erstarrt, daß er klein und eng wird, und wenn jemand, so hat sich Montaigne sein Leben lang gegen das Erstarren gewehrt. Mit dem Instinkt, der einem schöpferischen Menschen immer sagt, wann es Zeit für ihn ist, sein Leben zu ändern, erkennt er den richtigen Augenblick. »Die beste Zeit, dein Haus zu verlassen, ist, wenn du es in Ordnung gebracht hast, so daß es auch ohne dich sehr gut bestehen kann.«

Er hat sein Haus in Ordnung gebracht, Feld und Gut ist in bester Verfassung, die Kasse so wohl gefüllt, daß er die Kosten für eine lange Reise sich wohl leisten kann, die er nur darum fürchtet, weil man, wie er meint, die Vergnügungen einer langen Abwesenheit nicht mit Sorgen bei der Rückkehr bezahlen soll. Auch das andere, das geistige Werk ist in Ordnung gebracht. Er hat das Manuskript seiner »Essais« zum Drucker gebracht und die beiden Bände, diese Kristallisation seines Lebens, sind ausgedruckt, ein Zyklus ist zu Ende, sie liegen hinter ihm, um Goethes Lieblingswort zu gebrauchen, wie eine abgestoßene Schlangenhaut. Jetzt ist es Zeit, wieder neu zu beginnen. Er hat ausgeatmet, nun gilt es wieder einzuatmen. Er hat sich eingewurzelt, nun gilt es, wieder sich zu entwurzeln. Ein neuer Abschnitt beginnt. Am 22. Juni 1580 macht sich nach zehnjähriger freiwilliger Abgeschlossenheit – Montaigne hat nie etwas anders als mit freiem Willen getan – der Achtundvierzigjährige auf eine Reise, die ihn fast zwei Jahre von Frau und Turm und Heimat und Arbeit, von allem, nur nicht von sich selbst entfernt.

Es ist eine Reise ins Blaue, eine Reise um des Reisens oder besser gesagt um der Lust des Reisens willen. Bisher waren seine Reisen bis zu einem gewissen Grade immer Pflichtreisen gewesen, im Auftrag des Parlaments, aus höfischen, aus geschäftlichen Rücksichten. Es waren eher Exkursionen – diesmal ist es eine richtige Reise, die kein anderes Ziel hat als sein ewiges: sich selbst zu finden. Er hat keinen Vorsatz, er weiß nicht, was er sehen wird, im Gegenteil: er will es gar nicht im voraus wissen, und wenn Leute ihn nach seinem Ziele fragen, so antwortet er heiter: Ich weiß nicht, wonach ich ausschaue in der Fremde, aber ich weiß jedenfalls sehr gut, wovor ich flüchte.

Er war lange genug im Gleichen, nun will er das Andere, und je mehr anders es ist, um so besser! Die alles bei sich zu Hause herrlich finden, mögen glücklicher sein in dieser eitlen Beschränkung; er beneidet sie nicht. Nur der Wechsel lockt ihn, nur von ihm verspricht er sich Gewinn. Nichts reizt ihn gerade an dieser Reise so sehr, als daß alles anders sein wird, die Sprache und der Himmel und die Gewohnheiten und die Menschen, der Luftdruck und die Küchen, die Straßen und das Bett. Denn sehen heißt für ihn lernen, vergleichen, besser verstehen: »Ich kenne keine bessere Schule im Leben als sich anderen Lebensgewohnheiten auszusetzen«, die einem die unendliche Vielfalt der menschlichen Natur aufzeigen.

Ein neues Kapitel beginnt für ihn. Aus Lebenskunst wird Reisekunst als Kunst des Lebens.

Um sich frei zu machen, reist Montaigne, und während der ganzen Reise gibt er ein Beispiel der Freiheit. Er reist, wenn man so sagen darf, seiner Nase nach. Er vermeidet auf der Reise alles, was an eine Verpflichtung erinnert, selbst eine Verpflichtung gegen sich selbst. Er macht keinen Plan. Die Straße soll ihn führen, wohin sie ihn führt, die Stimmung treiben, wohin sie ihn treibt. Er will sich, wenn man so sagen darf, reisen lassen statt zu reisen. Herr Michel de Montaigne will in Bordeaux nicht wissen, wo der Herr Michel de Montaigne in Paris oder in Augsburg in der nächsten Woche wird sein wollen. Das soll der andere Montaigne, der Montaigne in Augsburg oder in Paris in Freiheit bestimmen. Er will gegen sich selbst frei bleiben.

Er will nur sich bewegen. Wenn er glaubt, etwas versäumt zu haben, so geht er den Weg zurück. Ungebundenheit wird ihm allmählich zu einer Leidenschaft. Sogar schon auf dem Wege zu wissen, wohin der Weg führt, gibt ihm manchmal eine leise Bedrückung. »Ich fand solchen Genuß am Reisen, daß schon die bloße Annäherung an einen Ort, wo ich geplant hatte zu bleiben, mir verhaßt war, und ich dachte verschiedene Möglichkeiten aus, wie ich ganz allein, nach eignem Willen und eigner Bequemlichkeit, reisen könnte.«

Er sucht keine Sehenswürdigkeiten, weil ihm alles sehenswürdig scheint, was anders ist. Im Gegenteil, wenn ein Platz sehr berühmt ist, so möchte er ihm am liebsten ausweichen, weil ihn schon zuviele andere gesehen und beschrieben haben. Rom, das Ziel aller Welt, ist ihm im Vorgefühl fast unangenehm, weil es das Ziel aller Welt ist, und sein Sekretär notiert in das Tagebuch: »Ich glaube, daß er in Wirklichkeit, wenn er ganz für sich gewesen wäre, lieber bis nach Krakau oder auf dem Landweg nach Griechenland gereist wäre, als die Tour durch Italien zu machen.« Immer ist es Montaignes Grundsatz: je mehr anders, desto besser, und selbst wenn er nicht das findet, was er erwartet hat oder andere ihn erwarten ließen, ist er nicht unzufrieden. »Wenn ich nicht finde, was man mich an irgendeinem Orte erwarten ließ – denn die meisten Berichte, wie ich finde, sind falsch –, klage ich nicht darüber, meine Mühe verloren zu haben, denn ich habe wenigstens gelernt, daß dies oder jenes nicht wahr gewesen ist.« Als den richtigen Reisenden kann ihn nichts enttäuschen. Wie Goethe sagt er sich: Verdruß ist auch ein Teil des Lebens. »Gewohnheiten fremder Länder machen mir durch ihre Verschiedenheit nur Vergnügen. Ich finde, jede Sitte ist richtig in ihrer eigenen Art. Ob mir serviert wird auf Zinn, hölzernen oder irdenen Tellern, ob mein Fleisch gekocht oder gebraten ist, heiß oder kalt, ob man mir Butter oder Öl, Nüsse oder Oliven gibt, ist mir ganz einerlei.« Und der alte Relativist schämt sich für seine Landsleute, die in dem Wahn befangen sind, sie müßten sich mit jeder Gewohnheit, die ihnen widerspricht, auseinandersetzen, und sobald sie aus ihrem Dorf heraus sind, aus ihrem eigenen Element sind. Montaigne will in der Fremde das Fremde sehen – »Ich suche keine Gascogner in Sizilien, ich sehe zu Hause genug von ihnen« –, und so will er den Landsleuten ausweichen, die er zur Genüge kennt. Er will sein Urteil haben und kein Vorurteil. Wie so viele Dinge lernt man bei Montaigne auch, wie man reisen soll.

Mit einer letzten Sorge – man spürt es aus der Antwort, die er gibt – sucht man anscheinend zu Hause den ungestümen Reisenden noch zurückzuhalten. »Was ist mit dir, wenn du krank wirst in der Fremde«, fragte man ihn. In der Tat, Montaigne ist seit drei Jahren dem Leiden, das alle Gelehrten jener Zeit befällt, anscheinend infolge sitzender Lebensweise und unkluger Kost, verfallen. Wie Erasmus, wie Calvin quälen ihn die Gallensteine und es scheint eine harte Zumutung, zu Pferd monatelang auf fremden Straßen herumzutraben. Aber Montaigne, der auszieht nicht nur, um seine Freiheit, sondern möglichst auch seine Gesundheit auf dieser Reise wiederzufinden, schüttelt gleichgültig die Achseln: »Wenn es zur Rechten übel aussieht, wende ich mich zur Linken, wenn ich mich nicht wohl genug fühle, zu Pferde zu steigen, dann halte ich eben an. Habe ich etwas vergessen, dann kehre ich zurück – es ist immer noch mein Weg.«

Und ebenso hat er eine Antwort auf die Sorge, daß er in der Fremde sterben könnte: wenn er sich davor fürchten sollte, so könnte er sich eigentlich kaum aus seinem Pfarrbezirk Montaigne herauswagen, geschweige denn über die Grenzen Frankreichs. Der Tod ist überall, und er würde ihm im Grunde lieber zu Pferde begegnen als im Bett.

Als dem rechten Kosmopoliten ist es ihm gleichgültig.

Am 22. Juni 1580 reist Michel de Montaigne aus dem Tor seines Schlosses in die Freiheit. Ihn begleiten sein Schwager, einige Freunde und ein zwanzigjähriger Bruder. Die Wahl ist nicht ganz glücklich: Gefährten, die er selber späterhin nicht ganz für die richtigen erklärt und die ihrerseits wieder unter der sonderbaren, eigenwilligen, persönlichen Art Montaignes, »de visiter les pays inconnus«, nicht wenig leiden. Es ist nicht die Ausfahrt eines Grandseigneurs, aber immerhin ein stattlicher Train. Das Wichtigste ist, daß er kein Vorurteil, keine Hochmütigkeit, keine festgefaßten Anschauungen mitnimmt.

Der Weg geht zunächst nach Paris, der Stadt, die Montaigne von jeher liebt und die ihn immer wieder von neuem entzückt.

Einige Exemplare seines Buches sind ihm schon vorausgereist, aber zwei Bände bringt er persönlich mit, um sie dem König zu überreichen. Heinrich III. hat eigentlich nicht viel Sinn dafür; er steht wie gewöhnlich im Kriege. Aber da alle Welt am Hof das Buch liest und davon entzückt ist, liest er es auch und lädt Montaigne ein, der Belagerung von La Fère beizuwohnen. Montaigne, den alles interessiert, sieht nach Jahren wieder den wirklichen Krieg und zugleich auch sein Grauen, denn einer seiner Freunde, Philibert de Gramont, wird dort von einer Kugel getötet. Er begleitet seine Leiche nach Soissons und beginnt am 5. September 1580 das merkwürdige Tagebuch. In sonderbarer Analogie zu Goethe hatte so wie dort der dürre Kaufmann hier der Soldat des Königs François I., der Vater Montaignes, ein Tagebuch begonnen und aus Italien mitgebracht, und so wie der Sohn des Rats Goethe setzt der Sohn Pierre Eyquems als Michel de Montaigne die Tradition fort. Sein Sekretär zeichnet alle Geschehnisse auf, bis Rom, wo ihm Montaigne Urlaub gibt. Dort setzt er es selbst fort und gemäß seinem Willen, sich an das Land möglichst anzupassen, in einem ziemlich barbarischen Italienisch bis zu dem Tage, da er die französische Grenze wieder überschreitet: »Hier spricht man französisch, und so gebe ich nun diese fremde Sprache auf«, so daß wir die Reise von Anfang bis Ende verfolgen können.

Der erste Besuch geht nach den Bädern von Plombières, wo Montaigne in einer zehntägigen Gewaltkur sein Leiden zu heilen sucht, dann über Basel, Schaffhausen, Konstanz, Augsburg, München und Tirol nach Verona, Vicenza, Padua und Venedig, von dort über Ferrara, Bologna, Florenz nach Rom, wo er am 15. November eintrifft. Die Reisebeschreibung ist kein Kunstwerk, um so mehr, als sie nur zum kleinsten Teil von Montaigne und nicht in seiner Sprache geschrieben ist. Sie zeigt nicht den Künstler in Montaigne, aber sie zeigt uns den Menschen mit all seinen Eigenschaften und sogar seinen kleinen Schwächen; ein rührender Zug seine Parvenu-Eitelkeit, daß er, der Enkel von Fischhändlern und jüdischen Kaufleuten, den Wirtinnen als besonders kostbare Abschiedsgabe sein schön gemaltes Wappen schenkt. Es ist immer ein Vergnügen – wer hat es besser gekannt als Montaigne –, einen gescheiten Menschen in seinen Torheiten, einen freien Mann, der alle Äußerlichkeiten verachtet, in seinen Eitelkeiten zu sehen.

Im Anfang geht alles ausgezeichnet. Montaigne ist bester Laune und die Neugier überwindet seine Krankheit. Der Achtundvierzigjährige, der immer über seine »vieillesse« spottet, übertrifft die jungen Leute an Ausdauer. Frühmorgens im Sattel, gerade nur ein Stück Brot zu sich genommen, reitet er, und alles ist ihm recht, die Sänfte, das Brot, der Wagen, der Sattel, zu Fuß. Die schlechten Wirtshäuser belustigen ihn mehr, als sie ihn ärgern. Seine Hauptfreude ist es, Menschen zu sehen, überall andere Menschen und andere Sitten. Überall sucht er Leute auf, und zwar Leute aus allen Klassen. Von jedem sucht er zu erfahren, was sein »gibier« – wir würden sagen, sein »hobby« – ist. Da er den Menschen sucht, kennt er keine Stände, speist in Ferrara mit dem Herzog, plaudert mit dem Papst und ebenso mit protestantischen Pfarrern, Zwinglianern, Calvinisten. Seine Sehenswürdigkeiten sind nicht die man im Baedeker findet. Von den Raffaels und Michelangelos und den Bauten ist wenig gesagt. Aber er wohnt der Hinrichtung eines Verbrechers bei, er läßt sich von einer jüdischen Familie zu einer Beschneidung einladen, besucht Bibliotheken, er betritt die bagni von Lucca und bittet die Bäuerinnen zu einem Ball, er plaudert mit jedem lazzarone. Aber er läuft sich nicht die Füße ab nach jedem anerkannten Kuriosum. Für ihn ist alles Kuriosität, was natürlich ist. Er hat den großen Vorteil gegenüber Goethe, nicht Winckelmann zu kennen, der allen Reisenden seines Jahrhunderts Italien als kunstgeschichtliches Studium aufnötigt. Er sieht die Schweiz und Italien als Lebendigkeiten. Alles ist für ihn auf einer Linie, was Leben ist. Er wohnt der Messe des Papstes bei, er wird von ihm empfangen, er hat lange Gespräche mit den geistigen Würdenträgern, die ihm respektvolle Vorschläge machen für die nächste Auflage seines Buches und den großen Skeptiker nur bitten, das Wort »fortune«, das er allzu häufig verwendet, beiseite zu lassen und durch »Gott« oder »göttliche Schickung« zu ersetzen. Er läßt sich feiern und feierlich zum römischen Bürger ernennen, ja er bemüht sich sogar darum, stolz auf diese Ehre (die Parvenu-Elemente in dem freiesten Menschen). Aber das hindert ihn nicht, offen zuzugestehen, daß beinahe sein Hauptinteresse in Rom wie schon vordem in Venedig den Courtisanen gilt, deren Sitten und Sonderbarkeiten er mehr Raum in seinem Tagebuch gibt als der Sixtina und dem Dom von Florenz. Eine Art neuer Jugend ist in ihn zurückgekehrt und sie sucht ihren natürlichen Weg. Einiges Geld aus der Kasse mit den Goldstücken, die er mit sich führt, scheint er bei ihnen gelassen zu haben, zum Teil für Konversation, die sich diese Damen, wie er schildert, oft höher bezahlen lassen als ihre anderen Dienste.

Die letzte Zeit der Reise ist ihm verdorben durch seine Krankheit. Er macht eine Kur, in den Bädern von Lucca, und zwar eine barbarische. Sein Haß gegen die Doktoren führt ihn dazu, sich selbst Kuren zu erfinden; frei wie von allem, will er auch sein eigner Arzt sein. Es sind sehr ernste Zustände, die ihn heimsuchen, qualvolle Zahn- und Kopfschmerzen treten noch zu den anderen Leiden hinzu. Einen Augenblick denkt er sogar an Selbstmord. Und mitten in diese Kur kommt eine Nachricht, von der zu bezweifeln ist, ob sie ihn erfreut. Die Bürger von Bordeaux haben ihn zu ihrem Maire ernannt. Man wundert sich über diese Ernennung, denn schon vor elf Jahren hatte Montaigne seine Ämter als bloßer Ratsherr niedergelegt. Es ist der junge Ruhm seines Buches, der die Bürger von Bordeaux ohne sein Wissen und Zutun veranlaßt hat, ihm eine solche Stellung aufzunötigen, und es ist vielleicht die Familie, die versucht, ihn mit dieser Lockung zurückzuholen. Jedenfalls kehrt er nach Rom und von Rom zu Frau und Haus zurück und langt am 30. November 1581, nach einer Abwesenheit von siebzehn Monaten und acht Tagen, wie er genau notiert, in seinem Schlosse wieder an, eher jünger, geistig frischer und lebendiger, als er je gewesen. Zwei Jahre später wird sein jüngstes Kind geboren.

9. KAPITEL

Montaigne hat das schwerste Ding auf Erden versucht: sich selbst zu leben, frei zu sein und immer freier zu werden. Und da das fünfzigste Jahr erreicht ist, meint er sich diesem Ziele nah. Aber etwas Sonderbares ereignet sich: gerade jetzt, da er sich von der Welt weg und einzig sich selber zugewandt, sucht ihn die Welt. Als junger Mensch hat er öffentliche Tätigkeit und

Würden gesucht: man hat sie ihm nicht gegeben. Nun zwingt man sie ihm auf. Er hat sich vergebens den Königen angeboten und am Hofe bemüht: nun fordert man ihn zu immer neuen und immer höheren Geschäften. Gerade jetzt, da er nur den Menschen in sich zu erkennen sucht, erkennen die anderen seinen Wert.

Als jener Brief am 7. September 1581 ihn erreicht, der ihm mitteilt, daß er ohne sein Zutun »unter allgemeiner Zustimmung« zum Bürgermeister von Bordeaux ernannt sei und ihn bittet, diese »charge« – wahrhaftig eine Last für Montaigne – »aus Liebe zum Vaterland« anzunehmen, scheint Montaigne noch nicht entschlossen, seine Freiheit aufzugeben. Er fühlt sich als kranker Mann und so gepeinigt von seinem Steinleiden, daß er manchmal sogar an Selbstmord denkt. »Wenn man diese Leiden nicht beseitigen kann, dann muß man mutig und rasch ein Ende machen, das ist die einzige Medizin, die einzige Richtlinie und Wissenschaft.« Wozu noch ein Amt annehmen, da er seine eigene innere Aufgabe erkannt hat, ein Amt überdies, das nur Mühe, aber weder Geld noch sonderliche Ehren einbringt? Jedoch als Montaigne in seinem Schlosse eintrifft, findet er einen Brief des Königs, der vom 25. November datiert ist und ziemlich deutlich den bloßen Wunsch der Bürger von Bordeaux in einen Befehl verwandelt. Der König beginnt höflich, wie er sich freue, eine Wahl zu bestätigen, die ohne Montaignes Zutun in seiner Abwesenheit – also ganz spontan – erfolgt sei. Aber er trägt ihm auf, »ohne Verzug noch Ausrede« den Dienst zu übernehmen. Und der letzte Satz schneidet jeden Rückzug ausdrücklich ab: »und damit werdet Ihr einen Schritt tun, der mir sehr willkommen ist, und das Gegenteil würde mir höchlichst mißfallen.« Gegen einen solchen königlichen Befehl gibt es keine Widerrede. Ebenso ungern, wie er von seinem Vater das Steinleiden übernommen hat, tritt er nun dies sein anderes Erbe, die Bürgermeisterschaft, an.

Sein Erstes ist, entsprechend seiner außerordentlichen Ehrlichkeit, seine Wähler zu warnen, daß sie nicht eine ähnliche restlose Hingabe von ihm erwarten sollen wie von seinem Vater, dessen Seele er »von diesen öffentlichen Lasten grausam verstört« sah und der seine besten Jahre, seine Gesundheit und seinen Haushalt restlos seiner Pflicht aufgeopfert. Er wisse sich zwar ohne Haß, ohne Ehrgeiz, ohne Geldgier und ohne

Gewalttätigkeit, aber er kenne auch seine Defekte: daß es ihm an Gedächtnis fehle, an »vigilance«, an ständiger Wachsamkeit, an Erfahrung und an Tatkraft. Wie stets ist Montaigne entschlossen, sein Letzes, sein Bestes, sein Kostbarstes, »son essence«, für sich zu behalten, alles zu tun, was von ihm verlangt wird und ihm auferlegt ist, mit größter Sorgsamkeit und Treue, aber nicht mehr. Um es äußerlich schon kundzugeben, daß er nicht von sich selbst weggehe, schlägt er seine Wohnung nicht in Bordeaux auf, sondern bleibt in seinem Schlosse in Montaigne. Aber es scheint, daß, wo Montaigne, ebenso wie in seinen Schriften, nur die Hälfte der Mühe, der Plage, der Zeit einsetzt, er noch immer mehr leistet als jeder andere, dank seines rapiden Blicks und seiner profunden Weltkenntnis. Daß man nicht unzufrieden mit ihm war, beweist, daß er im Juli 1583 nach Ablauf seiner Funktionszeit abermals auf zwei Jahre von der Bürgerschaft gewählt wird.

Aber nicht genug an diesem einem Amt, an dieser einen Pflicht: kaum, daß ihn die Stadt gefordert, fordert ihn auch der Hof, der Staat, die große Politik. Jahrelang hatten die Mächtigen Montaigne mit einem gewissen Mißtrauen betrachtet, das die Parteimenschen und professionellen Politiker immer für den freien und unabhängigen Menschen haben. Man hat ihm Passivität in einer Zeit vorgeworfen, in der, wie er sagt, »die ganze Welt nur allzu tätig war«. Er hatte sich nicht einem einzelnen König, einer einzelnen Partei, einer einzelnen Gruppe angeschlossen, seine Freunde nicht nach den Parteiabzeichen, nicht nach der Religion gewählt, sondern nach ihrem Verdienst. Ein solcher Mann war unbrauchbar gewesen in einer Zeit des Entweder-Oder, in einer Zeit des drohenden Sieges oder einer drohenden Ausrottung des Hugenottentums in Frankreich. Aber nun, nach den grauenhaften Verwüstungen des Bürgerkriegs, nachdem der Fanatismus sich selbst ad absurdum geführt, wird plötzlich in der Politik der bisherige Defekt der Unparteilichkeit zum Vorzug und ein Mann, der immer freigeblieben ist von Vorurteil und Urteil, der unbestechlich durch Vorteil und Ruhm zwischen den Parteien gestanden, zum idealen Vermittler. Die Situation in Frankreich hat sich merkwürdig geändert. Nach dem Tode des Duc d'Anjou ist nach dem Salischen Gesetz Heinrich von Navarra (der spätere Heinrich IV.) als Gatte der Tochter Katharinas von

Medici der rechtmäßige Thronerbe Heinrichs III. Aber Heinrich von Navarra ist Hugenotte und Führer der hugenottischen Partei. Er steht damit in schroffem Gegensatz zu dem Hof, der die Hugenotten zu unterdrücken sucht, zu dem königlichen Schloß, von dessen Fenstern vor einem Jahrzehnt der Befehl zur Bartholomäusnacht gegeben worden war, und die Gegenpartei der Guisen sucht die rechtmäßige Thronfolge zu verhindern. Da nun Heinrich von Navarra auf sein Recht nicht zu verzichten gedenkt, scheint der neue Bürgerkrieg unvermeidlich, wenn nicht zwischen ihm und dem regierenden König Heinrich III. eine Verständigung gelingt. Für diese große, diese welthistorische Mission, die den Frieden Frankreichs sichern muß, ist ein Mann wie Montaigne der ideale Vermittler, nicht nur gemäß seiner an sich toleranten Gesinnung, sondern weil er auch persönlich der Vertrauensmann sowohl des Königs Heinrich III. als des Kronprätendenten Heinrich von Navarra ist. Eine Art Freundschaft verbindet ihn mit diesem jungen Herrscher, und Montaigne bewahrt sie ihm sogar in einer Zeit, da Heinrich von Navarra von der Kirche exkommuniziert ist und Montaigne, wie er später schreibt, bei seinem Pfarrer es als eine Sünde beichten muß, mit ihm Umgang bewahrt zu haben.

Heinrich von Navarra besucht Montaigne mit einem Gefolge von vierzig Edelleuten und ihrer ganzen Dienerschaft 1584 im Schlosse Montaigne, schläft in seinem eigenen Bett. Er betraut ihn mit den geheimsten Aufträgen, und wie redlich, wie verläßlich Montaigne sie ausgeführt hat, ist erwiesen dadurch, daß, als es einige Jahre später abermals zur Krise und zwar zur allerschwersten zwischen Heinrich III. und dem künftigen Heinrich IV. kommt, abermals beide gerade ihn zum Vermittler berufen.

Im Jahre 1585 wäre die zweite Amtsperiode Montaignes als Bürgermeister von Bordeaux zu Ende gewesen und ihm ein ruhmreicher Abschied gegönnt worden mit Reden und Ehren. Aber das Schicksal will keinen so schönen Abgang für ihn. Er hat tapfer und energisch standgehalten, solange die Stadt in dem neuentfachten Bürgerkrieg zwischen Hugenotten und Liguisten bedroht war. Er hat die Bewaffnung durchgeführt, Tag und sogar Nacht mit den Soldaten gewacht und die Verteidigung vorbereitet. Aber vor einem anderen Feind, vor der Pest, die in diesem Jahre in Bordeaux ausbricht, ergreift er panisch die Flucht und läßt seine Stadt im Stiche. Seiner egozentrischen Natur ist die Gesundheit immer das Wichtigste gewesen. Er ist kein Held und hat sich auch nie als Held drapiert.

Wir können uns keine Vorstellung mehr davon machen, was die Pest zu jener Zeit bedeutete. Wir wissen nur, daß sie überall das Signal zu einer Flucht war, bei Erasmus und so vielen anderen. In der Stadt Bordeaux sterben in weniger als sechs Monaten siebzehntausend Menschen, die Hälfte der Bevölkerung. Wer sich einen Wagen, ein Pferd leisten kann, ergreift die Flucht; nur »le menu peuple« bleibt zurück. Auch in Montaignes Hause zeigt sich die Pest. So entschließt er sich, es zu verlassen. Sie machen sich alle auf den Weg, die alte Mutter Antonietta de Louppes, seine Frau, seine Tochter. Jetzt hätte er Gelegenheit, seine Seelenstärke zu zeigen, denn »tausend verschiedene Arten von Krankheiten fanden sich plötzlich in unablässiger Folge ein«. Er erleidet schwere Vermögensverluste, er muß sein Haus leer und ungeschützt zurücklassen, so daß jeder sich nehmen kann und wohl auch genommen hat, was er wollte. Ohne Mantel, gerade wie er gekleidet ist, flieht er aus dem Hause und weiß nicht wohin, denn niemand nimmt die Familie auf, die aus einer Peststadt flieht. »Die Freunde fürchteten sich vor ihr, man fürchtete sich selber, Angst ergriff die Leute, bei denen man Quartier suchte, und man hatte plötzlich den Aufenthalt zu wechseln, wenn einer der Gesellschaft nur begann, sich über einen Schmerz in der Fingerspitze zu beklagen.« Es ist eine grauenhafte Reise; auf dem Weg sehen sie die unbestellten Felder, die verlassenen Dörfer, die unbegrabenen Leichen der Kranken. Sechs Monate muß er »trübselig als Führer dieser Karawane« dienen, und inzwischen schreiben die »jurats«, denen er die ganze Verwaltung der Stadt überlassen, Brief auf Brief. Anscheinend erbittert über Montaignes Flucht, fordern sie seine Rückkehr, teilen ihm schließlich mit, daß seine Bürgermeisterschaft zu Ende sei. Aber auch zu dem vorgeschriebenen Abschied kehrt Montaigne nicht zurück.

Etwas Ruhm, etwas Ehre, etwas Würde ist bei dieser panischen Flucht vor der Pest verlorengegangen. Aber die »essence« ist gerettet. Im Dezember, nachdem die Pest erloschen ist, kehrt nach sechs Monaten Herumirrens Montaigne wieder in sein

Schloß zurück und nimmt den alten Dienst auf: sich selbst zu suchen, sich selbst zu erkennen. Er beginnt ein neues Buch von Essais, das dritte. Er hat wieder den Frieden, er ist frei von den Trakasserien außer dem Steinleiden. Nun stillsitzen, bis der Tod kommt, der ihn schon mehrmals »mit der Hand berührt hat«. Es scheint, daß er Frieden haben soll, nachdem er so vieles erlebt, Krieg und Frieden, Welt, Hof und Einsamkeit, Armut und Reichtum, Geschäft und Muße, Gesundheit und Krankheit, Reise und Heim, Ruhm und Anonymität, Liebe und Ehe, Freundschaft und Einsamkeit.

Aber noch fehlt ihm ein Letztes, noch hat er nicht alles durchgeprobt. Noch einmal ruft ihn die Welt. Die Situation zwischen Heinrich von Navarra und Heinrich III. hat sich gefährlich zugespitzt. Der König hat gegen den Thronfolger eine Armee unter Joyeuce gesandt, und Heinrich von Navarra hat bei Coutras am 23. Oktober 1587 diese Armee völlig vernichtet. Heinrich von Navarra könnte nun als Sieger gegen Paris marschieren, mit Gewalt sich sein Thronrecht oder sogar den Thron erzwingen. Aber seine Klugheit warnt ihn, seinen Erfolg aufs Spiel zu setzen. Er will es noch einmal mit Verhandlungen versuchen. Drei Tage nach dieser Schlacht reitet ein Trupp auf das Schloß Montaigne zu. Der Führer verlangt Einlaß, der ihm sofort gewährt wird. Es ist Heinrich von Navarra, der nach seinem Sieg bei Montaigne Rat sucht, wie dieser Sieg diplomatisch und zugleich friedlich am besten auszunützen ist. Es ist ein geheimer Auftrag. Montaigne soll als Vermittler nach Paris reisen und dem König seine Vorschläge machen. Anscheinend hat es sich um nichts Geringeres gehandelt als um den entscheidenden Punkt, der dann den Frieden Frankreichs und seine Größe für Jahrhunderte verbürgt hat: die Konversion Heinrichs von Navarra zum Katholizismus.

Montaigne macht sich sofort mitten im Winter auf den Weg. In seinem Koffer nimmt er ein korrigiertes Exemplar der Essais mit und das Manuskript des neuen dritten Buches. Aber es wird keine friedliche Reise. Unterwegs wird er von einer Truppe überfallen und geplündert. Zum zweitenmal erfährt er den Bürgerkrieg am eigenen Leibe, und kaum in Paris angekommen, wo sich der König zur Zeit nicht aufhält, wird er verhaftet und in die Bastille gebracht. Es ist zwar nur ein Tag, daß er dort verbleibt, weil Katharina von Medici ihn sofort befreien läßt.

Aber wieder einmal hat der Mann, der überall Freiheit sucht, auch in dieser Form erfahren müssen, was es heißt, der Freiheit beraubt zu sein. Er reist dann noch nach Chartres, Rouen und Blois, um die Besprechung mit dem König durchzuführen. Damit ist sein Amt zu Ende, und er kehrt wieder in sein Schloß zurück.

Auf dem alten Schloß sitzt nun der kleine Mann in seinem Turmzimmer. Er ist alt geworden, das Haar ist ihm ausgefallen, ein runder Kahlkopf, den schönen kastanienbraunen Bart hat er sich abgenommen, seit er zu ergrauen begann. Es ist leer geworden um ihn; die alte Mutter geht noch durch die Räume wie ein Schatten, fast neunzigjährig. Die Brüder sind fort, die Tochter verheiratet sich und zieht zu einem Schwiegersohn. Er hat ein Haus und weiß nicht, an wen es fallen wird nach seinem Tode. Er hat sein Wappen und ist der Letzte. Alles scheint vorbei. Aber gerade in dieser letzten Stunde kommt noch alles heran; jetzt, da es zu spät ist, bieten die Dinge dem Verächter der Dinge sich dar. 1590 ist Heinrich von Navarra, dem er Freund und Berater gewesen, als Heinrich VI. König von Frankreich geworden. Montaigne braucht jetzt nur an den Hof zu eilen, den alle umschwärmen, und die größte Stellung wäre ihm sicher bei dem, den er beraten und so gut beraten. Er könnte werden, was Michel Hôpital unter Katharina gewesen, der weise Ratgeber, der zur Milde führt, der große Kanzler. Aber Montaigne will nicht mehr. Er begnügt sich, den König in einem Briefe zu begrüßen, und entschuldigt sich, daß er nicht gekommen sei. Er mahnt ihn zur Milde und schreibt das schöne Wort: »Ein großer Eroberer der Vergangenheit konnte sich rühmen, er habe seinen unterworfenen Feinden ebensoviel Anlaß gegeben, ihn zu lieben, wie seinen Freunden.« Aber die Könige mögen nicht die, die ihre Gunst suchen, und noch weniger diejenigen, die sie nicht suchen. Einige Monate später schreibt der König seinem einstigen Ratgeber in schärferem Ton, um ihn für seinen Dienst zu gewinnen, und macht ihm anscheinend ein finanzielles Anerbieten. Aber wenn schon unwillig zu dienen, ist Montaigne noch unwilliger, in den Verdacht zu geraten, sich zu verkaufen. Stolz antwortet er dem König: »Ich habe niemals von der Gunst der Herrscher irgendwelche materiellen Vorteile erlangt, habe sie auch weder begehrt noch verdient ... Ich bin, Sire, so reich, wie ich es mir nur wünsche.« Er weiß, daß ihm gelungen ist, was Plato einmal als das Schwerste auf Erden bezeichnet: mit reinen Händen aus dem öffentlichen Leben zu treten. Mit Stolz schreibt er die Worte des Rückblicks auf sein Leben: wenn man ihm bis auf den Grund der Seele blicken wolle, dann würde man finden, er sei unfähig gewesen, jemand zu nahe zu treten oder ihn zu schädigen, unfähig der Rache oder des Neides, öffentlich Ärgernis zu erregen oder nicht zu seinem Worte zu stehen. »Und obwohl unsere Zeit mir wie jedem dazu wohl Gelegenheit gab, habe ich meine Hand nie durch Zugriff an den Besitz oder Vermögen eines anderen Franzosen belastet. Nur vom Eigenen habe ich gelebt, in Krieg und Frieden, und nie habe ich jemand für mich in Anspruch genommen, ohne ihn gebührend zu entlohnen. Ich habe meine Gesetze und meinen Gerichtshof, der über mich urteilt.«

Eine Spanne vor dem Tod haben die höchsten Würdenträger ihn gerufen, der sie längst nicht mehr will und erwartet. Eine Spanne vor dem Tod kommt für den Mann, der sich alt fühlt, nur mehr als ein Teil und Schatten seines Ichs, noch etwas, was er längst nicht mehr erhofft, ein Glanz von Zärtlichkeit und Liebe. Wehmütig hat er gesagt, vielleicht die Liebe allein könnte ihn noch erwecken.

Und nun geschieht das Unglaubliche. Ein junges Mädchen aus einer der ersten Familien Frankreichs, Marie de Gournay, kaum älter als die jüngste seiner Töchter, die er eben verheiratet hat, faßt eine Leidenschaft für die Bücher Montaignes. Sie liebt sie, sie vergöttert sie, sie sucht ihr Ideal in diesem Manne. Wie weit auch die Liebe dann nicht bloß dem Autor, dem Schriftsteller, sondern auch dem Menschen gegolten, ist wie immer in solchen Fällen schwer festzustellen. Aber er reist öfters zu ihr, bleibt einige Monate dort, auf dem Sitz der Familie in der Nähe von Paris, und sie wird seine »fille d'alliance«, er vertraut ihr von seinem Erbe das kostbarste an: die Herausgabe seiner Essais nach dem Tode.

Und dann hat er nur eines mehr zu wissen, der das Leben studierte und jede Erfahrung darin, noch die letzte des Lebens: den Tod. Er ist weise gestorben, wie er weise gelebt. Sein Freund Pierre de Brach schreibt, sein Tod sei sanft gewesen »nach einem glücklichen Leben« und man müsse es ein Glück nennen, daß er ihn von einer lähmenden Gicht und seinem schmerzhaften Steinleiden erlöste. Die Früchte seines Geistes aber würden der Zeit zum Trotz nie aufhören, die Menschen von Geist und gutem Geschmack zu erfreuen.

Er empfängt die letzte Ölung am 13. September 1592; kurz darauf ist er verschieden. Mit ihm erlischt das Geschlecht der Eyquems und der Paçagons. Er ruht nicht bei seinen Vorfahren wie sein Vater, er liegt für sich, in der Kirche der Feuillants zu Bordeaux, der erste und der letzte der Montaignes und der einzige, der diesen Namen über die Zeiten getragen.

Chateaubriand

Jede Weltumwälzung, nenne sie sich Krieg oder Revolution, reißt leicht den Künstler in den Enthusiasmus der Menge hinein: aber in dem Maße, als die mitgeträumte Idee sich im irdisch Gemeinschaftlichen zu verwirklichen beginnt, ernüchtert sich an der Realität der einzelne gläubige Geist. Zu Ende des achtzehnten Jahrhunderts empfinden die Dichter Europas zum erstenmal diesen ewigen und unvermeidlichen Konflikt zwischen sozialem oder nationalem Ideal und seiner allzu menschlich-trüben Gestaltung. In die Französische Revolution, in den Adlerschwung Napoleons, in die deutsche Einheit – in diese feurigen Tiegel geschmolzenen glühenden Volkswillens wirft die ganze geistige Jugend, werfen selbst die Gereiften freudig ihr Herz. Klopstock, Schiller, Byron, sie jauchzen auf: nun endlich sollen die Träume Rousseaus von der menschlichen Gleichheit, die neue Weltrepublik aus den Trümmern der Tyrannei entstehen, selig funkelnd schweben von den Sternen die Flügel der Freiheit nieder über irdisches Dach. Aber je mehr sich die Freiheit, die Gleichheit, die Brüderlichkeit dekretiert und legalisiert, je mehr sie sich staatlich und bürgerlich macht, um so nüchterner wenden die heiligen Träumer sich ab; aus den Befreiern sind Tyrannen geworden, aus dem Volke der Pöbel, aus der Bruderschaft das Blutschwert.

Aus dieser ersten Enttäuschung des Jahrhunderts ist die Romantik geboren. Es bezahlt sich immer bitter, Ideen bloß mitzuträumen. Die sie umsetzen in Taten, die Napoleons, die Robespierres, die hundert Generäle und Deputierten, sie formen die Zeit, sie trinken die Macht: unter ihrer Tyrannei stöhnen die andern, die Bastille ward zur Guillotine, die Enttäuschten ducken sich vor dem diktatorischen Willen, sie beugen sich vor der Wirklichkeit. Die Romantiker aber, Ham-letenkel, unschlüssig zwischen Gedanken und Tat, wollen nicht beugen und sich nicht beugen lassen: sie wollen bloß weiter-träumen, immer wieder träumen von einer Welt, wo das Reine noch rein bleibt, Ideen sich heroisch gestalten. Und so flüchten sie immer weiter weg aus der Zeit.

Aber wie ihr entfliehen? Wohin flüchten? »Zurück zur Natur« hatte prophetisch ein halbes Jahrhundert zuvor Rous-seau, der Vater der Revolution, gerufen. Aber die Natur Rousseaus – dies haben seine Jünger gelernt – ist nur ein imaginärer Begriff, eine Konstruktion. Seine Natur, die ideale Einsamkeit, sie ist zerstört vom Scherenschnitt der republika-nischen Departements, das Volk, das so moralisch unverdorben von Rousseau geträumte, längst zum Pöbel der Blutgerichte geworden. In Europa gibt es keine Natur mehr und keine Einsamkeit.

In dieser Not flüchten die Romantiker weiter, die Deut-schen, die ewigen Träumer, in das Labyrinth der Natur (Novalis), in das Phantasma, in das Märchen (E. T. A. Hoff-mann), in ein unterirdisches Griechentum (Hölderlin), die mehr nüchternen Franzosen und Engländer in die Exotik. Jenseits der Meere, abseits der Kultur, dort suchen sie Jean Jacques Rousseaus »Natur«, die »besseren Menschen« bei den Huronen und Irokesen in den großen Gotteswäldern. Lord Byron steuert, während sein Vaterland mit Frankreich auf Tod und Leben ringt, 1809 nach Albanien und besingt die heldisch reine Anmut der Arnauten und Griechen, Chateaubriand sendet seinen Heros zu den kanadischen Indianern, Victor Hugo feiert die Orientalen. Überallhin fliehen sie, die Ent-täuschten, um ihr Ideal, ihr romantisches, in unberührter Erde rein aufblühen zu sehen.

Aber wohin sie auch fliehen, überallhin nehmen sie ihre Enttäuschung mit. Überall erscheinen sie mit der düsteren Tragik der verstoßenen Engel, hindunkelnd in Melancholie: ihre Seelenschwäche, die zurückbebt vor der Tat, zurückweicht vor dem Leben, steigern sie zu einer stolzen und verächtlichen Einsamkeitsgebärde. Sie rühmen sich mit allen Lastern der Blutschande und der Verbrechen, die sie nie begingen: als die ersten Neurastheniker der Literatur sind sie zugleich die ersten Komödianten des Gefühls, die sich gewaltsam außerhalb des Normalen stellen, aus einem literarischen Willen interessant zu sein. Aus ihrer persönlichen Enttäuschtheit, aus der Zwitterhaftigkeit ihres gelähmten, verträumten Willens schaffen sie jenes Gift, an dem dann eine ganze Generation von Jünglingen und Mädchen hinkrankt: den Weltschmerz, den noch Jahrzehnte später alle deutsche, alle französische, alle englische Lyrik leidet.

Was sind sie der Welt gewesen, diese pathetischen Helden, die ihre Sentimentalität ins Kosmische gebläht, sie alle, René, Heloise, Obermann, Childe Harold und Eugen Onegin! Wie hat eine Jugend sie geliebt, die melancholisch Enttäuschten, wie sich emporgeschwärmt an diesen Gestalten, die nie ganz wahr waren und es nie sein werden, aber deren pathetischer Lyrismus so süß den Schwärmenden erhebt! Wer kann die Tränen zählen, die Millionen, die über Renés und Atalas Namen vergossen, wer das Mitleid messen, das ihrem melancholischen Schicksal zugeflutet ist? Wir, die Fernen, wir sehen sie fast lächelnd an, prüfenden Blicks, und fühlen, sie sind nicht mehr unseres Blutes, unseres Geistes; aber die Kunst hält manches, sie, die ewig eine, gebunden, und alles, was sie gestaltet, ist immer nahe und immer da. Wo sie wirkend im Werk gewesen, ist auch das Tote nicht ganz vergänglich. In ihr welken keine Träume und verblühen keine Wünsche. Und so trinken wir noch von ausgelebten Lippen Atem und Musik.

Jaurès

Vor acht oder neun Jahren, in der Rue St. Lazare, sah ich ihn zum erstenmal. Es war sieben Uhr abends, die Stunde, da der stahlschwarze Bahnhof mit dem funkelnden Zifferblatt plötzlich die Masse wie ein Magnet an sich reißt. Die Ateliers, die Häuser, die Geschäfte schütten mit einemmal alle ihre Menschen auf die Gasse, und alle strömen sie, ein schwarz aufgewühlter Strom, den Zügen zu, die sie aus der dampfigen Stadt ins Freie tragen. Ich würgte mich mit einem Freunde langsam durch den stickigen, drückenden Menschenqualm, als er mich plötzlich leicht anstieß: »Tiens! V'la Jaurès!« Ich sah auf, aber schon war es zu spät, die Silhouette des Vorbeischreitenden zu haschen. Nur den breiten Rücken, wie den eines Lastträgers, gewaltige Schultern, den kurzen, gedrungenen Stiernacken sah ich von ihm, und mein erstes Empfinden war das einer bäuerischen, unerschütterlichen Kraft. Die Aktentasche unter dem Arm, den kleinen, runden Hut auf dem mächtigen Haupt, ein wenig gebückt, wie der Bauer hinter dem Pflug, und ebenso zäh wie er, stapfte und stieß er sich langsam und unerschütterlich durch die ungeduldige Menge. Niemand erkannte den großen Tribun, Burschen schoben hastig an ihm vorbei, Eilfertige überholten ihn, rannten ihn im Laufe an, sein Schritt blieb unerschütterlich fest in seinem schweren Takt. Der Widerstand der schwarz fließenden, stark strömenden Masse brach sich wie an einem Felsblock an diesem kleinen, gedrungenen Mann, der hier allein für sich ging und seinen ureigenen Acker pflügte: die dunkle, unbekannte Menge von Paris, das Volk, das zur Arbeit ging und von der Arbeit kam.

Von diesem flüchtigen Begegnen blieb nichts zurück in mir als das Empfinden unbeugsamer, erdfester, zielstrebiger Kraft. Bald sollte ich ihn besser sehen, sollte kennen lernen, daß diese Kraft nur ein Fragment seines komplexen Wesens war. Freunde hatten mich zu Tisch gebeten, wir waren vier oder fünf in dem engen Raum, plötzlich trat auch er herein und von diesem Augenblick gehörte alles ihm, das Zimmer, das seine volle Stimme tönend füllte, und unsere Aufmerksamkeit an Wort und Blick, denn seine Herzlichkeit war so stark, so offenbar seine Gegenwart, so warm von innerer Lebensfülle, daß jeder unbewußt sich in der seinen gereizt und gesteigert fühlte.

Er kam gerade vom Lande, sein breites, offenes Gesicht, in dem die Augen tief und klein und doch scharf blitzend saßen, hatte die frischen Farben der Sonne, und sein Handschlag war der eines freien Mannes, nicht höflich, sondern herzlich. Jaurès schien damals ganz besonders frohgestimmt, er hatte draußen, in seinem Gärtchen mit Hacke und Spaten arbeitend, Kraft und Lebensfrische sich neu ins Blut getränkt, und nun teilte er sich und sie mit der ganzen Generosität seines Wesens aus. Für jeden hatte er eine Frage, ein Wort, eine Herzlichkeit, ehe er von sich selber sprach, und es war wunderbar zu spüren, wie er unbewußt erst Wärme und Lebendigkeit um sich schuf, daß er dann in ihr seine eigene Belebtheit frei und schöpferisch entfalten könnte.

Ich entsinne mich noch deutlich, wie er sich plötzlich mir zuwandte, denn in dieser Sekunde sah ich zum erstenmal in seine Augen hinein. Sie waren klein, aber trotz ihrer Güte wach und scharf, sie griffen einen an, ohne weh zu tun, sie drangen ein, ohne zudringlich zu sein. Er erkundigte sich nach einigen seiner Wiener Parteifreunde, ich mußte bedauernd sagen, sie nicht persönlich zu kennen. Dann fragte er mich nach der Baronin Suttner, die er sehr zu schätzen schien, und ob sie bei uns im literarischen und politischen Leben einen tatsächlichen, wirklich fühlbaren Einfluß hätte. Ich antwortete ihm – und bin heute mehr als je gewiß, ihm nicht nur mein persönliches Empfinden, sondern eine Wahrheit gesagt zu haben – *daß man bei uns für den wundervollen Idealismus dieser edlen und seltenen Frau wenig tätiges Verständnis habe.* Man schätze sie, aber mit einem leichten Lächeln der Überlegenheit, man achte ihre Überzeugungen, ohne sich aber innerlich überzeugen zu lassen, im letzten finde man ihr stetes Beharren auf einer und derselben Idee etwas eintönig. Und ich verschwieg ihm nicht mein Bedauern, daß gerade die Besten unserer Literatur und Kunst sie immer als abseitig und gleichgültig betrachteten.

Jaurès lächelte und sagte: »Aber gerade so muß man sein wie sie, hartnäckig und zäh im Idealismus. Die großen Wahrheiten gehen nicht auf einmal ins Gehirn der Menschheit hinein, man muß sie immer und immer wieder einhämmern, Nagel für Nagel, Tag für Tag! Es ist eine monotone und undankbare Arbeit, aber wie wichtig ist sie doch!«

Man ging über zu anderen Dingen, und das Gespräch blieb unentwegt belebt, solange er mit uns war, denn was immer er sagte, es kam von innen, heiß und warm aus einer vollen Brust, einem stark schlagenden Herzen, aus gestauter, gesammelter Lebensfülle, aus einer wunderbaren Mischung von Bildung und Kraft. Die breite, aufgewölbte Stirn gab seinem Antlitz Ernst und Bedeutung, das freie, heitere Auge diesem Ernst wieder Güte, eine wohltuende Atmosphäre von fast kleinbürgerlicher Jovialität strömte aus diesem machtvollen Menschen, von dem man gleichzeitig aber immer spürte, daß er in Zorn oder Leidenschaft wie ein Vulkan Feuer aus sich schütten könnte. Immer empfand ich, daß er, ohne sich zu verstellen, seine eigentliche Macht in sich zurückbehielt, daß der Anlaß zu eng war für seine Entfaltung (so ganz er sich auch im Gespräch gab), daß wir zu wenig waren, um seine ganze Fülle zu reizen, und der Raum zu eng für seine Stimme. Denn wenn er lachte, schütterte das Zimmer. Es war wie ein Käfig für diesen Löwen.

Nun hatte ich ihn von nah gesehen, ich kannte seine Bücher, die in ihrer gedrungenen Breite, ihrer Schwerwuchtigkeit ein wenig seinem Körper glichen, ich hatte viele seiner Artikel gelesen, die mich den Impetus seiner Rede ahnen ließen, und um so stärker war mein Verlangen, ihn nun einmal auch in seiner gemäßen Welt, in seinem Element, ihn als Agitator und Volksredner zu sehen und zu hören. Die Gelegenheit bot sich bald.

Es waren wieder schwüle Tage in der Politik, es knisterte neuerdings in den Beziehungen zwischen Frankreich und Deutschland. Irgend etwas war wieder vorgefallen, an irgendeinem flüchtigen Anlaß hatte sich die phosphorne Fläche der französischen Empfindlichkeit wieder angeflammt, ich weiß nicht mehr, war es der »Panther« in Agadir, der Zeppelin in Lothringen, die Episode von Nancy, aber es flackerte und funkelte wieder auf. In Paris, in dieser ewig erregten Atmosphäre, spürte man diese Wetterzeichen damals ungleich stärker als unter dem idealistisch-blauen politischen Himmel Deutschlands. Die Austräger mit ihren gellen Schreien trieben scharfe Keile in die Mengen der Boulevards, die Zeitungen peitschten mit heißen Worten, fanatischen Überschriften, knallten mit Drohungen und Überredungen die Erregung auf. An den Mauern klebten zwar die brüderlichen Manifeste der deutschen und französischen Sozialisten, klebten freilich selten länger als einen Tag, denn nachts rissen die Camelots du roi sie herab oder beschmutzten sie mit Hohnworten. In diesen erregten Tagen sah ich eine Rede Jaurès' angekündigt: in den Augenblicken der Gefahr war er immer zur Stelle.

Das Trocadero, der größte Saal von Paris, sollte seine Tribüne sein. Dieses absurde Gebäude, dieser Nonsens orientalisch-europäischen Stiles, ein Rest der alten Weltausstellung, der mit seinen beiden Minaretten über die Seine dem andern historischen Überrest, dem Eiffelturm, zuwinkt, tut innen einen leeren, nüchternen, kalten Raum auf. Er dient meist musikalischen Veranstaltungen und selten dem gesprochenen Wort, denn die hohle Luft schluckt dort die Rede fast restlos ein, nur ein Riese der Stimme, ein Mounet-Sully, vermochte sein Wort von der Tribüne bis hinauf zu den Galerien zu schleudern wie ein Tau über einen Abgrund. Dort sollte diesmal Jaurès sprechen, und früh füllte sich der gigantische

Saal. Ich weiß nicht mehr, ob es ein Sonntag war, aber in Festtagsgewändern kamen sie, die sonst in blauen Blusen hinter Kesseln und in Fabriken ihr Tagewerk tun, die Arbeiter von Belleville, von Passy, von Montrouge und Cluchy, ihren Tribunen, ihren Führer zu hören. Schwarzgedrängt war der riesige Raum lang vor der bestimmten Stunde und nicht wie in den modischen Theatern das Scharren der Ungeduld, das fordernde rhythmische, stockbegleitete »Le rideau«! »Le rideau«!-Rufen um den Beginn. Es wogte nur, gewaltig und erregt, erwartungsvoll und doch voll Zucht – ein Anblick selbst schon unvergeßlich und schicksalsträchtig. Dann trat ein Redner vor, eine Schärpe quer über die Brust, Jaurès anzukündigen, man hörte ihn kaum, aber sofort fiel Stille nieder, eine gewaltige atmende Stille. Und dann kam er.

Mit dem schweren, festen Schritt, den ich nun schon an ihm kannte, stieg er zur Tribüne, stieg aus einer atemlosen Stille in einen ekstatischen, dröhnenden Donner der Begrüßung empor. Der ganze Saal war aufgestanden, und was da schrie, waren mehr als menschliche Stimmen, es war die gesparte gespannte Dankbarkeit, die Liebe und die Hoffnung einer Welt, die sonst verteilt und zerrissen, in Schweigen und Seufzen vereinzelt ist. Er mußte warten, Jaurès, Minuten und Minuten, ehe er seine Stimme loslösen konnte aus den tausenden Schreien, die ihn umstürmten, er mußte warten und wartete ernst, beharrlich, der Stunde bewußt, ohne das freundliche Lächeln, ohne die falsche Abwehr, die Komödianten in solchen Augenblicken in ihre Gebärde tun. Dann erst, als die Woge verrauschte, hub er an.

Es war nicht seine Stimme von damals, die sprach, die im Gespräch Scherz und bedeutendes Wort freundlich vermengte, es war jetzt eine andere Stimme, stark, knapp, vom Atem scharf durchfurcht, eine Stimme, metallen wie Erz. Nichts von Melodie war in ihr, nicht jene vokalische Geschmeidigkeit, die bei Briand, seinem gefährlichen Genossen und Gegner, so verführt, sie war nicht geschliffen und schmeichelte nicht den Sinnen, nur Schärfe fühlte man in ihr, Schärfe und Entschlossenheit. Manchmal riß er ein einzelnes Wort aus der feurigen Esse seiner Rede wie ein Schwert heraus und stieß es in die Menge, die aufschrie, im Herzen getroffen von diesem wuchtigen Stoß. Nichts war moduliert in diesem Pathos, es fehlte dem Kurznackigen vielleicht der biegsame Hals, um die Melodik des

Organs zu läutern, bei ihm schien die Kehle schon in der Brust zu sitzen, aber darum empfand man auch so sehr, daß sein Wort von innen kam, stark und erregt, aus einem starken und erregten Herzen, es keuchte oft noch vor Zorn, es bebte immer noch vom Herzschlag seiner breiten, stark gehämmerten Brust. Und diese Vibration griff weiter aus seinem Wort in sein ganzes Wesen, sie stieß ihn fast von der Stelle, er schritt auf und nieder, hob die geballte Faust wider einen unsichtbaren Feind und ließ sie auf den Tisch fallen, als zerschmetterte sie ihn. Das ganze Dampfwerk seines Wesens arbeitete immer mächtiger in diesem Aufundniedergehen eines gereizten Stieres und unwillkürlich ging der gewaltige Rhythmus dieser erbitterten Erregung in die Masse über. Immer stärker antworteten ihre Schreie seinem Ruf, und wenn er seine Faust ballte, so krümmten sich vielleicht viele mit. Der kalte, weite, leere Saal war mit einemmal voll der Erregung, die dieser einzige starke, von seiner eigenen Kraft bebende Mensch mitbrachte, und immer stieß die scharfe Stimme wieder wie eine Trompete über die dunklen Regimenter der Arbeit hin und riß ihre Herzen zur Attacke. Ich hörte kaum, was er sagte, ich horchte nur über den Sinn hinaus in die Gewalt dieses Willens und fühlte mich heiß werden an ihm, so fremd mir, dem Fremden, der Anlaß war und die Stunde. Aber ich spürte einen Menschen, wie ich nie einen stärker gespürt, ich spürte ihn und die unendliche Macht, die von ihm ausging. Denn hinter diesen wenigen Tausenden, die jetzt in seinem Bann waren, untertan seiner Leidenschaft, standen noch die Tausende der Tausende, die seine Macht von ferne spürten, übertragen durch die Elektrizität des fortwirkenden Willens, die Magie des Wortes – die ungezählten Legionen des französischen Proletariats und darüber hinaus ihre Genossen jenseits der Grenzen, die Arbeiter von Whitechapel, von Barcelona und Palermo, von Favoriten und St. Pauli, aus allen Windrichtungen oder Winkeln der Erde, die diesem, ihrem Tribunen, vertrauten und bereit waren, jederzeit ihren Willen in den seinen zu geben.

Breitschultrig, vierschrötig, in sich zusammengeballt, wie er körperlich war, mochte Jaurès denen der Rasse nach nicht als echter Gallier erscheinen, die mit dem Typus des Franzosen einzig die Vorstellung der Zartheit, Feinnervigkeit und Geschmeidigkeit verbinden. Aber nur als Franzose, in seiner Erde, nur im Zusammenhang, nur als Repräsentant, als Letzter einer Ahnenreihe ist er ganz zu erfassen. Frankreich ist das Land der Traditionen, selten ist dort ein großes Phänomen, ein bedeutender Mensch ganz neu, jeder knüpft an ein Vorgeahntes und Vorgelebtes, jedes Ereignis hat seine Analogie (und unschwer wird man in seinem jetzigen Fanatismus, in der blindwütigen Ausblutung um einer einzigen Idee willen Analogien zu 1793 erkennen). Hier ist seine große Wegscheide des Wesens gegen Deutschland. Frankreich reproduziert sich unablässig, und darin liegt das Geheimnis der Erhaltung seiner Tradition, darum ist Paris eine Einheit, seine Literatur eine geschlossene Kette, seine innere Geschichte eine rhythmische Wiederholung von Ebbe und Flut, von Revolution und Reaktion. Deutschland dagegen entwickelt und verwandelt sich unablässig, und das ist das Geheimnis der steten Steigerung seiner Kraft. In Frankreich kann man alles, ohne gewaltsam zu werden, auf Analogien zurückführen, in Deutschland nichts, denn kein seelischer Zustand gleicht dort dem andern, zwischen 1807, 1813, 1848, 1870 und 1914 liegen ungeheure Verwandlungen, die seine Kunst, seine Architektur, seine Schichtung bis in die Fundamente verändert haben. Selbst seine Menschen sind jeder einzigartig und neu, für Bismarck, Moltke, Nietzsche, Wagner gibt es kein Präzedens in der deutschen Geschichte, und die Männer dieses Krieges sind wiederum Anfänge eines neuen organisatorischen Typs, nicht Wiederholungen eines vergangenen.

In Frankreich ist der bedeutende Mensch selten einzigartig und auch Jaurès war es nicht. Aber er ist eben darum echtester Franzose, Schößling eines geistigen Geschlechts, das in die Revolution hinabreicht und in allen Künsten seine Vertreter hat. Immer gab es dort inmitten der zarten, debilen geschmackvollen Mehrheit ein Kraftgeschlecht dieser Siternackigen, Breitschulterigen, Vollblütigen, dieser massigen Bauernenkel. Auch sie sind Nervenmenschen, aber ihre Nerven scheinen mit Muskeln umwickelt, auch sie sind sensibel, aber ihre Vitalität ist stärker als die Sensibilität. Mirabeau und Danton sind die ersten dieser Ungestümen, Balzac und Flaubert ihre Söhne, Jaurès und Rodin die Enkel. In allen ist der breite Körperbau, die Wuchtigkeit des Wesens und des Willens erstaunlich. Wie Danton auf das Schafott tritt, zittert das Gerüst, wie man Flauberts riesenhaften Sarg in die Erde senken will, ist das Grab zu eng, Balzacs Sessel ist gebaut für doppeltes Gewicht und wer Rodins Werkstatt durchschreitet, vermag nicht zu fassen, daß dieser steinerne Wald von zwei irdischen Händen geschaffen. Titanische Arbeiter sind sie alle, ehrlich und redlich, und es ist ihr gemeinsames Schicksal, von den Geschmeidigen, den Listigen, den Geschickten und Geschmackvollen beiseite gestoßen zu werden. Auch die gigantische Lebensarbeit Jaurès' wurde gequert: Poincaré war stärker als er, der Stärkste, durch Geschmeidigkeit.

Aber dieser Urfranzose, der Jaurès unverkennbar gewesen, war durchtränkt mit deutscher Philosophie, deutscher Wissenschaft und deutschem Wesen. Nichts ermächtigt Spätere, zu behaupten, *daß er Deutschland liebte, aber eines ist gewiß: er kannte Deutschland, und dies ist schon in Frankreich viel.* Er kannte deutsche Menschen, deutsche Städte, deutsche Bücher, er kannte das deutsche Volk und kannte, als einer der Wenigen im Ausland, seine Kraft. Darum war allmählich der Gedanke, den Krieg zwischen diesen beiden Mächten zu verhindern, sein Lebensgedanke, seine Lebensangst geworden, und was er in den letzten Jahren tat, war nur zur Verhinderung dieses Augenblicks. Er kümmerte sich nicht um Schmähungen, ließ sich geduldig den »député de Berlin« nennen, den Emissär Kaiser Wilhelms, er ließ sich höhnen von den sogenannten Patrioten und griff schonungslos die Zettler des Krieges, die Hetzer und Schürer an. Er kannte nicht den Ehrgeiz des Advokaten-Sozialisten Millerand, sich Orden an die Brust zu heften, nicht die Ambition seines einstigen Genossen, des Gastwirtssohnes Briand, der aus dem Agitator in den Diktator sich verwandelte, er wollte seine breite freie Brust nie in den Palmenfrack zwängen, sein Ehrgeiz blieb, das Proletariat, das ihm vertraute, und die ganze Welt vor der Katastrophe zu schützen, deren Minen und Gänge er unter seinen eigenen Füßen, in seinem eigenen Lande graben hörte. Während er sich so mit dem ganzen Elan Mirabeaus, mit der Glut Dantons gegen die Anstifter und Aufreizer warf, mußte er gleichzeitig auch in der eigenen Partei dem Übereifer der Antimilitaristen in den Weg treten, *Hervé* vor allem, der damals so laut und gellend zur Revolte rief, wie er heute täglich nach dem »endgültigen Siege« schreit. Jaurès war über ihnen allen, er wollte keine Revolution, weil auch sie nur mit Blut zu erringen war, und er scheute das Blut. Er glaubte, Schüler Hegels, an die

Vernunft, an den sinnvollen Fortschritt durch Beständigkeit und Arbeit, das Blut war ihm heilig und der Völkerfriede sein religiöses Bekenntnis. Kraftvoller, unermüdlicher Arbeiter, der er war, hatte er die schwerste Pflicht auf sich genommen, der Besonnene zu bleiben in einem leidenschaftlichen Land, und kaum daß der Friede bedroht war, stand er wie immer aufrecht als Posten, Alarm zu rufen in der Gefahr. Schon war der Schrei in seiner Kehle, der das Volk Frankreichs aufrufen sollte, da warfen sie ihn hin aus dem Dunkel, die ihn kannten in seiner unerschütterlichen Kraft und die er kannte, in ihren Absichten und Abenteuern. Solange er wachte, war die Grenze gesichert. Das wußten sie. Und erst über seine Leiche stürmte der Krieg, stießen die sieben deutschen Armeen nach Frankreich hinein.

Léon Bazalgette

Sein letzter Brief, den ich einen Tag vor seinem Tode erhielt, war unterschrieben »ton ami des profondeurs du siècle dernier«. Tatsächlich, über ein Vierteljahrhundert waren wir in männlich und brüderlicher Kameradschaft verbunden und ich weiß Weniges in meinem Leben, auf das ich so stolz war wie auf sein unerschütterliches Zutrauen in hellen und dunklen Jahren. Denn dieser Mann — wer kann, wer muß es bezeugen als wir? — war ein Genie der Freundschaft, er meisterte diese strenge und männliche Kunst mit der ganzen zusammengefaßten Kraft seines Wesens. Freundschaft war ihm Bedürfnis, er gab sie leicht und gern, aus der Offenheit und Freigebigkeit seiner Natur, aber er nahm sie auch ebenso streng und unerbittlich zurück, sobald er die geringste Unehrlichkeit, Feigheit und Schwäche bei einem Kameraden merkte: während und nach dem Kriege hat er fürchterliche Musterung gehalten unter all jenen, die diese entscheidendste Prüfung der Menschlichkeit nicht bestanden hatten, und was er diesen Ungetreuen nahm, gab er dann den Getreuen seines Herzens doppelt und dreifach wieder zurück. Darum galt in unserem Kreise seine Freundschaft als das äußerste und gültigste Maß der Gerechtigkeit. Sagte man von einem »c'est un ami de Bazalgette«, so bedeutete dies schon vollgültige Legitimation und hieß übersetzt: ein ehrlicher, ein verläßlicher Mann, ein Nicht-Paktierer, ein »Camerado« im Sinne Walt Whitmans, dieses seines Vorbildes und Meisters.

In diesen vielen Jahren habe ich unendlich viel von ihm gelernt, denn er zeigte in seinem bescheidenen, für die Öffentlichkeit fast unterirdischen Leben prachtvoll die zur Rarität gewordene Tugend des Künstlers: Unabhängigkeit. Er war unabhängig vom Ruhm, kümmerte sich nicht darum, ob man viel von ihm redete oder wenig, ob die großen Zeitungen ihn rühmten oder vergaßen. Er war unabhängig vom Geld, denn er haßte den Luxus als eine überflüssige und gefährliche Anomalie unserer gegenwärtigen Gesellschaft. In seinen zwei Zimmern zu wohnen, in einem kleinen Gasthaus zu guten Gesprächen mit Freunden zusammenzusitzen, einen Monat lang in seinem Häuschen am Lande die Erde zu graben und redlich seine kritische künstlerische Arbeit zu tun, das war ihm genug. Frei bleiben, das wollte er und ist es geblieben. Kein Titel hat seinen Namen geehrt, keine Auszeichnung sein Knopfloch belästigt. »Nulla crux nulla corona«, keine äußerliche, keine öffentliche Ehre schmückt nun sein Gedenken als unsere Ehrfurcht und Liebe. Aber ein solches Leben bis zum Ende unerschütterlich gelebt zu sehen, stärkt gegen alle Versuchungen. Frei von allen Bindungen, herrlich unabhängig und rein, war es bessere Schule zu wirklicher Menschlichkeit als alle Akademien und philosophischen Societäten, und mindestens ebenso wie durch seine meisterlichen Übertragungen hat er uns in seiner Haltung das Bildnis jenes zukünftigen männlichen Ideals gezeigt, das Walt Whitman vor einem halben Jahrhundert schon forderte, den heiteren, freien, sicheren, allem Aufrechten verbundenen, allem Unglück leidenschaftlich zugewandten, hilfreichen Menschen. Man darf von ihm sagen, er hat nicht Walt Whitman übertragen, sondern das Wesen Walt Whitmans sich in ihn.

Nur wir, die wir ihn nahe kannten, wissen darum, welche herrliche Kraft in diesem bescheidenen, im Schatten der Öffentlichkeit wohnenden Mann wirkte, daß er unsichtbar, gleichsam wie ein geometrischer Punkt mit der moralischen Schwerkraft seiner Person einen ganzen Kreis an sich heranzog und ihn in seiner Richtung bestimmte. Von den vier Mannestugenden, Schaffen, Kämpfen, Dienen und Helfen, hat er jede geübt. Er hat geschaffen: jene drei wunderbaren Werke über

Walt Whitman, Verhaeren und Thoreau, die einer ganzen Generation einen Zuwachs an Energie, eine Verstärkung der innern Dynamik gegeben haben. Er hat gekämpft gegen alle Ungleichheit der Menschen, gegen den Krieg und jede andere Form moralischer Unterdrückung. Er hat gedient, jahrelang, leidenschaftlich und ohne materiellen Gewinn an dem Werke jenes Menschen, den er am meisten liebte, und hat so die Verse Walt Whitmans aus amerikanischen zu europäischen gemacht. Und er hat geholfen, jeder Jugend, jedem energischen, ehrlichen, unbedingten Streben. Es sind Hunderte, die lange ehe ein Strahl Öffentlichkeit auf sie fiel, von ihm Zuspruch und Hilfe erfahren haben. Was immer er aber schuf, immer war es im Sinne einer Steigerung der lebendigen Kräfte, immer im Sinn des wirklichen Volkes, der großen unsichtbaren Gemeinschaft. Alles Dekadente, alles Melancholische, alles bloß spielhaft Erotische, alles bloß spielhaft Kunsthafte, l'art pour l'art blieb seinem ins Weite fühlenden Instinkt verhaßt, alle Kunst für kleine Kreise, die nicht welthaft werden wollte, nicht zu allen sprechen, zu allen Ländern, allen Ständen, allen Sprachen.

Eine solche Leistung, ein solcher Mann darf nicht vergessen werden. Und um ihm wahrhaft treu zu bleiben, haben wir heute nur einen Weg: in seinem Sinn zu leben, als ob sein strenges und gleichzeitig gütiges Auge jeden unserer Schritte beobachtete. So zu leben, als ob wir seine Freundschaft, die unschätzbare, immer wieder neu verdienen wollten, indem wir anständig und aufrecht bleiben, alle Versuchungen und Kompromisse ablehnen und immer wieder versuchen, das Unbeugsame und Ehrliche seiner Haltung in uns zu verwirklichen. Nur wenn auch weiterhin die Freunde Léon Bazalgettes – obwohl er sie verlassen hat –, seiner würdig sind, bleibt sein Wesen, sein Werk lebendig, und wir können ihn nicht besser ehren, als in seinem Sinne zu wirken und zu dienen für das europäische Ideal.

Edmond Jaloux

Daß Rainer Maria Rilke diesen Dichter unter allen Romanschriftstellern Frankreichs besonders geliebt und mit seiner Freundschaft geehrt hat, wäre schon Grund genug, um ihn in

Deutschland respektvoll zu empfangen. Dieser Bindung danken wir eines der zartesten und eindringlichsten Erinnerungsbücher über unseren deutschen Lyriker, ein Denkmal geistiger Brüderlichkeit, das das Denkmal eines großen Deutschen dauerhaft in die französische Kultur stellt. Wenn man jenseits des Rheins, jenseits der Sprache heute die Größe Rainer Maria Rilkes ahnt, ohne seine Verse in ihrer ursprünglichen Farbigkeit und Fülle zu kennen, so schulden wir dies Edmond Jaloux.

Diese Fähigkeit des Verstehens, dies Durchdringen der geheimnisvollsten Schwingungen des Herzens ist auch der wesentliche Vorzug des Künstlers Edmond Jaloux. Die Verstrickungen seiner Romane geschehen niemals grob, sie reißen nicht gleichsam an festen Stricken den Leser in eine fast unerträgliche Spannung, sie fesseln nicht roh und gewaltsam. Ganz langsam, unmerklich vordrängend tastet seine Psychologie sich an den Geheimnisraum der innern Geschehnisse, und selten kann man an einem Romanschriftsteller so deutlich den wesentlichsten Vorzug der französischen Kultur fühlen: Takt, einen die Maße musikalisch beherrschenden, die Gewichte leicht meisternden Takt. Ein weites Weltwissen weitet sich aus, ohne breit zu werden, ganz diskret, nur in funkelnder Probe läßt der Künstler ahnen, um wieviel mehr er von den Dingen und Gegenständen beherrscht, als er hier anvertraut, um nicht das Gleichmaß des Künstlerischen zu belasten. Diese Wohlausgewogenheit, dies Nicht-zu-viel und Nicht-zu-wenig verleiht seinen Romanen besondere Anmut. Sie kommen, man fühlt es, aus einer Jahrzehnte lang geübten Tradition des Erzählens, die neben der monumentalen Kunst Balzacs und der brutalen Zolas in Frankreich unablässig geübt wurde und die vielleicht in Théophile Gautier einen Ahnherrn, in Henri de Régnier und Marcel Proust ihre vornehmsten Fortsetzer hat.

Edmond Jaloux hat viele Romane geschrieben. Die meisten haben schmales Format: So wenig wie das Aquarell die ausgreifenden Dimensionen des Fresco verträgt, würde seine zarte Kunst dem Rahmen des mehrbändigen, weltbauenden Epos entsprechen. Er zieht seinen Rahmen eng, aber er füllt ihn ganz. Immer bringt er nur einige Menschen, ein knappes Geschehnis, aber diese Menschen sind gleichsam selber weit, weil erfüllt mit dem Wissen um alle Werte, Menschen der oberen wissenden Welt, niemals grobe, dumpfe Gestalten. Sie haben von allen Kulturen getrunken, die edelsten Bücher gelesen, ohne darum Literaten und esoterische Naturen zu sein; nur ihr Seelenleben ist reich geworden an dieser unendlichen Nahrung und sie sind fähig, wie ihr Dichter die feinste Schwingung, die er an sie heranbringt, aufzufangen und davon ihr ganzes Leben erschüttern zu lassen. Es ist eine Welt in den Romanen Jaloux's, in der man leben möchte, Menschen, denen man nahekommt, keine wüsten Verbrecher, keine grobsinnlichen, keine snobistischen Ästheten, sondern Menschen – ganz das, was man in Deutschland kultiviert heißt, ein Wort, das man in Frankreich im Sprachgebrauch nicht kennt, wohl aber im lebendigen Dasein. Sie sind kultiviert in ihrem Denken, ihrem Reden, in ihrem Wissen und selbst in ihrem Erlebnis.

Diese besondere Fähigkeit im Verstehen hat Edmond Jaloux auch zu einem der führenden Kritiker Frankreichs gemacht. In der »Nouvelles Littéraires« übt er mit vielbewunderter Intensität das Amt, das einstmals Sainte-Beuve in Frankreich gemeistert: das des verantwortungsvollen Kritikers und Betrachters der Weltliteratur. Eine ganze Reihe seiner Aufsätze hat dort der deutschen Literatur gegolten und auch bei uns ist wenig Wesentlicheres und Liebevolleres über Jean Paul, E. T. A. Hoffmann und manche der Neueren gesagt worden als in seinen dichterischen Analysen, die gerade das heimliche Deutschland, unsere »Stillen im Land« den Franzosen nähergebracht haben. So ist selbst in einer Zeit, da unberechtigt viel Gleichgültiges über die Grenzen gebracht und geschmuggelt wird, die Einführung eines gleichzeitig für die französische Wesenheit und für den europäischen Geist gleich repräsentativen Künstlers nur eine Pflicht der Gerechtigkeit, und gerade an den reinen Maßen der selbstgewollten Beschränkung und der besonderen Art seiner Zartheit vermag man das, was wir französische Kultur nennen, beispielhaft zu begreifen.

Daß dieser Dichter die deutsche Romantik so sehr liebt, daß er deutsche Geistigkeit so beredt zu würdigen weiß, mag uns Gewähr sein, daß unsere dankbare Schätzung für sein Werk und Wirken und die Vermittlung seiner Romane in deutscher Sprache das Band werktätiger Freundschaft noch fester knüpfen wird.

Romain Rolland

Wenn ich den verehrten Namen Romain Rollands heute vor Ihnen anrufe, so geschieht das nicht in dem Sinne, um sein gedrucktes Buchwerk vor Ihnen zu rühmen, sondern ich möchte, daß wenigstens ein Schimmer oder ein Schatten seiner lebendigen Lebensgestalt bei uns hier eintrete und für eine Stunde in diesem Raum mit uns sei. Denn Gestalt – darauf kommt es uns ja heute an! Bücher, gedruckte Bücher haben wir genug; unsere Welt ist erstickt, erdrückt von Papier. Von jeder Plakatsäule, von jedem Zeitungs- und Buchladen treten Namen uns entgegen. Jeder will gehört sein, jeder fordert Aufmerksamkeit, jeder ist eine Frage an uns. Aber eine Zeit wie diese, eine unruhige, verwirrte Zeit will Antwort, sie will Antwort von einem Menschen, sie will bestärkt sein, und dazu braucht sie Gestalt. Vergessen wir es doch nicht: dieser Krieg hat nicht nur Städte zerstört und Landschaften verwüstet, sondern er hat auch in den Menschen selbst, in jedem von uns Gläubigkeit zerstört. Wie aus einem Gefäß, das zerbrochen wird, der Inhalt ausrinnt, so ist mit den festen Formen des Staates, mit den geistigen Ideologien der alten Zeit auch das Innere, das Gläubige in uns weggeschwunden, und jeder von uns muß trachten, aus dieser Gläubigkeit einen neuen Lebensglauben an eine neue Zeit in sich zu erneuern. Sie sehen ja an tausend Beispielen, wie die Menschen zu diesem Behufe immer auf Gestalt hindrängen. Sie sehen: die einen gehen zu Rudolf Steiner, die anderen gehen zum Grafen Keyserling und die dritten gehen zu Freud, die vierten – ich weiß nicht zu welchen Namen und zu welchen Menschen. Aber immer fühlen sie eines, nämlich, daß die wahre Bestärkung nicht von einem Buch kommen kann, sondern nur von einem Menschen, von einem Lebensbeispiel.

Ein solches Lebensbeispiel, eine solche Bestärkung ist vielleicht von keinem Menschen unserer Tage in so weiter Wirkung ausgegangen wie von Romain Rolland. Denn so wie wir hier in diesem Raume im Zeichen seines Namens versammelt sind, so sind in Frankreich, in England, überall bis ganz weit hinüber nach Asien, nach Japan Hunderttausende und Millionen Menschen, die von dem Atmosphärischen seines Wesens, von dem Gesthalthaften im Innersten berührt worden sind, und zwar ist diese Wirkung, so einheitlich sie ist, eine so bestärkende sie ist, doch eine unendlich vielfache. Aus der Art seines Wesens, aus einem Buch, das jetzt die Zeugnisse seiner Freunde über Rolland sammelt, geht es bei den Franzosen hervor, deren manche erzählen, wie sie zum erstenmal den »Jean Christophe« in die Hand bekamen und ihre Jugend damit plötzlich einen neuen Elan, einen Sinn, eine Leidenschaft, eine Spannung erhielt. Dann sind wieder ganz andere Menschen, die überhaupt nie den »Jean Christophe« gelesen hatten, die nur im Kriege in einem gewissen Augenblicke in sich eine innere Stimme spürten – sie war noch ganz unterdrückt und stumm –, es sei nicht alles so, wie es die Zeitungen, die Menschen sagen und sie hätten vielleicht eine kleine Unsicherheit in allen ihren Äußerungen. Da erschienen diese ersten Aufsätze Rollands im Kriege, die Aufsätze eines Menschen, von dem sie gar nichts wußten, und plötzlich spürten sie sich bestärkt, in ihrem inneren Gefühl befreit. Wieder andere Menschen hatten als Studenten auf der Sorbonne den Professor der Musikgeschichte Romain Rolland gehört und erzählten ihr Leben lang, wie stark dieser Musikprofessor auf ihre innere Spannung, auf ihr jugendliches unsicheres Gefühl gewirkt, wie er ihnen überhaupt erst die Idee der Kunst beigebracht habe. Und so gehen wieder neue Wirkungen von seinen Biographien aus. Dann gibt es Menschen, die sich vielleicht in einer Stunde der Unruhe, der Unsicherheit, der Seelennot an Rolland gewandt und einen Brief von ihm bekommen haben. Wieder war genau die gleiche Wirkung da, die im letzten darin besteht, daß die Gläubigkeit – nennen wir es Idealismus –, die Idealität durch diesen Menschen Romain Rolland in ihnen gesteigert wurde.

Nun wäre ich aber in Verlegenheit, wenn ich sagen wollte, worin eigentlich diese Gläubigkeit oder dieser Glaube Rollands besteht. Es gibt keinen Rollandimus, es gibt nicht eine Formel dafür, die man niederschreiben und aussagen kann. Es ist bei Rolland mehr als vielleicht bei anderen Dichtern ein merkwürdiger Einklang von Werkwirkung und Gestaltwirkung. Man spürt, daß eines sich in das andere einordnet, man spürt gerade aus dieser Zweiheit den einheitlichen Schlag des in sich selber klaren und seines Zieles sicheren Menschen. Deshalb möchte ich zu Ihnen vielmehr als von Büchern – denn Bücher können Sie ja immer lesen – von seiner Gestalt sprechen und von der Gestaltung seiner selbst, wie Nietzsche sagt, daß man wird, was man ist. Ich möchte Ihnen den Lebenslauf Rollands darlegen, die Summe seiner Kräfte, geordnet aus Werk und Leben, und dies in dem Sinne Schoppenhauers, der einmal das Wort gesagt hat: »Das Höchste, was der Mensch erreichen kann, ist ein heroischer Lebenslauf.« In diesem Sinne des Heroismus möchte ich vor Ihnen das Wesentlichste aus dem Leben Rollands darstellen, nicht ins einzelne verfallend, sondern möglichst nur im Sinne der Prädestination, der Vorbedeutung für den Menschen, der dann selbst ein Menschenhelfender und Weitwirkender geworden ist.

Daß Romain Rolland vor 60 Jahren geboren wurde, sagt die Stunde. Es geschah in Clamecy, einem kleinen französischen Dorf. Er machte die normale Schule durch. Aber eine Neigung, eine persönlichste, deutet schon früh auf den verbindenden, auf den umfassenden, auf den europäischen Menschen hin, die Neigung zur Musik. Wer aber musikalisch in der innersten Seele seines Lebens angelegt ist – nicht in der Technik, sondern eben in der innersten Seele –, der hat ein tiefverborgenes und immer aus sich wieder neu herauswirkendes Verlangen nach Harmonie. Romain Rolland ist ein solcher im tiefsten musikalischer Mensch. Die Musik hat ihn zuerst gelehrt, alle Völker als eine Einheit des Gefühls zu betrachten. Aber er faßt die Musik nicht auf nur mit dem Gefühl, sondern auch mit der Intelligenz, mit dem Fleiß, mit der Leidenschaft. Sie wird sein Studium. Rolland studiert Musikgeschichte und wird dann mit 22 Jahren nach Rom gesandt, um dort dank eines Stipendiums sich zu vervollkommnen. In Rom beginnt nun jene Weiterentfaltung des jungen Franzosen ins Europäische. Er lernt an den großen Denkmälern, an Leonardo, an Michelangelo die Größe Italiens kennen. Er sieht Italien in seiner größten Form in der vergangenen Kunst und in der Schönheit der Landschaft, in der Musik. Und schon liebt er, der Franzose, nun eine zweite Welt. Aber zu dem großen Dreiklang, den eigentlich unsere europäische Kultur darstellt, fehlt noch die dritte Stimme, fehlt Deutschland. Jedoch das Schicksal sendet denen, die es auserlesen hat, immer seine Boten entgegen, und so entsteht das Merkwürdige, daß Rolland, der Deutschland nie betreten hatte, sich gerade in Italien zu Deutschland findet. Er lernt dort eine siebzigjährige Frau kennen – Sie kennen ihren Namen –: Malvida v. Meysenbug, eine der letzten Goethedeutschen, eine jener Deutschen, für die nicht 1870, sondern 1832, der Tod

Goethes, und vielleicht wieder 1848 die größten Erlebnisse waren, Malvida v. Meysenbug, die aufgewachsen war in den höchsten Regionen des Geistes durch die Freundschaft mit Richard Wagner, mit Nietzsche, mit Herzen, mit Mazzini. Diese ganz alte Frau war die letzte Siegelbewahrerin und Vertraute der großen Ideen der letzten beiden Menschen, die über Deutschland hinaus weltwirkende Geister gewesen waren, der großen Ideen Wagners und Friedrich Nietzsches. Mit dieser alten Frau verbindet den 22jährigen Rolland eine Freundschaft, wie sie sonst eigentlich nur in Büchern vorkommt, eine rührende, zarte, vertrauende Freundschaft. Dies also ist in ihm vorgebildet: die Nationen zu sehen nicht von unten her, von der Atmosphäre der Touristik, von den kleinen Hotels, von Widrigkeiten und Begegnungen des Zufalls, sondern von oben her, aus der Vision der großen Menschen, der entscheidenden und schöpferischen Naturen. Er hat gelernt, heroisch zu sehen, jede Nation in ihrer Elite. Dieser Glaube ist ihm geblieben, unveränderlich geblieben, der Glaube, daß für jede Nation immer nur ihre Höchstleistung gegenüber der Welt oder sagen wir gegenüber Gott einzuschätzen und einzusetzen ist, nicht die zufällige Emanation der Politik und der Stunde. Noch ist er dann für einen Abend in Bayreuth, in des kurz vorher gestorbenen Richard Wagners Loge. Er steht mit Malvida und Cosima Wagner an Richard Wagners Grab, er hört den Parsifal, und direkt aus dieser heroischen Atmosphäre kommt dann der junge Student wieder nach Frankreich zurück. Er kommt nach Frankreich zurück und sein erster Eindruck ist ein Erschrecken. Er sieht den Betrieb, das, was er »la foire sur la place«, die Geschäftigkeit, nennt, die Geschäftigkeit an den Universitäten, bei den Künstlern. Er sieht dahinter in der ganzen Jugend eine merkwürdige Atmosphäre der Gedrücktheit, deren Ursache er sofort erkennt. Es ist noch immer der Nachklang der Niederlage. Denn jede Niederlage hat ja zunächst die Macht, ein Volk irgendwie in seiner Gläubigkeit – ich deutete es schon früher an – irre zu machen. Die jungen Menschen haben die größte Kraftanstrengung von Wochen, Monaten und Jahren eingesetzt, um ein Ziel zu erreichen. Sie haben ihr Bestes hergegeben, und es hat gar nichts genützt. Sie sind von irgendeiner höheren Macht zerschlagen und zerschmettert worden, und das erzeugt natürlich einen Choc. Es heißt: wozu waren wir tapfer, wozu haben wir uns bemüht, wozu haben wir aus unserer Seele das Beste und Letzte hergegeben? Das erschafft jene Atmosphäre der Gedrücktheit und Unsicherheit. Dazu kommt, daß sich das in der Literatur merkwürdig widerspiegelt. Wer sind damals die Menschen Frankreichs? Emile Zola, Anatole France, Renan! Ich will gewiß hier nicht vergleichen und schon gar nicht versuchen, ein Wort gegen diese großen und wirklich schöpferischen Künstler zu sprechen; ich möchte nur in dem Sinne der Zeit sagen, daß eine Kunst wie die des Zola, des Maupassant, der grausigsten Wirklichkeit, der Darstellung der Realität in ihrer ganzen Härte eine solche Jugend nicht begreifen kann, ebenso wenig der weise lächelnde, ein wenig ironische, skeptische Anatole France oder der kühl resignierte, klassische Renan. Die Jugend brauchte damals – und das spürte ebenso Maurice Barrès – irgend etwas, einen Impetus. Barrès wirft es hinaus und sagt: Revanche, ein neuer Krieg, Nationalgefühl, neue Kraft! Rolland aber möchte die Kraft von innen her; er möchte die Niederlage, die Gedrücktheit in den Seelen anders überwinden; er möchte die Leute durch die Kunst erheben und anfeuern. Schon ist er eigentlich dazu bereit, da tritt in sein Leben ein merkwürdiges Geschehnis, das für sein Schicksal entscheidend geworden ist. Er hatte nämlich eben, wie ich sagte, die Absicht gehabt, durch die Kunst das Volk, die Jugend zu fassen und zu erheben. Da erscheint ein Buch von Tolstoi, jene Schrift, in der Tolstoi sagt, daß Beethoven ein Schädling sei, der zur Sinnlichkeit verführe, daß Shakespeare ein schlechter Dichter sei, weil er das Volk nicht zum Mitleid erziehe. Also gerade Tolstoi, in dem Rolland den reinsten und edelsten Menschen der Zeit verehrt, verbietet ihm die Kunst. In diesem innersten Zwiespalt entschließt sich Rolland nun zu einer vollkommen aussichtslosen Handlung. Der Student setzt sich nämlich eines Abends an seinen Tisch und schreibt in seiner Verzweiflung und Seelennot an Tolstoi einen Brief, er solle ihm helfen, er solle ihm einen Rat geben, er solle ihm erklären, wie er sich aus dieser Situation retten könne. Rolland nimmt den Brief, wirft ihn in den Postkasten und denkt an keine Antwort. Es vergehen auch Wochen, und es kommt keine Antwort. Aber einmal, als der Student, der junge Mensch abends in sein Zimmer tritt, liegt auf dem Tisch ein Brief oder vielmehr ein kleines Paket mit einem Brief von 38 Seiten in französischer Sprache, den Tolstoi ihm geschrieben hat und der mit den Worten »Cher frère«, »Teurer Bruder«, beginnt. Dieser Brief war für Rolland eigentlich die Lebensentscheidung. Ich meine das nicht im Sinne dessen, was in dem Brief stand, der ja jetzt auch veröffentlicht worden ist – was darin stand, war eigentlich gleichgültig –, sondern im Sinne der Tatsache, daß ein fremder Mensch, der beschäftigteste Mensch seiner Zeit zwei Tage aus seinem Leben nahm, um irgendeinem ganz wildfremden Menschen, der in Seelennot war, zu helfen. Diese Tatsache hat Rolland bis ins Tiefste erschüttert. Denn fassen wir uns selbst ans Herz: wer von uns hat das getan, wer von uns hat zwei Tage seines Lebens einfach aus dem Kalender herausgerissen für irgendeinen tausend Meilen entfernten Menschen, der einem einen Brief geschrieben? Und dieser Mensch, der das tut, ist zugleich der berühmteste Mann seiner Zeit, der Mann, dem jede Zeile mit Gold aufgewogen wird, der eigentlich das herrische und pathetische Recht gehabt hätte, zu sagen: »Ich habe keine Zeit, meine Zeit ist zu kostbar.« Das ist die Erschütterung, die Rolland erfährt, daß er sieht, daß gerade dem größten Dichter, dem großen Dichter durch die Macht, die ihm von den Menschen zurückgegeben wird, auch eine Verantwortung aufgeladen ist, eine Verantwortung, die er um den Preis seiner äußersten Energie und Selbstverschwendung erfüllen muß, die Verantwortung, daß ein großer Dichter irgend etwas verrät, wenn er nicht zugleich immer absolut menschlich handelt, daß er ein Ideal, eine Idee, die in Millionen von Menschen besteht – die Idee, daß der wissendste Mensch auch der hilfreichste und der gütigste sein muß –, durch Egoismus zerstört. Rolland weiß von diesem Augenblick an, daß, wenn er wahrhaft Dichter und Künstler sein will, er es nur in dem Sinne eines helfenden Menschen sein kann, daß er seine ganze Existenz aufbieten muß und sie in ein Apostolat der Güte und des Helfens, der Bereitschaft verwandeln muß. Von diesem Tage an ist eigentlich jener Rolland entstanden, den wir als den großen Helfenden und als den Tröster verehren. Ich will nicht mystische Worte von irgendeiner Transsubstantiation machen, ich will nicht sprechen von einem geheimnisvollen Übergang der Seele Tolstois in die seinige. Aber aus diesem einen Brief der Tröstung sind gewiß Tausende und Tausende Briefe Rollands geworden, und so hat sich atmosphärisch, ganz weit weg von den gedruckten Büchern, die von Tolstoi und von Rolland erschienen sind, etwas in der Welt verbreitet, was

Tausenden von Menschen eine Hilfe und eine Rettung geworden ist.

Mit dieser erneuten Kraft tritt Rolland wieder an sein Werk.
Er meint nun, seine Aufgabe zu erkennen, die Aufgabe, zu
helfen, und er will der Jugend, vor allem der französischen,
eine neue Kraft geben. Wie das anfangen? Rolland denkt –
verzeihen Sie den Irrtum; er ist 25 Jahre alt – an das Theater. Er
meint: da in Paris gehen jeden Abend 20000 oder 30000
Menschen in die Theater, um irgend etwas zu sehen und sich zu
amüsieren, um etwas sich vorspielen zu lassen; hier muß man
sie überfallen, hier muß man diese Menschen, die ja gleichgültig und indifferent, nur um irgend etwas zu sehen und zu
hören, ins Theater kommen, heimtückisch anfassen und sie mit
sich reißen in eine Idee des Höheren hinein, in eine Leidenschaft. Er möchte für das Volk, für die ganze Nation ein
Theater der Energie und der Kraft aufbauen. Was Rolland
damals wollte, diese Idee drückt sich am besten aus durch ein
Vergangenes. Er möchte ein Theater schaffen, wie es Schiller
gegeben hat. Ich weiß: über Schiller sind die Meinungen
geteilt. Die Psychologie seiner Stücke scheint ziemlich faden-
scheinig und veraltet zu sein; man kennt die Defekte, die
Einzelheiten, man spottet manchmal sogar darüber. Aber
etwas ist in dem Schillerschen Theater gewesen, was seitdem
nie mehr in der Nation wiedergekommen ist, nämlich eine
Befeuerung der Lebensenergie. Es ist irgendeine Idealität, eine
Kraft von dem Schillerschen Theater ausgeströmt auf die
Tausende von jungen Leuten, die zuhörten, eine Begeisterung,
nicht für den prominenten Schauspieler, nicht für den Regis-
seur, der die Kulissen anders stellt, als man sie bisher gestellt
hat, sondern Begeisterung für die Begeisterung selbst. Und
diese Idealität, die Schiller in das Theater gebracht hat, war ja
schöpferisch. Sie hat vielleicht die Befreiungskriege gemacht,
andererseits 1848. Sie hat die ganze Nation für einige Zeit mit
einem Element der Energie durchsetzt. Ein solches Element der
Energie möchte Rolland dem Theater wieder einfügen. Er
versucht es mit dem Volke. Er begründet mit Jaurès ein
»Theater des Volkes«. Aber kaum daß sie bei den Vorbereitun-
gen sind, bemerkt er: es gibt ja gar keine Stücke für dieses
Theater, es gibt nur Stücke mit erotischen Problemen, Stücke
mit Amüsement, historische Darstellungen, aber nichts, was
stärken könnte. Da beschließt dieser ganz junge Mensch mit

seiner Liebe zum Aussichtslosen sofort, sich selber ein Theater zu schaffen. Er schreibt in wenigen Jahren zehn, fünfzehn Stücke, die bestimmt sind, diesen Zweck zu erfüllen, und er wählt die Motive hauptsächlich aus der stärksten Energiequelle Frankreichs, aus seiner Revolution. Nun, diese Stücke – manche kennen Sie ja davon; sie sind auf den Bühnen gespielt worden – hatten damals gar keinen Erfolg. Sie interessierten keinen Menschen. Sie behandelten nämlich Probleme, die absolut inaktuell waren. In einer friedlichen Zeit ist ja alles so schön nebeneinander geordnet! Man kann guter Patriot sein und gleichzeitig Europäer. Man kann seinem Gewissen gehorchen und gleichzeitig dem Staate. Im Frieden liegen alle diese Dinge wunderschön und rein nebeneinander und greifen im Mechanismus schön zusammen; es entstehen keine Reibungen. Aber jetzt nach diesem Kriege erhalten plötzlich alle diese Dinge, diese Probleme, ob man in einer gewissen Stunde dem Vaterland, der Allgemeinheit gehorchen müsse oder seinem Gewissen, ob man die Gerechtigkeit im Dienste der Nation höherstellen müsse als den Erfolg, alle diese Dinge, die in Rollands Dramen abgewandelt sind, für uns eine ganz merkwürdige Aktualität. Sie waren eben ihrer Zeit ideell voraus. Aber damals – ich sagte es ja – hatten sie gar keinen Erfolg. Die Bemühungen von Jahren und Jahren waren vollkommen vergebens, und mit etwa 32 Jahren hat Rolland das Gefühl, den ganzen Aufwand seines Lebens vergeblich vertan zu haben. Er versucht es gleich noch einmal. Er sucht eine andere Gemeinschaft, eine andere Befeuerung. Er sagt sich aus dem Gefühl der Enttäuschung heraus: so wie ich enttäuscht bin an der realen Welt, so sind ja Millionen enttäuscht, da einer, dort einer in einem Zimmer, in einem Dorf, in einer Stadt, und sie wissen nichts voneinander; sie muß man jetzt verbinden, diese vielen einsamen, enttäuschten Menschen muß man vereinen zu einer neuen Form der Gemeinschaft, ihnen muß man Trost bringen. Sie sehen immer die Idee des Tröstens und Helfens hinter seinem Werk stehen. Da beschließt er, jene »Heroischen Biographien« zu schreiben, um zu zeigen, wie ein Beethoven, wie ein Michelangelo, wie alle diese Menschen ureinsam gegen die Welt standen und aus dieser Einsamkeit eine höhere Kraft erzielten.

Aber auch diese Biographienreihe wird abgebrochen. Wieder ist Rolland am Ende einer großen Tätigkeit ohne den geringsten Erfolg. Aber gerade aus dieser Enttäuschung – und es ist ja so wesentlich für Rolland, daß er immer aus seinen Enttäuschungen das Äußerste herausholt – gewinnt Rolland den neuen Anstieg. Er sagt: noch einmal es versuchen, noch einmal in reiferem Alter, mit weiteren umfassenderen Kräften! Und so beginnt er den »Jean Christophe«. Die meisten von Ihnen werden ja diesen Roman kennen. Ich brauche ihn nicht zu rühmen, ich brauche ihn nicht zu erklären. Seine Gestalten sind lebendig geworden für Unzählige. Seine Mahnung, seine Liebe zur Musik hat viele Seelen beschwingt, und dieses Buch und seine Menschen sind wahrhaft geworden für unendlich viele Gestalten. Aber die wirkliche Größe, die allereigentlichste Größe dieses Buches liegt für mich gar nicht in dem Geschriebenen des Werkes. Ich sehe die wirkliche, moralische, ethische Größe des Werkes darin, daß es überhaupt entstanden ist. Denn bedenken Sie: der Rolland, der dieses Buch schreibt, ist etwa 35 Jahre alt und vollkommen unbekannt als Schriftsteller. Er gilt als Professor der Universität; aber er hat nicht den geringsten literarischen Namen, keinen Verleger, gar nichts. Und da beginnt er einen zehnbändigen Roman, also eine vollkommen aussichtslose Sache. Es besteht keine Aussicht, daß ein Roman, der zehn Bände umfaßt, jemals, wenn er schon beendet würde, nun auch wirklich gedruckt und veröffentlicht werden könnte. Dazu erschwert sich Rolland noch mit Absicht die Sache. Er stellt nämlich als den Helden in die Mitte des Romans einen Deutschen. Nun, daß man in dem Frankreich von damals einen Deutschen in einen Roman stellte, war schon vorgekommen; aber dann geschah es nur als kleine Nebenfigur, als teils lächerlich, teils ernst genommene kleine, skurrile, episodische Menschen. Aber nun gerade einen Deutschen hinzustellen als die Inkarnation des neuen Beethoven, als den Typus des großen, überragenden, schöpferischen Menschen, das verurteilte von allem Anfang an den Roman zu völliger Erfolglosigkeit in Frankreich. Es war, wie ich wiederhole, nicht die mindeste Hoffnung da, daß die ungeheure Arbeit, die Rolland an diesen Roman gewandt hatte – denn die Vorarbeiten gehen auf 15 Jahre zurück –, jemals eine Aussicht auf Erfolg hätte. Und das dritte – man soll immer klar über die Dinge reden – ist das Geld. Denn den wirklichen Enthusiasmus eines Künstlers und seiner Aufopferung erkennt man ja doch in den meisten Fällen am deutlichsten, sinnlichsten und sichtbarsten an der Geldfrage. Rolland hatte mit dem ganzen »Jean Christophe« nie Aussicht, jemals Geld zu verdienen. Die ersten Bände erscheinen in einer kleinen Revue, in den »Cahiers de la Quinzaine«, wo er für die ersten sechs, acht Bände nicht einen Centime Honorar bekommen hat. Auch der ganze Roman hat ihm ebenso wie seine fünfzehn Dramen gar nichts eingebracht. Ohne Klage, ohne den mindesten Versuch, eine so ungeheuere Arbeit für sich auszumünzen, hat Rolland den »Jean Christophe« unternommen. Gerade diese Idealität scheint mir immer ein moralisches Ereignis zu sein. Denn es gibt für mein Empfinden kein großes Kunstwerk oder fast keines, in dem nicht irgendwo das Aussichtslose eingebaut wäre. Wenn Wagner, dem es recht übel ging, gerade eine Tetralogie beginnt ohne jede Aussicht, daß dieses Werk, das den technischen Errungenschaften seiner Zeit voraus war, jemals an einer normalen mittleren Bühne gespielt werden könne, so ist das ein heroischer Akt, der von der wirklichen Mission, die er in sich fühlte, mehr überzeugt als alle Äußerungen und oft selbst das Kunstwerk. Aber es geschah etwas Überraschendes. »Jean Christophe« wurde ein Erfolg. Es war ganz merkwürdig – dies fällt noch in die Zeit meiner Erinnerung –, wie es allmählich begann. Zuerst war es ein kleines Aufmerksamwerden einzelner Menschen, dann entstand eine Gemeinde. Es begann in Spanien, dann war es wieder in Italien, – irgendwo waren es ein paar Menschen, die langsam spürten: hier wächst etwas auf, was ganz anders ist, etwas, was uns alle angeht, ein europäisches Werk, ein Werk, das sich nicht mit den Italienern oder den Franzosen, nicht mit einer Literatur befaßt, sondern mit unserer gemeinsamen Nation, mit unserem europäischen Schicksal. Tatsächlich ist ja aus diesem Werke zum erstenmal die europäische Idee Rollands vollkommen sichtbar geworden, der Gedanke, daß wir die Nationen nicht immer sehen sollen an den kleinen Zufälligkeiten und Ereignissen, sondern stets in ihrer obersten und reinsten Gestalt, in »Jean Christophe«, in Johann Christof, dem Deutschen mit seinem Ungestüm, seinem Gotteswillen und seiner unbändigen Liebe zur Kunst, zu seinem bis zur Leidenschaft, Raserei und Ungerechtigkeit vorgetriebenen Kunstegoismus, mit seiner Liebe, seinem Fanatismus zum Metaphysischen, das ja in aller Kunst liegt. Und ihm zur Seite der schwächlichere, zartere Franzose Olivier, der ebenso unbedingt ist in einem anderen Sinne, in der Klarheit des Geistes, in der innersten Gerechtigkeit, in dem Widerstand gegen die Leidenschaft! Aber beide fühlen, daß sie einander ergänzen; beide lieben sie einander und fördern sich durch ihre Vertrautheit. Dann kommt noch als dritter Klang, als dritte Gestalt schließlich Grazia dazu, ein Italien der Schönheit, der sanften Sinnlichkeit, der Harmonie. So wollte Rolland, daß sich die Nationen gegenseitig sehen, und die Besten unter ihnen haben sich auch in diesem Buche erkannt und geeint.

Für einen Augenblick hat nun Rolland wirklich die Höhe erreicht. Es ist wie eine Ruhe, wie ein Entspanntsein in ihm, und da schreibt er auch aus dieser Entspanntheit, aus dieser Leichtigkeit heraus zum erstenmal ein heiteres, übermütiges Buch, den »Meister Breugnon«. Aber was er aufgebaut hat, diese ganze europäische Idee, plötzlich, innerhalb von zwei knappen Tagen ist diese Idee, die er gestaltet hat, durch den Krieg vernichtet. Plötzlich, über Nacht, gibt es keine europäische Einheit mehr, kein gegenseitiges Verstehen, kein gegenseitiges Verstehendürfen, und so wird der höchste Erfolg Rollands eigentlich seine tiefste Enttäuschung. Hier beginnt dann seine wirkliche, heroische Tat; denn er muß den »Jean Christophe«, sein Lebenswerk, noch einmal schaffen. Was als Buch momentan zerstört ist, das muß er noch einmal in einer anderen Materie gestalten, nämlich im Leben. Er muß durch die Tat noch einmal dieselbe Gesinnung bezeugen, die er vordem als Künstler mit seinem Wort gestaltet hat: der ethische Mensch muß nun den künstlerischen bestätigen. Das ist nun die Leistung Rollands gewesen, die wir als seine heroischste betrachten, daß er dieses Europa, das damals während des Krieges nicht bestand und das gesetzlich nicht bestehen durfte, in jenem Inneren, das gesetzmäßig nicht zu erreichen war, aufrechterhalten und gestaltet hat. Das war seine wahrste Leistung. Denn wenn man so mit raschen Worten, um irgendeinen Menschen in eine Formel einzufangen, gewöhnlich meint, Rolland sei Pazifist – Pazifist im Sinne eines Menschen, der nicht mag, daß man sich schlägt, der den kriegerischen Verwicklungen im Sinne eines Quietismus bequem ausweicht –, so ist das vollkommen falsch. Ist jemand eine heroische und kämpferische Natur gewesen, so Romain Rolland. Alle seine Bücher, was sind sie denn? Was ist denn dieser »Jean Christophe«? Worum geht es? Es wird gekämpft von allen Menschen, vom ersten Blatt bis zum letzten. Jean

Christophe und Olivier sind Kämpfer um eine Idee; sie entwickeln sich ihre Möglichkeiten erst am Widerstand. Es gibt keine quietistischen Naturen in den Werken Rollands, und er selbst hat nichts vom Quietismus gehalten. Er ist damals in Widerstand zu der ganzen Welt getreten. Was war aber eigentlich sein Werk damals? Es ist merkwürdig! Ich habe erst jüngst dieses berühmte Buch »Au dessus de la mêlée«, »Über dem Getümmel«, das ja das Zeugnis, das Dokument dieses Kampfes ist, mir wieder angesehen, und ich war eigentlich erstaunt, wie wenig Aufregendes darin steht. Wie kommt es, daß dieses Buch so aufregen konnte? Das sind doch Dinge, die heute alle Leute, alle Staatsmänner in jeder Stunde sagen, die kein Mensch irgendwie als unklug oder als besonders kühn empfinden wird. Aber wir müssen uns eben darauf besinnen – und das wird der hohe dokumentarische Wert dieses Werkes sein –, daß ein solcher Aufsatz jene ersten hundert Gegen- schriften hervorgerufen hat, daß mit Veröffentlichung einer solchen Schrift damals ein Mensch für sein Vaterland und für die meisten anderen Länder vollkommen erledigt war. Die ersten Aufsätze Rollands konnten noch gerade in einem neu- tralen Lande in der Zeitung erscheinen. Dann kam ein Augen- blick, etwa um 1917, wo nicht einmal das »Journal de Genève«, also eine vollkommen neutrale Zeitung, es mehr wagte, diese Artikel aufzunehmen, so daß sie in ganz kleinen Revuen, so z. B. in der »Friedenswarte« des zu früh verstorbenen A. H. Fried erscheinen mußten. Rolland hatte keine andere Möglich- keit. Er war von dem ungeheueren Schweigen wie erdrückt. Aber an der Wirkung auf Unzählige, die diese paar uns heute belanglos erscheinenden Aufsätze hatten, wird eine spätere Zeit erst erkennen, wie arm jene Kriegszeit an wirklichen Worten gewesen ist. Es war unter dem Getöse der Kanonen, der Maschinengewehre, unter dem Geschmetter der Zeitungen überall eigentlich ein ganz gedrücktes und beängstigendes Schweigen, ein Schweigen auch von Millionen Menschen, die damals, als diese ersten Aufsätze wie eine Stimmgabel anklan- gen, sich sofort zu regen begannen.

Was war nun in diesen Aufsätzen? Was wollte Rolland eigentlich? Was sagte er, das damals so erregte? Das Erste war, daß er auf dem Standpunkt der Individualität stehe, wir zwar Staatsbürger und dem Staate hingegeben seien, daß wir ihm zu folgen hätten in allem, was er uns befehle – der Staat kann über unser Vermögen, über unser Leben vermögen –, daß aber in uns selbst ein letzter Punkt ist. Das ist das, was Goethe einmal in einem Brief die Zitadelle nennt, die er verteidigt und die niemals von einem Fremden betreten werden darf. Dies ist das Gewissen, jene Zitadelle, jene letzte Instanz, die sich nicht auf Befehl zwingen läßt, weder zum Haß noch zur Liebe. *Rolland weigerte sich zu hassen*, einen Kollektivhaß auf sich zu nehmen. Er betrachtete es als unverlierbare Menschenpflicht, auszuwählen, wen er hasse und wen er liebe, und nicht auf einen Ruck eine ganze Nation oder ganze Nationen, unter denen er teuerste Freunde hatte, plötzlich mit einem Stoß von sich zu werfen. Das Zweite war, daß Rolland das Dogma von der Allheilkraft des Sieges nicht teilte. Er glaubte nicht, daß der bloße Sieg schon genügt, um eine Nation gerechter zu machen, um sie besser zu machen. Er hatte ein tiefes Mißtrauen gegen jede Form des Sieges, weil für ihn, wie er einmal sagte, die Weltgeschichte nichts anderes darstellt als den immer wieder erneuten Beweis, daß die Sieger ihre Macht mißbrauchen. Für seine Idee ist der Sieg ebenso sehr eine moralische Gefahr wie die Niederlage, und er wiederholt damit nur ein schärferes Wort Nietzsches, der gleichfalls jede Gewaltform im Geistigen ablehnte. Dies war im wesentlichen das, was Rolland von den anderen isolierte, das Mißtrauen vor allem, daß ein Sieg die eine oder die andere Nation Europas endgültig beglücken könnte, weil er immer Europa als eine Einheit betrachtete und diesen Krieg als eine Art Peloponnesischen Krieg, wo die griechischen Stämme einander befeindeten und schwächten, während Mazedonien und Rom schon warteten, um dann die Geschwächten zu überfallen und die Beute einzuheimsen.

Diesem Skeptizismus gegen den Sieg hat die Zeit recht gegeben. Sie hat Rolland und alle, die damals dachten, es würde sofort aus diesem ungeheuren Erlebnis, aus dieser Erschütterung und Qual irgendeine neue Geistigkeit, eine neue Brüderlichkeit, ein Bedürfnis nach Einheit und Menschlichkeit entstehen, schwer enttäuscht, und einen Augenblick hat es geschienen, als wollte sich Rolland aus dieser Enttäuschung über all die Kräfte, von denen er sich eine Erhöhung, eine Milderung der tragischen Lage erhofft hatte, von der Wirklichkeit in die Kunst ganz zurückziehen. Aber auch aus dieser Enttäuschung hat er wieder eine Kraft gewonnen und hat noch einmal nach dem Kriege in einem Werk, in einer heroischen Biographie Europa zeigen wollen, wo die Möglichkeiten eines Aufschwungs aus unserer Verwirrung sind. Das war sein Buch über Gandhi. Diesen indischen Kämpfer und kleinen Advokaten kannte niemand in Deutschland, niemand in Frankreich, niemand in der Welt. Und doch führte er den erbittertsten Kampf eines Millionenvolkes gegen das stärkste Reich der Erde, gegen das englische. Aber es war ein Kampf, der nicht in der Gewalt bestand, sondern in der Verweigerung des Dienstes, nicht in einem Haß, sondern in einer ruhig abwartenden und eben durch diese Milde um so gefährlicheren Kraft, gefährlicher als jede plötzliche Leidenschaft. Er wollte zeigen, wie es möglich ist, große Entscheidungen der Geschichte durch eine andere Form der Energie herbeizuführen, ohne daß menschliches Blut von Millionen fließen müsse. Zu diesem Behufe hat Rolland zum erstenmal auf den großen Kampf Gandhis gegen das englische Reich hingedeutet. Und seltsam, wie ein Leben, das sich zur Kunstform entfaltet, immer seine Kreise zurückzieht! Als Rolland dieses Buch geschrieben hatte, ein Jahr später, erfuhr er ein Seltsames, nämlich, daß so, wie er vor etwa 25 oder 30 Jahren aus Paris einen Brief an Tolstoi geschickt hatte und Tolstoi ihn in seinem Lebenskampf bestärkte, damals aus Afrika, aus der Natal-Kolonie dieser kleine indische Advokat sich in einer ähnlichen Seelennot an Tolstoi gewandt hatte und daß Tolstoi in der gleichen Weise Gandhi durch einen Brief geholfen hatte. So begegnen sich plötzlich vom Orient zum Occident zwei Naturen, die in ganz anderen Sphären tätig sind, in einer Idee, in einem Gedanken oder eigentlich in einem Menschen. Daraus ersehen wir die ungeheure Gewalt, die im Unsichtbaren die moralische Erscheinung einer Natur immer wieder im Irdischen hervorzubringen vermag.

Diese Flucht hinüber, diese Wendung von Europa in den Orient hinüber, in eine neue Sphäre, um neue Kraft zu holen, ist noch eine letzte Erweiterung, noch eine letzte Erhöhung Rollands, und sie scheint im ersten Augenblick fast ohne Beispiel. Aber sie hat ihr Gleichnis: denn die Geschichte, die Geschichte der Menschen, die Geschichte des Geistes ist ja nicht eine kalte Registratorin von Tatsachen, nicht eine nüchterne Nachschreiberin, sondern die Geschichte ist eine große Künstlerin. Wie jeder Künstler hat sie die höchste Freude am Gleichnis. Sie findet zu allem ihr Gleichnis, eine erhabene Analogie. So auch in diesem Falle. Lassen Sie mich da einen

Augenblick an eine andere Gestalt erinnern, die uns teuer ist, an Johann Wolfgang Goethe, an Goethe etwa im gleichen Lebensalter, in seinem 60. Jahr. Er hatte immer dem Geistigen hingegeben gelebt, in allen Dingen Zusammenhänge gesehen und das Leben betrachtet; aber nie war ihm jene äußerste Krise nahegekommen. Knapp vor seinem 60. Jahr, in dem gleichen Alter – es ist merkwürdig, wie analogisch die Geschichte wirkt –, stürzt plötzlich die Wirklichkeit auf ihn ein. Nach der Schlacht bei Jena flutet die geschlagene preußische Armee durch die Straßen. Er sieht zum erstenmal, wie die Soldaten die Verwundeten auf Karren zurückschleppen, er sieht die über die Niederlage erbitterten Offiziere, er sieht die Not, das Elend des ganzen Volkes, und gleich darauf die einrückenden Franzosen, den Übermut der Offiziere. Sie wissen: französische Soldaten brechen ein, zerschlagen mit dem Kolben seine Tür und bedrohen sein Leben. Dann kommt noch der ganze Feldzug, es kommt noch die Erniedrigung der Fürsten, die zu Napoleon kommen, um sich nur ja in der allgemeinen Not ihr eigenes Fürstentum zu sichern. Und was tut Goethe in jenem Jahr? Man hat es ihm so oft vorgeworfen, aber man hat es nicht verstanden. Gerade in jenen Jahren befaßt er sich mit chinesischen Weisen, mit der Weisheit des Ostens, mit persischen Gedichten. Das hat man immer oder oft zum mindesten als eine Gleichgültigkeit gegen die Zeit angesehen. Aber es war eine notwendige Rettung für den Geist; denn der Geist ist ja ein freies Element. Er kann nur in der Schwebe leben. Drückt ihn die Zeit zu hart, dann flüchtet er hinaus in die Zeiten. Werden die Menschen tollwütig, bedrängen sie ihn, dann flüchtet er empor in die Idee der Menschheit. Gerade in diesen Jahren, aus diesem Erlebnis heraus erhebt sich Goethe mehr in diese ungeheure Schau, die Europa weit überflügelt, in diese Schau des Allvaterlandes, jene Sphäre, wo man, wie er einmal so wundervoll sagt, Glück und Unglück der Nationen wie sein eigenes erlebt. Er schafft sich über dem Vaterland, über der Zeit jene Sphäre, aus der er der Überblickende, der Beherrschende, der Freie und der Befreiende geworden ist. Dieses Allvaterland Goethes, dieses Weltvaterland, dieses Europa Rollands, das er erträumt, dieses Reich der Brüderlichkeit, das alle großen Künstler von Schiller bis herab auf unsere Zeit immer wieder gefordert haben – ich weiß, es ist nicht von heute und nicht von morgen. Aber lassen wir dieses Heut und Morgen den Tagelöhnern der Politik, allen denen, die daran hängen, und schreiben wir uns selbst den Bürgerbrief für jene noch nicht existierenden Reiche der Humanität. Vielleicht sind alle diese Dinge Träume; aber wenn von Träumen eine steigernde Kraft ausgeht, wenn wir fühlen, daß wir an solchen Träumen von Humanität, von einer höheren Einheit innerlich reifer, klarer und weitblickender werden, daß wir uns aus den kleinen Gehässigkeiten retten, dann sehe ich nicht ein, warum wir sie nicht träumen sollten. Wir müssen uns aus allem eine Kraft holen, die unseren Geist klarer macht, unsere Herzen humaner. Vor allem müssen wir, so glaube ich, auf die paar Menschen blicken, in denen wir etwas von dieser höheren, reineren und klareren Form, die wir von der zukünftigen Menschheit erhoffen, schon verwirklicht sehen, Menschen, die mit Einsatz ihrer ganzen Kraft nicht dieser Zeit allein leben und in ihrem Vorwärtsdrängen auch die anderen mit sich reißen. Einer von diesen Menschen ist für unsere Zeit gewiß Romain Rolland. Er hat Tausende getröstet, er hat Unzählige erhoben, er hat durch seinen Idealismus nicht in einem Lande, sondern in allen Ländern den Willen zur Einigung, die Neigung zur Verständigung und die Möglichkeit einer höheren Anschauung gefördert. Weil er dies gerade in der fürchterlichsten Stunde getan hat, die unsere Zeit erlebte, in einer fürchterlichen und hoffentlich nicht mehr wiederkehrenden Stunde, nun, darum, glaube ich, dürfen wir ihm heute Dank sagen an diesem festlich erleuchteten Tage.

Pour Ramuz!

Wenn ein Künstler hohen Ranges sein Schaffen bewußt in eine enge Sphäre, in einen kleinen und von dem eigenen Willen begrenzten Kreis einschränkt, so kann dies für sein Werk ein hoher Gewinn werden oder eine große Gefahr.

Den Gewinn bedeutet an sich die Konzentration, die sparsame Zusammenfassung aller schöpferischer Kräfte auf eine einzige Lebenssphäre. Der Künstler weicht damit der Gefahr der Zersplitterung, der Zerstreuung, des diffusen, des verschwommenen Schauens oder Gestaltens aus, weil er sein Auge immer nur auf die eine Distanz eingestellt hat, weil er ebenmäßig und richtig dank dieser regulierten Optik seine Gegenstände sieht – weil an immer wiederholter Erfahrung sich seine Kenntnisse in dieser Sphäre sichern, seine Beobachtungen sich schärfen und ergänzen. Er ist Cäsar und Herr in seinem eigenen Gebiet und da er sich nur in einer und derselben Atmosphäre geistigen Lebens bewegt und nie zu verwegener Erkundung sein gesichertes Reich verläßt, ist er den barometrischen Spannungen und krisenhaften Wetterstürzen der Seele nicht so sehr ausgesetzt wie der nomadisch schweifende Künstler, der ewig anderes Suchende und Versuchende. Indes jener die ganze Welt in Gegenwart und Vergangenheit sich zu seinem Jagdfelde macht, bestellt der eingegrenzte Künstler das seine mit der Geduld, der Zähigkeit, der Sachkenntnis und beharrlichen Kraft eines Bauern, an Intensität gewinnend, was er an Extensität verliert.

Aber jede Spezialisierung, auf welchem Gebiete immer, schließt Gefahr in sich, und wer sich entschlossen hat, die Welt nur im Mikrokosmos zu erleben und zu betrachten, dem kann als Künstler leicht das Gefühl der Proportion verloren gehen, indem er, an das Blickfeld seines engen Rahmens gewöhnt, das Kleine darin für ein weltbedeutend Großes hält und das Banale mit dem Besondern, das Alltägliche mit dem Interessanten verwechselt, indem er, wie jeder Spezialist jeder Wissenschaft, vergißt, daß seine persönliche Fachwelt nicht mit der absoluten Sachwelt zusammenfällt. Wo sein geübter, sein mikroskopisch differenzierender Blick noch Vielfalt und Abschattung gewahrt, sehen die anderen nur ein langweiliges Grau, und während er ein neues Buch nach dem anderen zu schaffen meint, bleibt es für die andern immer dasselbe; wo er zu variieren meint, empfinden jene nichts als Monotonie. Wer bewußt sich als Künstler einen kleinen Lebenskreis wählt und ihn bewußt nicht überschreitet, muß von vorneweg erwarten, von der großen Welt, die er doch durch Ablehnung und Gleichgültigkeit depreziert, entweder gleichgültig oder bestenfalls als Kuriosum gewertet zu werden; wer ihr nicht Liebe gibt, kann wenig Liebe von ihr erhoffen.

Dies wäre das Logische. Aber die große Kunst ist immer stärker als die Gesetze der Vernunft und klüger als die Logik; sie behauptet sich in jeder ihrer Formen, auch der abseitigsten, durch ein Geheimnis, das eben nicht lernbar und übertragbar ist. Gewiß hat sich von allen wesentlichen Schriftstellern unserer Tage C.-F. Ramuz vielleicht am energischsten, am bewußtesten zu solch freiwilliger und sogar engster Eingrenzung des Lebenshorizonts entschlossen. Sein Werk reicht – vom rein Räumlichen aus gesehen, nicht in seinen geistigen Proportionen – über einen kleinen Schweizer Kanton nicht hinaus, und selbst innerhalb dieses Kantons hat er noch die Berge sorgsam um sein schmales Tal gestellt. Auch in der sozialen Schichtung siebt er noch einmal seine Wahl; der Bürger, der Fabrikant, der Kaufherr, sie treten kaum in sein Blickfeld. Nur der Bauer, der Mensch der Erde, der primitive und elementare Mensch bildet seine Menschheit. Selbst die Landschaft, die er sich gewählt, ist keine besonders romantische, besonders pathetische: Ramuz scheint es die besondere Lust innerhalb der schöpferischen Lust zu bedeuten, immer nur in sprödem, in widerstrebendem Material zu schaffen. Gerade aus dem Allergewöhnlichsten das Außerordentliche herauszuholen, den hellsten Funken aus dem härtesten Gestein, ist seine besondere Neigung und er hat den Mut, in seiner Vorliebe für das Diffizile bis an den äußersten Rand zu gehen. Bewußt liebt er es, sich's schwer zu machen. Er weicht dem Melodramatischen, dem Sentimentalen wie einer Kreuzotter geradezu panisch erschreckt aus, er vermeidet alle sinnlichen Reizungen und Spannungen als zu billig; seine Sujets sind eigentlich kaum mehr als sublimierte »faits divers«, wie sie im Kantonblättli kurz und knapp verzeichnet werden, also Alltagsgeschehnisse, die einmalig zu machen dann seine Leidenschaft ist. Das Resultat eines solchen zähen und beharrlichen Ausschöpfens einer Landschaft, einer engen Sphäre sollte nun eigentlich Ausschöpfung, Erschöpfung sein und der Leser sich sagen: genug von diesem Kantönchen, genug von diesen Dörfchen! Alles folkloristisch sehr interessant, sehr eindringlich dargestellt. Aber jetzt genug von den Bauern im Vaud, ich weiß schon alles, ich weiß.

Wie aber hat nun C.-F. Ramuz die Gefahr der Monotonie, der Selbstwiederholung, der rein stofflichen Ermüdung überwunden? Sein Geheimnis ist weder ein neues noch ein besonderes – es ist das ewige und einzige des Künstlers: *innere Intensität*. Auf einer hohen oder vielmehr auf der höchsten Stufe der Kunst gibt es keine Gegenstände, keine Objekte, keine Inhalte, keine Sujets mehr, sondern nur die reine Meisterschaft, die es fast gleichgültig sein läßt, ob ein in der irdischen Welt banaler oder subtiler Gegenstand dargestellt wird, weil eben Meisterschaft der Darstellung die irdische Geltung der »Sujets« in eine höhere Sphäre, in die der Vollendung hebt (die einmalig für alles gilt). Der zerrissene Bauernstiefel, von van Gogh gemalt, ein Baum Hobbemas, das Veilchen Dürers, ein Apfel Cézannes, diese erzbanalen Gegenstände, sind durch eine höhere Dynamik, gleichsam durch einen stärkeren Blutdruck ebenso intensiv geworden, daß wir gar nicht mehr das Banale des Gegenstands sehen, sondern das Mirakel seiner Intensifizierung. So ist es auch unwesentlich, daß die Bauern Ramuz' harte schwere Menschen sind und daß ich ad personam ersticken würde, in der Sperrkette dieser Berge dauernd zu leben. Nicht wer sie sind, darauf kommt es an, sondern was er aus ihnen macht, welche Kräfte er in ihnen weckt oder einbaut; erst gehen sie alle am Anfang seiner Bücher mit einem schweren Schritt und man nimmt sich schon vor, sie nicht lang zu begleiten, aber allmählich geht von ihnen eine starke Anziehung aus, man spürt sie getrieben von einem übermächtigen Schicksal oder einem Schicksal entgegen. Wie eine Kruste fällt das Banale, das Normale von ihnen ab, ihr Innerliches wird feuerflüssig transparent. Daß aber die Intensifizierung dieser spröden Naturen nicht etwa Technik ist, ein gewolltes Emporsteigen auf eine höhere psychische Seelenstufe, sondern daß Ramuz, intensiv schauend, eben alles intensiziert, was sein Auge berührt, – daß dieses Durch-und-Durchsehen, dies Steigern, dies Dynamisieren bei ihm urtümliche Funktion der Seele ist, seine schöpferische Urgewalt, dies beweist sich dadurch, daß auch auf das (scheinbar) Unbeseelte, daß auch auf die Natur sein Blick so vitalisierend wirkt – ein Roman wie »La grande peur dans la montagne« ist Roman einer Bergseele eher als der eines Menschen, der moderne Mythos einer von allen andern als unbeachtlich empfundenen und in keinem Reisehandbuch der Schweiz wohl verzeichneten Landschaft. Ramuz hat Feuer im Blick, jenes Feuer, in dem das Harte schmilzt und sich lockert, das Stockende gärt und schwillt, das Scheintote sich belebt und das Schattendunkle in magischem Schein plötzlich aufglüht – wahrer Blick eines Dichters, eines Schöpfers, jener demiurgische Blick, der immer wieder neu die Welt erschafft.

Dazu noch die Kunst dann, sparsam zu sein mit seinem Genie und es nicht zu verschwenden, das Einfache sublim zu machen und das Sublime wiederum einfach zu gestalten. Statt Flächenwirkung Tiefenwirkung zu suchen, statt Breite Dichtigkeit; nicht mit überflüssigen Schilderungen wie die Nordländer zu ermüden, sondern schweizerisch sparsam aber solid die Sprache zu nützen und doch gerade dank dieser Gespanntheit und Kargheit in der Prosa dann wieder den Ton aufschwingen zu lassen in die Sphäre des Gedichts – diese besondere Mischung von Verhaltenheit und Hingabe, von Kunstbewußtheit und urtümlicher Kraft will mir sein schönstes Werkgeheimnis erscheinen und jenes auch, das ihm so treu die Bewunderung seiner Kameraden mit der Liebe seiner Leser sichert.

Lafcadio Hearn

Den vielen, denen es nicht gegeben war, Japan zu erleben, die nur immer in stummer, sehnsüchtiger Neugier nach den Bildern greifen und mit Entzücken die kostbaren Zierlichkeiten japanischer Kunst in Händen halten, um sich aus so schwankem Gerüst von Tatsachen einen farbigen Traum des fernen Landes aufzubauen, all diesen ist in Lafcadio Hearn ein unvergleichlicher Helfer und Freund geworden. Was er uns von Japan erzählt hat, ist vielleicht nicht die ganze gewichtige Substanz der Tatsachen in der starren Kette statistischer Daten, sondern der sie überschwebende Glanz, die Schönheit, die über jeder Alltäglichkeit unkörperlich zittert, wie der Duft über der Blume, ihr zugehörig und doch schon von ihrem gefesselten Sein ins Unbegrenzte gelöst. Ohne ihn hätten wir vielleicht nie von diesen kleinen, ganz flüchtigen, uns jetzt schon so unsagbar kostbaren Imponderabilien heimischer Überlieferungen erfahren; wie Wasser wären sie der neuen Zeit durch die Finger geglitten, hätte er sie nicht zärtlich aufgefangen und in verschlossenem, siebenfach funkelndem Kristall der Nachwelt gerettet. Als Erster und Letzter zugleich hat er uns und dem Japan von heute, das sich mit beängstigender Eile von sich selber fortverwandelt, einen Traum vom alten Nippon festgehalten, den die Nachfahren später so lieben werden wie wir Deutschen die Germania des Tacitus. Einst, wenn die Menschen dort »das Lächeln der Götter nicht mehr verstehen werden«, wird diese Schönheit noch lebendig sein und die Späteren ergreifen als bedauerndes Besinnen an ihre selige, viel zu früh verlorene Kindheit.

Blättert man in diesen reichen Büchern, darin die Novelle der philosophischen Betrachtung, diese wieder der anspruchslosen Skizze die Hand reicht, wo Religion, Sage, Poesie und Natur so wundervoll ungeordnet ineinandergleiten wie eben nur im Wirklichen, und blickt man dann aus dieser bunten Fülle auf Lafcadio Hearns Leben zurück, so ist man leicht versucht, an eine mystische Berufung dieses Menschen zu diesem Werke zu glauben. Als sei es vorbedachter Wille der Natur gewesen, daß gerade dieser erlesene Mensch dieses erlesene Werk, die Schönheit Japans gerade im entscheidenden Augenblick knapp vor ihrem Welken festhalte, so ist dieses merkwürdige Leben Stufe für Stufe vom ersten Beginn bis zur äußersten Vollendung seinem Zweck entgegengebaut. Denn ein besonderes Medium war hier notwendig, ein ganz außerordentliches Mittelding zwischen dem Morgenländer und Europäer, Christen und Buddhisten: ein zwiefältiger Mensch, einerseits befähigt, das Fremdartige dieser Schönheit von außen mit Staunen und Verehrung zu betrachten, sie aber anderseits schon verinnerlicht als eigenstes Erlebnis wie ein Selbstverständliches darzustellen und uns begreiflich zu machen. Einen ganz besonderen Menschen mußte sich die Natur zu diesem Zweck destillieren. Ein Europäer, ein flüchtig Reisender hätte das Land und seine Menschen verschlossen gefunden, ein Japaner wiederum unser Begreifen, denn in ganz anderen Sphären schwingt die Geistigkeit der Fernorientalen und die unsere aneinander vorbei. Etwas ganz Außerordentliches mußte geschaffen werden, ein Instrument von äußerster Präzision, befähigt, jede dieser seelischen Schwingungen zu spüren, jede in geheimnisvoller Übertragung weiterzugeben, und noch mehr: dieser richtige Mensch mußte im genau richtigen Augenblick erscheinen, da Japan ihm entgegengereift war und er für Japan, damit dieses Werk geschaffen werden konnte, diese Bücher von der sterbenden und zum Teil nur durch ihn unsterblichen Schönheit Japans.

Das Leben des Lafcadio Hearn, dieser Kunstgriff der Natur zu einem erhabenen Zweck, ist darum wert, erzählt zu werden.

Im Jahre 1850 – fast zur gleichen Zeit, da die Europäer zum

erstenmal in das verschlossene Land eindringen dürfen – wird er geboren, am anderen Ende der Welt, auf Leocadia, einem jonischen Eiland. Seine ersten Blicke begegnen azurnem Himmel, azurnem Meer. Ein Widerschein von diesem blauen Licht blieb ihm ewig innen; all der Ruß und Rauch der Arbeitsjahre vermochte ihn nicht zu verdunkeln. So war der Liebe zu Japan schon eine geheimnisvolle Präexistenz als Sehnsucht bereitet. Sein Vater war ein irländischer Militärarzt in der englischen Armee, seine Mutter eine Griechin aus vornehmer Familie: zwei Rassen, zwei Nationen, zwei Religionen durchdrangen sich in dem Kinde und bereiteten früh jenes starke Weltbürgertum vor, das ihn befähigen sollte, sich einst die Wahlheimat statt der wirklichen zu schaffen. Europa und Amerika sind dem Knaben nicht freund. Den Sechsjährigen bringen die Eltern nach England, wo das Unglück ihn ungeduldig erwartet, um ihm dann viele Jahre treu zu bleiben. Seine Mutter, frierend in der kalten, grauen Welt nach ihrer weißen Heimat, entflieht ihrem Gemahl, der kleine Lafcadio bleibt allein und wird in ein College gesteckt. Dort trifft ihn das zweite Unglück, beim Spiel mit Kameraden das eine Auge zu verlieren, und um das Maß seiner frühen Leiden voll zu machen: die Familie verarmt und Hearn wird unbarmherzig, noch ehe er seine Studien annähernd beendigen konnte, in die Welt hinausgestoßen.

Mit 19 Jahren steht nun dieser junge, unerfahrene Mensch, der nichts Rechtes gelernt hat, eigentlich noch ein schwächliches, dazu einäugiges Kind, ganz ohne Freunde und Verwandte, ohne Beruf und sichtliche Befähigung in den unerbittlichen Straßen von New York. Undurchdringliches Dunkel liegt über diesen bittersten Jahren seines Lebens. Was ist Lafcadio Hearn dort drüben alles gewesen? Tagelöhner, Händler, Verkäufer, Diener – vielleicht auch Bettler – jedenfalls war er lange in jener untersten Schicht von Menschen, die Tag und Nacht die Straßen Amerikas schwärzt und ihren Taglohn aus dem Abhub des Zufalls klaubt. Und fraglos: es muß ein furchtbares Martyrium gewesen sein, denn selbst die heiteren Jahre im Bambushause zu Kyoto vermochten ihn niemals zu einer Andeutung über diese äußersten Erniedrigungen seiner Existenz zu verlocken. Eine einzige Episode hat er verraten, die grelles Licht in das Dunkel schleudert: Lafcadio Hearn in einem Auswandererzug. Drei Tage hat er nichts gegessen, mit den blauen Schatten der Ohnmacht vor den Augen sitzt er im ratternden Wagen. Plötzlich, ohne daß er gebeten hat, reicht ihm eine norwegische Bäuerin von gegenüber ein Stück Brot hin, das er gierig hinabschlingt. Dreißig Jahre später hat er sich darauf besonnen, daß er damals, vor Hunger erwürgt, vergessen hatte, ihr zu danken. Ein Streiflicht. Dann wieder Jahre voll Dunkel irgendwo im Schatten des Lebens. In Cincinnati taucht er endlich neu auf, als Korrektor einer Zeitung, er, der Halbblinde. Nun aber sollte sich sein Schicksal befreien. Hearn wird zu Reportagen verwendet, zeigt darin überraschendes Geschick, und schließlich frißt sich sein schriftstellerisches Talent durch. In allen diesen dunklen Jahren muß schon neben der harten Arbeit bei ihm ein ständiger, innerlicher Prozeß beharrlicher Selbstbildung stattgefunden haben, denn jetzt schreibt er ein paar Bücher, die Kenntnis orientalischer Sprachen und ein feines Verständnis morgenländischer Philosophie verraten. Es ist unbeschreiblich, was dieser stille, sanftmütige Mensch im Lande der »aggressive selfishness« gelitten haben muß. Aber dieses große Leid war notwendig für sein Werk, war in seinem Schicksal ebenso als Notwendiges eingefügt wie jene mystische Sehnsucht nach der Insel im Blauen. Er mußte erst zweifeln lernen und verzweifeln an der ererbten Kultur, ehe er befähigt war, die neue zu begreifen: sein großes Dulden in europäischem Land sollte der Humus werden für die große Liebe von später. Das aber wußte er damals noch nicht, er spürte nur das Nutzlose, Freudlose, Sinnlose seines Lebens in diesem fiebernden Land, er empfand sich ständig als Fremdkörper im Rhythmus dieser Rasse – »nie werde ich ein Gote, ein Germane werden«, stöhnt er auf – und flüchtet in die Tropen nach Französisch-Westindien, schon hier beglückt durch die stillere Form des Lebens. Fast schien es, als wollte sein Leben sich hier schon verankern, der Erwählte vorschnell der Berufung entgehen. Aber im Buche seins Schicksals stand Größeres geschrieben. Im Frühjahr 1890 bot ihm ein Verleger an, nach Japan zu reisen, um dort gemeinsam mit einem Zeichner Skizzen aus dem Volksleben für seine Zeitschrift zu verfassen. Die Ferne lockt Lafcadio Hearn, er nimmt den Vorschlag an und verläßt für immer die Welt seines Unglücks.

In seinem vierzigsten Jahre betritt er Japan, arm, müde, heimatlos, seit zwei Jahrzehnten ohne Lebenszweck von einem Ende der Welt zum anderen geschleudert, ein Halbblinder, ein Einsamer, ohne Weib und Kind, ohne Namen und Ruhm. Und wie Odysseus nachts an den Strand der ersehnten Insel getragen, ahnt er im Nahen nicht, wagt er gar nicht zu hoffen, daß er schon in der Heimat sei. Er wußte nicht, daß der Hammer des Schicksals nun ruhen würde, daß sein Leben in jenem Mai 1890 an der Schwelle der Erfüllung stand. Das Land der aufgehenden Sonne, im tiefsten Sinn des Wortes, war für ihn gefunden und das Korn, das fruchtlos im Wind hin und her getanzt hatte, fand endlich die hüllende Scholle, in der es aufblühen und sich entfalten konnte.

»Es ist, wie wenn man aus unerträglichem atmosphärischen Druck in klare, stille Luft treten würde« – das war sein frühester Eindruck. Zum ersten Male spürte er das Leben nicht mit voller Wucht an sich hängen, die Zeit nicht wie in Amerika gleich einem rasend gewordenen Rade um seine Stirne schwingen. Er sah Menschen mit stiller Freude am Arglosen, Menschen, die Tiere liebten, Kinder und Blumen, sah die fromme, erhabene Duldsamkeit ihres Lebens und begann wieder an das Leben zu glauben. Er beschloß zu bleiben, zunächst einen Monat oder zwei – und blieb für sein Leben. Zum ersten Male hielt er Rast, zum ersten Male, noch ehe er es selbst empfinden durfte, glaubte er Glück zu sehen. Und vor allem, er sah, zum erstenmal in seinem Leben durfte er schauen, ruhig schauen, liebevoll mit dem betrachtenden Blick die Dinge anfassen, statt, wie drüben in Amerika bei den Reportagen, hastig an den Erscheinungen vorbeizuhetzen. Die ersten Worte, die Lafcadio Hearn über Japan schrieb, waren ein Staunen, das Staunen eines Großstadtkindes, das mit ungläubigen Augen das Wunder einer wirklich blühenden Gebirgswiese sieht, ein sanftes Staunen größter Beglücktheit, zuerst noch leise unterklungen von der heimlichen Angst, all dies nicht halten, fassen und verstehen zu können.

Aber was dann später seine Bücher so einzigartig und seltsam macht, ist die verblüffende Tatsache, daß sie nicht mehr Werke eines Europäers sind. Freilich auch nicht die eines echten Japaners, denn dann könnten wir sie ja nicht verstehen, nicht so geschwisterlich mit ihnen leben. Sie sind etwas ganz Eigenartiges in der Kunst, ein Wunder der Transplantation, der künstlichen Aufpfropfung: die Werke eines Abendländers, aber von einem Fernorientalen geschrieben. Sie sind eben Lafcadio Hearn, dieses unvergleichliche Ereignis einer Vermischung, dies einzigartige Geschehen der Völkerpsychologie.

Diese geheimnisvolle Mimikry des Künstlers an den Gegenstand hat bewirkt, daß man Hearns Bücher gar nicht mehr wie mit der Feder geschrieben empfindet, sondern aus der Perspektive der zärtlichen Nähe gezeichnet mit dem feinen Tuschpinsel der Japaner, in Farben, die zart sind wie der Lack auf jenen entzückenden Schächtelchen, erlesenste Proben jener Kleinkunst, jenes japanischen Bric-à-brac, das er selbst einmal so verliebt geschildert hat. Man muß immer an die farbigen Holzschnitte denken, die größten Kostbarkeiten der japanischen Kunst, die landschaftlichen Schilderungen voll zartester Details, wenn man diese kleinen Novellen liest, die sich bescheiden zwischen den Essais verbergen, oder jene Gespräche, die am Straßenrand beginnen, mitten im Gelegentlichen, und dann sanft in die tiefsinnigsten Weltbetrachtungen, zu den Tröstungen des Todes und den Mysterien der Transmigrationen emporführen. Nie vielleicht wird das Wesen der japanischen Kunst uns klarer werden als aus diesen Büchern: und zwar nicht so sehr durch die Tatsachen, die sie uns berichten, sondern eben durch diese einzigartige Darstellung selbst.

Und dies war das dunkle Ziel, zu dem das Schicksal Lafcadio Hearn aufgespart und erzogen hatte. Er sollte in ihrer eigenen Kunstart von diesem unbekannten Japan erzählen, all die vielen kleinen Dinge, die bislang im Dunkeln waren, die zerbrechlichen, die anderen zwischen den Fingern geblieben wären, die vergänglichen, die der Sturm der Zeit verweht hätte, wäre er nicht im richtigen Augenblicke gekommen, all diese tiefsinnigen Sagen des Volkes, die rührenden Aberglauben, die kindisch patriarchalischen Gebräuche. Diesen Duft einzufangen, diesen Schmelz von der schon welkenden Blume abzustreifen, dazu hatte ihn das Schicksal bestimmt.

Freilich wuchs schon damals ein anderes Japan neben dem seinen empor, das Japan der Kriegsvorbereitungen, das Dynamit erzeugte und Torpedos baute, jenes gierige Japan, das allzu rasch Europa werden wollte. Aber von diesem brauchte er nicht zu reden, das wußte sich schon selbst bemerkbar zu machen mit der Stimme der Kanonen. Sein Werk war es, von den leisen Dingen zu reden, deren zarter, blumenhafter Atem uns nie erreicht hätte und die vielleicht wichtiger waren für die Weltgeschichte als Mukden und Port Arthur.

Zehn Jahre wohnte er friedlich dort in Kyoto, lehrte in Schulen und an der Universität die englische Sprache, glaubte noch immer als Fremder diese neue Welt zu betrachten, noch immer Lafcadio Hearn zu sein, und merkte nicht, wie er langsam von außen nach innen geriet, wie das gelockerte Europäertum in ihm nachgab und sich in dieser neuen Heimatsfremde verlor. Er wurde gewissermaßen selbst etwas wie die künstlichen Perlen, die sie dort drüben erzeugen, indem sie kleine Fremdkörper in die noch lebende Muschel einpressen. Die Auster umspinnt dann das Störende mit ihrem glitzernden Schleim, bis der ursprüngliche Fremdkörper in der neu entstandenen Perle unsichtbar wird. So ging schließlich der Fremdkörper Lafcadio Hearn in seiner neuen Heimat unter, er wurde eingesponnen von der japanischen Kultur, und selbst sein Name ging verloren. Als Hearn eine Japanerin aus einem vornehmen Samuraigeschlechte zur Frau nahm, mußte er sich – um der Ehe gesetzliche Prägung zu geben – adoptieren lassen, und empfing damals den Namen Koizumi Yakumo, der auch heute seinen Grabstein schmückt. Seinen alten Namen warf er hinter sich, als wollte er die ganze Bitterkeit seiner früheren Jahre damit wegschleudern. In Amerika begannen sie jetzt auf ihn zu achten, aber der Ruhm lockte ihn nicht mehr zurück, war er doch Lärm. Und Lafcadio Hearn badete sein Herz in Stille, er liebte nur mehr dieses linde, leise Leben hier drüben, das ihm doppelt teuer war, seitdem das Schmetterlingsdasein einer zierlichen Frau und zweier Kinder es freundlich umwebte. Mehr und mehr nahm er die Gewohnheiten des Landes an. Er aß Reis mit kleinen Stäbchen, trug nur mehr japanische Tracht; das Heidentum, das als geheimnisvolle Erbschaft seiner griechischen Heimat immer schon in ihm unter dem äußerlichen Christentum geschlummert hatte, verwandelte sich hier in einen eigenartigen Buddhismus. Nicht wie die andern war er gekommen, wie die Freibeuter des Kommerzialismus, die, mit dem Stolz der weißen Rasse auf die »Japs« niedersehend, nur nehmen wollten, gewinnen und rauben; er wollte schenken, demütig sich selber hingeben, und darum wurden das Land und die Menschen ihm Freund. Er war der erste Europäer, den die Japaner ganz als den Ihren nahmen, dem sie vertrauten und ihr Geheimstes verrieten. »He is more of Nippon than ourselves«, sagten sie von ihm, und tatsächlich warnte niemand eindringlicher vor Europa als er. Er hatte das Schicksal schon erlebt, dem sie erst entgegengingen.

Und das Leben hatte dieses Werk lieb, es war zufrieden mit

Lafcadio Hearn und gab ihm das letzte, das größte Geschenk: es ließ ihn sterben im richtigen Augenblick, so wie es ihn im richtigen Augenblick an sein Werk gewiesen hatte. Der Verkünder des alten Nippon starb in dem Jahre, da die Japaner Rußland besiegten, da sie jene Tat vollbrachten, die ihnen das Tor der Weltgeschichte aufsprengte. Nun stand das geheimnisvolle Land im vollen Blendlicht der Neugierde, nun bedurfte das Schicksal seiner nicht mehr. Weiser, vorberechneter Sinn scheint darin zu liegen, daß er den Sieg Japans über Rußland nicht mehr erlebte, jenen trügerischen Sieg, mit dem sich die alte Tradition selber das Messer durch den Leib riß. Lafcadio Hearn starb in derselben Stunde wie das alte Nippon, wie die japanische Kultur.

So teuer aber war er diesem seinem neuen Volke, daß sie mitten im Kriege, der ihnen täglich Tausende entriß, aufschraken bei seinem Tod. Sie fühlten, daß etwas von ihrer Seele mit ihm erlosch. Tausende schritten hinter seinem Sarg, der nach buddhistischen Riten in die Erde gesenkt wurde, und an seinem Grabe sprach einer das unvergeßliche Wort: »Wir hätten eher zwei oder drei Kriegsschiffe mehr vor Port Arthur verlieren können als diesen Mann.«

In vielen Häusern Japans, bei seinen Angehörigen, bei seinen Schülern steht heute noch sein Bild – das energische Profil mit dem blitzenden Auge unter buschigen Brauen – auf dem heiligen Schrein. Hearn hat selbst erzählt, wie man dort vor den Bildern der Abgeschiedenen die tote Seele mit sanftem Zauber von ihrer Wanderung beschwört. Flutend im Meido, dem All und dem Nichts, ist sie stets den Gläubigen im Anruf nahe und hört ihr freundliches Wort. Unser Glaube ist anders. Für uns ist diese helle Seele vergangen und nur in den Büchern, die Hearn uns hinterlassen hat, können wir sie wiederfinden.

Jens Peter Jacobsens
»Niels Lyhne«

»Niels Lyhne«, wie glühend, wie leidenschaftlich haben wir in den ersten wachen Jahren der Jugend dieses Buch geliebt: es ist der »Werther« unserer Generation gewesen. Unzählige Male haben wir diese melancholische Biographie gelesen, ganze

Seiten davon auswendig gewußt, der dünne abgegriffene Reclamband hat uns in die Schule begleitet und spät abends in das Bett, und wenn ich heute noch manche Stelle darin aufschlage, so könnte ich sie sofort Wort für Wort auswendig weiterschreiben, so oft, so leidenschaftlich haben wir damals jene Szenen in unser Leben hineingelebt. Wir haben unsere Gefühle daran geformt und unseren Stil, es hat uns Bilder gegeben für unsere Träume und ein erstes lyrisches Vorgefühl der wahrhaften Welt: es ist nicht wegzudenken aus unserem Leben, aus unserer Jugend, dieses sonderbare, zarte, ein wenig schwindsüchtige und der stärkeren Gegenwart fast schon verschollene Buch. Aber gerade um dieser Sanftmut, dieser geheimen lyrischen Zärtlichkeit willen haben wir damals Jens Peter Jacobsen geliebt wie keinen andern. Er war uns der Dichter der Dichter, und kaum könnte ich mit Worten ausdrücken, wie hingebungsvoll unsere fast backfischartige Überschwenglichkeit für ihn sich gegenseitig überbot. Nur jüngst habe ich es wieder selbst gefühlt, als ich zwischen Büchern, in einem Winkel vergraben, eine staubige dänische Grammatik fand und zuerst nicht wußte, durch welchen Zufall sie in den Schrank geglitten war – dann aber erinnerte ich mich, beinahe mit einem Lächeln: wir hatten damals Dänisch lernen wollen, ein paar Freunde gemeinsam, einzig um »Niels Lyhne«, um Jens Peter Jacobsens Gedichte im Original lesen und damit noch einmal, noch stärker vergöttern zu können. So haben wir dieses Buch, so diesen Dichter geliebt.

Und wir standen nicht allein, wir Halbreifen, wir Knaben, wir tastende, unsichere Beginner, mit unserer Begeisterung. Die Besten Deutschlands, die ganze schöpferische Literatur um die Jahrhundertwende verfiel damals dem magischen Zauber des Nordens. Skandinavien bedeutete jener Generation, was der gestrigen Rußland, der heutigen vielleicht schon der Ferne Osten bedeutet: ein Neuland der Seele, einen Urquell noch ungeahnter Probleme. Ibsen, Björnson und Strindberg wirkten damals so urgewaltig, so umstürzend, so umrührend auf die geistige Generation wie heute Dostojewskij und Tolstoi auf die europäische Seele. Der junge Gerhart Hauptmann wäre undenkbar ohne Ibsen, der junge Rilke ohne Jacobsen: sieht man Malte Laurids Brigge tiefer in sein edles, schwermütiges Antlitz, so erkennt man darin unverkennbar seines Wahlvaters Niels Lyhne in aller Müdigkeit noch strahlendes Gesicht. Wie ein ungeheurer Windstoß freier, geistiger Luft war diese literarische Welle von Norden hergekommen, ein ganzes großes germanisches Geschlecht war, wie zur Zeit der Völkerwanderung, in die deutsche Literatur eingebrochen, eine starke, sieghafte Phalanx, von der heute nur noch der geistige Führer Georg Brandes und, als der letzte der Triarier, der spät gekommene Knut Hamsun innerhalb der Grenzen unseres geistigen Lebens stehen. Der Lärm all dieser Schlachten ist seitdem verschollen, und die einst so stürmisch erfochtenen Siege, wir verstehen sie heute nicht mehr ganz. Ein Ibsen-Stück wie »Nora«, der »Volksfeind«, das damals mit seinen berühmten Thesen die ganze deutsche Welt aufrüttelte, bedeutet uns kaum mehr als kaltes Theater, sein großer Heros des Gedankens erscheint uns bloß mehr als kalter Bühnengeometriker, die ethische Missionarin von einst, Ellen Key, einzig mehr als eine wunderbare, gütige Frau, Björnson und Strindberg sind für das neue Geschlecht, die neue Welt, nur mehr Schnee vom vergangenen Jahr – wie bei jeder Völkerwanderung haben sich die Eindringlinge im Laufe eines Jahrzehnts der erbgesessenen Kultur assimiliert, und man spürt sie kaum mehr als Fremde, als Eroberer in der Geistigkeit unserer Stunde. Der große Siegeslauf der skandinavischen Literatur, der über ganz Deutschland sich ergossen und erst an den Mauern der französischen Tradition zerschellte, ist zu Ende. Er ist Geschichte, Literaturgeschichte geworden und hat keine Macht mehr über das neue Geschlecht.

Aber Jacobsen, er, den wir am reinsten, am innigsten geliebt, er, der wie der Genius des Gedichtes unsere Jugend überschwebte, er, der Teuerste von allen – ist auch seine Magie dahin, auch sein Zauber entschwunden? Man hat Furcht vor der eigenen Frage, eine leise Angst um die eigene, so unsäglich reiche Empfindung von einst, die noch innen in uns verborgen ist, irgendein Bangen, ihr mit der schärferen Erkenntnis nun wehe zu tun, eine Angst, nun mit klarem Blick ein Buch wieder aufzuschlagen, das man mit brennenden Augen einst gelesen. Wird es nicht ein Abschied sein, eine letzte Begegnung, eine schmerzvolle Enttäuschung? Man soll Ehrfurcht haben vor den Träumen seiner Jugend, läßt Schiller seinen Helden sagen, aber die wahre Ehrfurcht darf nicht furchtsam sein. Zehn Jahre, fünfzehn Jahre vielleicht hatte ich es nicht gewagt, dieses Buch aufzuschlagen, aus dem Bangen, nun an eine Klarheit zu verlieren, was so schön als Erinnerung noch in einem dämmert und lange verborgen weiter geblüht. Aber Klarheit über alles – selbst um den Preis eines innern Verlusts! Und mit zögernder Angst, dem Knaben in sich wehe zu tun, der irgendwo noch verschollen und verschüttet in uns weiterlebt, tastet man sich vorsichtig wieder in das früher geliebte Buch hinein.

Und wunderbar: es ist immer noch schön! Nicht mehr ganz so zauberhaft, so berauschend und rückhaltlos hinreißend wie einst, aber noch immer schön. Noch immer liegt dieses leise Aroma wie von jungen Fliederblüten auf seinen Blättern, diese geheime seelenhafte Luft – nur ein wenig blasser, ein wenig künstlicher, ein wenig kränklicher scheint es nun, das einst für uns so übervolle Buch, das unsere Seele ins Unendliche spannte. Man berauscht sich nicht mehr daran wie an einem schweren Wein, sondern trinkt es in leichten, vorsichtigen Zügen wie einen zart duftenden, exotischen und nur ein wenig übersüßten goldenen Tee. Noch hat es jene wunderbare Durchsichtigkeit bis zum porzellanenen Grunde, wo man jede Linie, jede Arabeske in wunderbaren Farben hingemalt erkennt, noch hat es jenen linden, schwermütigen Duft: es wirkt nur ein wenig übersüßt mit Lyrik, ein wenig zu blaß, ein wenig zu lau. Es wirkt, wie die Präraffaeliten, wie die Worpsweder (die uns damals gleichfalls so entzückten) gleichfalls heute auf uns wirken: ein wenig zu blaß, zu kränklich, zu kraftlos, zu morbid, zu sentimentalisch. Der Duft ist unberührt, noch immer gleich delikat und kostbar, aber er kommt nicht gleichsam aus offenem Fenster hergeweht, aus dem wirklichen, freien, aufgetanen Leben, sondern schwült ein wenig wie ein von Blumen gefülltes Zimmer; gerade was uns Schwelgerische damals so sehr entzückte, die Überfülltheit mit Gefühl, der Mangel an Schärfe, Bitternis und Lauge, das wirkt heute als ein wenig zu süßlich auf unseren von stärkerer Kost und schärferen Gewürzen geschärften, unseren wissenderen Gaumen.

Aber gerade diese Schwäche, diese Zartheit, dieses Leise-Sein, dieses ganz Seelenhafte ist Jens Peter Jacobsens ureigene Magie. Wie konnte, wie durfte er andere Bücher schreiben als diese mit der dünnen durchsichtigen Haut eines Kranken, dem leisen Ton eines Geschwächten, der nervösen Sinnlichkeit eines immer vom Fieber Erregten – er, der doch selbst einer dieser Kranken war! Es ist nichts Künstliches in seiner zarten Kunst: was seine schmale, um erlöschende Lungen gedrängte, in allen Fasern kranke Brust an lyrischem, an dichterischem Atem hatte, hat sie rührend an diese reinen Bücher gegeben. Sie sind alle mit blassen, durchsichtigen Fingern, mit pochenden Pulsen, mit – wie er einmal sagt – »von Husten durchschütterten Gehirnmolekülen« geschrieben, irgendwo auf einer Liegeterrasse in Montreux oder in Rom, wo der arme Schwindsüchtige, wie eine Sonnenblume dem Licht zugewandt, lag. Sie sind alle Sehnsucht eines Lebens, das nie wirklich gelebt wurde, denn die fünfzehn Jahre seiner Kunst waren nichts als ein ewiger Kampf gegen den Tod. Und dieser Kampf gegen den Tod ist seine ganze Biographie. Als ihn einmal Georg Brandes in einem Briefe um Tatsachen seines Lebens bat, gibt er die melancholische Antwort: »Ich bin am 7. April 1847 in Thisted geboren. Was Begebenheiten anlangt, so weiß ich mich wirklich an keine zu erinnern, die Interesse haben könnten und erwähnenswert wären.« Und so war es auch: Jens Peter Jacobsen hat nichts erlebt als Niels Lyhnes und Marie Grubbes Träume. Immer mußte er auf Balkonen liegen und auf Sonne warten, immer sich die kranke Lunge mit Lebertran und Milch füttern, damit nicht zu früh die leise Stimme erlischt; und so tropfte er langsam weg, halb in Träumen, halb in Gedichten, immer sich behütend und verteidigend gegen den Tod, immer außen von dem wirklichen, heißen, lebendigen Leben, dem seine Sinnlichkeit, seine roten Adern geheim entgegenschwollen. Aber Träume, mehr war ihm nicht gegeben, Träume, die er melancholisch erlebt oder lyrisch gestaltet, und wehmütig schreibt er in seinem letzten Brief über diese seine ihm aufgezwungene Schwächlichkeit: »Es ist nicht mehr viel von mir übrig, und was noch da ist, muß in Baumwolle aufbewahrt werden.« Nicht ein einziger Schrei, eine einzige Leidenschaft war seinem Leben, war seiner Kunst verstattet.

So mußte er leise sein, immer nur mit heimlich gedrückter, zärtlich behutsamer Stimme zu den Menschen sprechen. Und dieses Leise-Sein, dieses Fühlen alles Leisen und Verborgenen der Seele ist sein eigentliches Genie. Jens Peter Jacobsen ist einer der größten Aquarellisten des Wortes. Er hat einen japanischen Pinsel gehabt und die zartesten Farben für jene ganz vibrierenden Stimmungen, jene winzigsten Oszillationen der Stimmung, die dem Gesunden überhaupt nie fühlhaft werden; seine Begabung für das Transparente von Wachträumen war vielleicht die vollkommenste, die je ein Künstler der lyrischen Prosa besaß: niemand hatte ein feineres Instrument, um das versponnenste Geäst der Seele, die zartesten Ausläufer der Nerven mit der leidenschaftlichen Liebe zur Miniatur auszumalen, und in dieser aquarellistischen, in dieser blassen, nervösen Art der Darstellung ist er Meister geblieben ohnegleichen. Der breite Strich, die tiefen Schatten, der wilde Riß, die brennenden Farben waren seiner blutleeren Hand naturgemäß verboten – so wandte er an das Detail seine ganze rührende und oft magische Liebe. Als der Botaniker, der er ursprünglich von Beruf gewesen, hatte er eine wunderbar behutsame Art zu eigen, Gefühle wie Knospen, wie Blumen auseinanderzufalten, ohne sie (wie Dostojewskij, wie die Psychologen der Tiefe) mit dem scharfen schneidenden Messer unten an der Wurzel aus dem Erdreich auszugraben, und mit immer neuem Staunen fühlt man diese seine einzige Art des Auseinanderfaltens seelischer Komplexe. Wenn er ein Gefühl in seine behutsame Hand nimmt, so fällt kein Korn Blütenstaub ab, und gleichsam von der Berührung selbst öffnet die noch unaufgeschlossene Knospe ihr Inneres, zeigt Faden und Stempel, Farben und Schmelz im zarten, unvergeßlichen Beisammensein. Freilich, sein Ehrgeiz ging über dieses Stimmunghafte hinaus, er hat es versucht, muskulöser zu wirken und in der »Marie Grubbe« ein großes historisches Fresko zu zeichnen: aber es wurde nur ein Gobelin historischer Stickereien, prachtvolle Genrebilder, die sich ergänzen wie Mosaik. Und ebenso wollte er den Niels Lyhne eigentlich als ganze Geschichte an die Wand seiner Zeit malen, als Tragödie einer Generation. Aber es wurde nur die (großartige) Geschichte einer Seele. Denn Jacobsen war es einzig gegeben (oder vom Schicksal verhängt), immer innen zu bleiben im Menschen: auch im Kunstwerk blieb ihm die Welt, die äußere, die laute, die wilde, die leidenschaftliche, unerbittliche Welt verwehrt. Nur aus sich selbst, nur aus den zartesten Fäden der Sehnsucht und der Träume durfte er seine Fäden spinnen, die zum Subtilsten und Sublimsten gehören, was jemals in der Literatur gewachsen ist und auf denen jener wunderbare Tau glänzt, den nur die Frühverstorbenen haben, die Magie des kurzen Morgens vor dem wirklichen Tag.

Dieses sein empfindsames Wesen, seine schmerzliche Verhaltenheit, seine eingesperrte Sehnsucht, sein tragisches Wissen um die Unerfüllbarkeit seiner tiefsten Wünsche erkennen wir am besten in der sehnsüchtigen Biographie, dem phantastisch und doch zutiefst eigenen Bildnis, das er von sich gegeben im Niels Lyhne, diesem halben Werther, diesem halben Hamlet, diesem halben Peer Gynt, der viel Leidenschaft hat und gar keine Kraft, einen unendlichen Willen zum Leben, und der doch erstickt wird von seinen Träumen und überwältigt von einer schweren Müdigkeit. Er ist ein Mensch mit allen Möglichkeiten, dieser Niels Lyhne, von denen aber keine einzige sich verwirklicht, und sein Leben darum eine ewig ausgespannte farbige Schwinge, die sich nie stürmisch ins Lebendige abstößt. Und diese Halbheit ist eine Tragödie: alles ist er doppelt und nichts ganz, »seine verträumte und doch lebensdürstige Natur«, ein Dichter, der nicht dichtet, ein Liebender, dem alle Geliebten entgleiten, ein wunderbar feines Wesen, das nur Nerven und keine Muskeln hat. »Er wußte nicht, was er mit sich und seinen Gaben anfangen sollte – er besaß Talent und konnte es nicht gebrauchen«, sagt einmal Jacobsen von ihm, diesem seinem zarten Schößling, den er zärtlich umhütet im warmen wollüstigen Treibhaus der Träume. Aber gerade diese Träume sind es, die den Niels Lyhne so schlaff, so schlapp machen, »er dichtet an seinem Leben, statt es zu leben«, er erschöpft sich in Phantasmagorien, in einer genießenden Vorlust der Geschehnisse, die dann nicht kommen, in einem Warten auf das Erleben, über dem er das Leben versäumt. Immer glaubt er, es werde auf ihn zukommen, das rote, das heiße, das glühende Leben, und ihn, der keine Kraft hat, es an sich zu reißen, mitwirbeln in sein glühendes Element, und so wartet er auf dem Blumenbett seiner Träume, allmählich einschläfernd und sich verliegend. Aber die Jahre rinnen leer dahin, und das Wunder geschieht nicht. Und da wird er immer müder – »das ewige Anlaufnehmen zu einem Sprung, der nie kommen würde, hatte ihn ermattet« –, das Gespannte schwindet aus seiner gierigen Seele und sinkt allmählich flügellahm herab; und wie dann das Erlebnis auf ihn zutritt, ist es nicht mehr das Leben, sondern schon der Tod.

So ist »Niels Lyhne« die Geschichte oder die Nichtgeschichte eines Mannes höchster Gaben, dem nur eines fehlt, um wirklich Mann zu sein: Brutalität. Er träumt immer von Kämpfen und vergeudet in diesen Träumen seine Kraft, er lebt von innen heraus, statt sich in das Wirkliche zu wenden. Und dieses ewige Unerfahrensein bei allem höchsten Wissen um sich selbst und um das Geheimste seines Innern macht diese Gestalt Knaben und Frauen, also allen jenen, die vor oder außerhalb des Lebens stehen, allen jenen, die sich immer über das Leben hinwegträumen, so teuer und so unvergleichlich. Denn wieviel Trost ist in diesen wissenden Schwelgereien der aufgeweckten Sinne für Unaufgeblühte und für Verblühte, welche Magie der Ahnung und welche Meisterschaft der Resignation. Der zarte lyrische Dunst, der über allen Szenen liegt, macht darin das ganze Leben märchenhaft, ohne daß es jemals zur Lüge wird, denn niemals stellt Jacobsen irgendeine Gestalt oder eine Situation romantisch, also unwirklich dar, er macht sie nur alle durchaus seelenhaft, durchaus körperlos, er hebt sie in jene Welt der Keats, Novalis und Hölderlin, der andern früh Verstummten, in denen das Leben, die Wirklichkeit gleichsam gewandelt erscheint in Musik. Wer in innerster Seele Tagträumer ist (und was sind Knaben, was sind verblühte Menschen anders als Tagträumer?), erkennt in ihm den Meister aller Träume, der eine unerhörte Wachheit hat im Erkennen, eine unglaubliche Kunst im Schildern, und dabei doch das Traumhafte, das Göttliche, Reine in jeder Empfindung, jedem Geschehnis bewahrt. Träume altern nicht mit den Menschen und den Zeiten: darum bleibt auch diese magische Welt von Ahnung und Verzicht für alle Zeiten wunderbar. Doch dies war es ja eigentlich gar nicht, was Jens Peter Jacobsen wollte, als er seinen »Niels Lyhne« unter die Menschen rief: er wollte sich nicht bloß ausschwelgen in Stimmung und Gedicht, ihm galt es damals mehr, als einen schwachen »Werther« seiner Zeit zu geben, der vom Gerank seiner Träume wie unter Düften erstickt wird. Sein Niels Lyhne, dieser schmächtige Halbdichter, war eigentlich als Kämpfer gedacht, als tragischer Held in dem furchtbarsten Kampf des Geistes, in dem Kampf um Gott. Ihm war die Aufgabe gesetzt, ein Opfer und Märtyrer des Gotteskampfes, des Gottesleugnertums, jenes heroischen Atheismus zu sein, der in die neue Welt die neue Botschaft rief: »Es gibt keinen Gott, und der Mensch ist sein Prophet!« Nicht das, was uns so an dem Buche bezaubert, das Seelisch-Problematische einer der Wirklichkeit nicht gewachsenen Natur, sondern das Geistige eines Ringens gegen Gott war Jacobsen in diesem seinem Roman das Wesentliche: aber freilich, dies vermag unsere Generation nicht mehr ganz zu begreifen an diesem Kampfbuche, weil wir den Kampf nicht mehr als wichtig fühlen. Wir können heute mit dem Herzen nicht mehr jene Literatur des Gotteskampfes, das Ringen um das verlorene Christentum begreifen, das damals die brennendste Frage der nordischen Jugend war und dessen letzte Revolte noch bis in die »Einsamen Menschen« Gerhart Hauptmanns hinüberflackert. Zwei Bücher hatten damals die christlich-gläubige Welt schwankend gemacht: Darwins »Entwicklungsgeschichte« und Renans »Leben Jesu«. Sie hatten unzähligen Menschen ihren Kirchenglauben entzwei gebrochen, indem sie ihnen die Offenbarung rationalisierten. Auch Jacobsen war als der dänische Übersetzer des Darwinschen Buches auf dem Wege über die Naturwissenschaft plötzlich in diesen aufrührerischen Atheismus geraten und wollte nun künstlerisch seine Konsequenzen aus dieser Entscheidung ziehen – freilich nicht so entschlossen großartig wie Nietzsche im gleichen Jahre, anno »Antichrist«, aber auch nicht so plump hochmütig wie Haeckel und seine deutschen Monistentrabanten. Ihm war es darum zu tun, den Gedanken ins Dichterische zu erlösen, den Atheismus als Seelenkraft zu zeigen, als eine Befreiung von innen. Aber wie alles nahm bei ihm auch der Atheismus traumhaft ätherische Formen an – »ihre Freidenkerei war etwas unklar vage und romantisch national«, sagt er in einem Brief von der Generation, die er schildern will, und bekennt, »in meiner Erzählung steht das nur unklar«. Auch zum geistigen Gebilde fehlten ihm jene Muskeln, jene rasende Schwungkraft eines Nietzsche, der mit geballter Faust anrannte gegen Gott und das Christentum; auch hier, im Geisteskampf, konnte Jacobsen nicht hart sein. Und so bricht Niels Lyhne vorzeitig zusammen: der als Knabe trotzig die Hand gegen Gott gehoben, als er ihm Edele nimmt, wirft sich vor seines eigenen Knaben Sterbebett demütig vor dem Verleugneten wieder in die Knie. Ein Besiegter des Lebens kann immer nur Besiegte darstellen, und die Gewalt der Leidenden liegt einzig darin, das Leiden zu verklären. Und Verklärung, Sublimierung, Weltentrückung ist dieses Schwachen höchste Magie. Auch das Geistige in Jens Peter Jacobsen wird niemals zum Begriff, zu geschliffener Wehr, sondern schmilzt hin in Musik und Gedicht, all seine Siege sind im Leise-Werden, und seine Triumphe verklingen als erhabene Resignation.

Aber diese leise Musik Jens Peter Jacobsens, sie gehört zu

den unvergeßlichen unserer Welt: nur jene Debussys ist ihr zu vergleichen, der auch seine Harmonien zärtlich durch alle Dissonanzen sucht und, jede Vehemenz wissend vermeidend, eine höchste Wirkung durch Stille findet. Man muß selbst irgendwie bereitet mit Traumfreude, irgendwie imprägniert mit Stille sein, um ihre Musikalität (die andern einförmig und kraftlos scheint) als Vielfalt und Farbensymphonie zu empfinden. Wen aber dieser zitternde zarte Ton einmal im Innersten berührt, wer ihn gespürt und wie eine Sprache beredt empfunden, wird ihn nicht mehr vergessen, und man muß sich nicht schämen, als Knabe, wo man das Wirkliche nur durch einen Morgendunst der Ahnung und alle Gefühle durch ein Sordino der Verhaltenheit empfand, Jacobsen so geliebt zu haben: denn noch immer sind im magischen Schrein seiner Bücher alle Düfte, Stimmen und Essenzen der Natur, alle Kostbarkeiten der Seele versammelt. Und man muß nur wieder zurücklernen, rein, erwartungsvoll und ehrfürchtig zu empfinden, um wieder ganz seines Geheimnisses teilhaftig zu sein.

Rabindranath Tagores
»Sadhâna«

DER JÜNGERE SCHRIFTSTELLER (bei seinem Freunde eintretend): Ich hoffe dich nicht zu stören.

DER ÄLTERE SCHRIFTSTELLER (ein Buch weglegend): Durchaus nicht.

DER JÜNGERE: Was ist das für ein Buch?

DER ÄLTERE: Rabindranath Tagores philosophisches Werk »Sadhâna« (»Der Weg zur Vollendung«), das eben bei Kurt Wolff deutsch erschienen ist.

DER JÜNGERE: Und das hast du jetzt Lust zu lesen? Ich verstehe dich nicht.

DER ÄLTERE: Warum sollte ich das neue Buch Tagores zu lesen nicht den Wunsch und sogar Eile haben? Und wieso ist dir dieses Bedürfnis mit einem Male so unbegreiflich? Es ist doch erst zwei Monate her, da saßen wir hier beisammen in diesem Zimmer, lasen die »Stray Birds«, und du warst wie ich hingerissen von der kristallenen Einfachheit dieser Verse, von der hohen und in einem reinen Sinn einfältigen dichterischen

Bindung, die aus ihrer Fremdheit sich selbst eine neue Melodie schuf. Wir waren beide beglückt, daß gleichsam in eine Pause der dichterischen Offenbarung in Europa dieser neue Rhythmus trat und, wenn ich nicht irre, warst du es selbst, der in diesen Versen eine ahnende Ankündigung neuer Religiosität erblicken wollte.

DER JÜNGERE: Ja, das ist richtig, ich habe damals Rabindranath Tagore wirklich wie eine Art Offenbarung empfunden, und in einem Jahr oder in zwei Jahren werde ich ihn wahrscheinlich wieder lesen können, nur jetzt, gerade in diesem Augenblick, ist es mir unmöglich, gegen ihn ganz gerecht zu sein. Ich kann im Augenblick seinen Namen nicht aussprechen hören, ich mache einen Bogen um jede Buchhandlung, um dort nicht vierzigfach auf jedem Umschlag immer wieder dasselbe Gesicht des indischen Magiers mir besonnt entgegenlächeln zu sehen, es ist mir gräßlich, in einen Tramwaywagen, in eine Bahn einzusteigen, weil gewiß dort irgendein Bürgermädchen oder ein Jüngling – in der Bahn! – seine Verse liest, und ich mußte mich geradezu bezwingen, um nicht mich über die Darmstädter Idolatrie, die feierliche Erhebung zum Weltpoeten, in bösartigster Weise lustig zu machen. Ich vertrage es eben nicht, wenn das, was ich einmal für mich liebte, zur Sensation und zum Tangopausengespräch, wenn irgendwo mit einem Dichter, den ich verehre, ein Rummel schausüchtig inszeniert wird. So lange biege ich um die Ecke und lege seine Bücher in das unterste Schubfach.

DER ÄLTERE: Du machst also ein Werk für seine Wirkung, einen Dichter für seine Bewunderer verantwortlich. Du hättest also vor hundertfünfzig Jahren nur aus dem Grunde, weil die Modeaffen sich à la Werther kostümierten, keine Zeile von Goethe mehr gelesen oder Lord Byron, als er der Löwe der Londoner Gesellschaft wurde, ein Jahrzehnt gegrollt? Ich weiß, es ist in Deutschland Sitte, einen Autor sofort, wenn er zehn Auflagen hat, für einen Dummkopf oder einen Schwindler zu erklären, aber ich tue da nicht mit. Wenn ich einmal einem Dichter Vertrauen aus eigenem Kunstbewußtsein in klarem Gefühl gewährt habe, so mißtraue ich ihm auch nicht im Erfolg.

DER JÜNGERE: Ich mißtraue auch nicht ihm, sondern ich mißtraue eigentlich mir selbst und frage, ob ich damals in einer ersten Hitze, vom Neuartigen seiner Erscheinung überrascht, ihn nicht zu hoch eingestellt habe. Denn wenn ein Dichter von einem Gedichtband in Deutschland 70 000 Exemplare innerhalb eines Jahres verkauft, so ist das für mich immer eine Warnung, diesem Dichter schärfer auf die Finger zu passen, denn nur das Verdünnte rinnt immer über ins Breite. Von Goethes »Westöstlichem Divan« waren nach fünfzig Jahren nicht soviel Exemplare verkauft wie nach fünf Monaten von dem ärmlichen Nachguß Bodenstedts »Mirza Schaffy«, und so frage ich mich, ob das Indische in Rabindranath Tagore, das mich zuerst bezauberte, nicht auch eine solche dünne Dosierung ist, ein gezuckertes Destillat, weil es so vielen in Deutschland so ausgezeichnet mundet. Du wirst mir doch zugeben, daß die plötzliche buddhistische Neigung in Deutschland nicht gerade ein Erfreuliches ist.

DER ÄLTERE: Kein Erfreuliches, aber ein sehr Erklärliches. Ich muß von mir selbst sagen, daß ich mich seit einigen Jahren um die indischen Dichter und Philosophen sehr intensiv gekümmert habe, die früher meinem Gedankenkreis absolut ferngestanden sind. Und das scheint mir davon zu kommen, daß die drei wesentlichsten Probleme, die uns durch den Krieg eindringlich in das Bewußtsein gedrängt worden sind, das Problem der Gewalt, das der Macht und das des Besitzes, von keiner Nation so eigenartig, so tief und so menschlich betrachtet worden sind wie von den Indern. Hier finden wir unsere aktuelle Problematik mit einer ganz selbstverständlichen Entschiedenheit beantwortet, und der ganze Wahnsinn unserer Betriebsamkeit und Organisation, unserer Kriegswut und unseres Nationalismus wird erst recht klar, wenn wir ihn gleichsam von außen, aus der Hemisphäre eines andern Denkens und Fühlens übersichtlich betrachten. Darum wirkt Rabindranath Tagore, der als Lebendiger die Gültigkeit dieser alten Erkenntnis bezeugt und erneut, so unwiderstehlich verlockend auf die Massen wie auf den einzelnen.

DER JÜNGERE: Gegen diese ideelle Einstellung habe auch ich keinen Einspruch. Im Gegenteil: ich halte die Wirkung Tagores, die Verneinung seines Nationalismus, die Höhe ethischer Kraft, die von seinem Wesen ausgeht und endlich einem Dichter wieder nicht-literatenhafte Macht zurückgibt, für einen der wenigen geistigen Glücksfälle unserer an moralischen Persönlichkeiten so armen Epoche. Mein Mißtrauen wendet sich ja nur gegen das Dichterische in ihm, und eben um des Erfolges willen. Du wirst mir doch nicht ableugnen wollen, daß das Kunsturteil der Masse immer das Elementare verneint und einzig das Epigonische begrüßt. Wo das Publikum ja sagt, ist im Dichter immer etwas verdächtig.

DER ÄLTERE: Ich leugne auch durchaus nicht, daß das Kunsturteil des großen Publikums immer mit unfehlbarer Sicherheit sich für das Zweitklassige entscheidet. Es liebt das Halbechte, das Bequeme, das Rosenfarbene, das Imitative zu allen Zeiten und in allen Epochen. Aber in einem dürfen wir die große Masse doch niemals unterschätzen, nämlich in ihrem Instinkt. Die Menschen haben ein wundervolles Gefühl dafür, welcher Dichter für sie dichtet, zu ihrem Nutz und Frommen, welcher Dichter ihnen helfen will und bei jeder Zeile, die er schreibt, an die Menschlichkeit denkt. Und dieser sehr natürliche Instinkt läßt die Menge kalt sein gegen die andern Künstler, die eigentlich nur für sich selbst schaffen oder für den höchst imaginären Begriff der Kunst und der Kunstvollendung. So wie die Hunde plötzlich auf der Straße einem Menschen zulaufen, der Hunde liebt, ohne daß es durch irgendein äußerliches Zeichen erkenntlich wäre, so strömen die Menschen mit ihrem Vertrauen unbewußt dem Dichter entgegen, der mit jeder Zeile, die er schreibt, nicht an sich, sondern einzig an sie denkt. Die ungeheure Wirkung Tolstois und jene Rollands (denen du doch gewiß höchste moralische Qualitäten zubilligen wirst) ist nur daraus zu erklären, daß die Menschen in diesen Dichtern einen Willen zur Hilfe, ein Zu-ihnen-Sprechen mit einem dumpfen Instinkt urmächtig spüren.

DER JÜNGERE: Und wie wäre das – du verzeihst, wenn ich dich unterbreche –, dann bei der Courths-Mahler, bei Hermann Sudermann und Otto Ernst?

DER ÄLTERE: Auch hier ist es in gewissem Sinn der gleiche Fall, auch diese Dichter schreiben für die Menschen, allerdings nicht im hohen Sinn, um ihnen geistig zu helfen, sondern um sie zu unterhalten, um ihnen das Leben so darzustellen, wie sie es gerne sehen möchten, und nicht, wie es wirklich ist. Auch diese Dichter schreiben – natürlich nicht aus einem Willen, sondern aus irgendeiner Impotenz des Persönlichen – nicht aus ihrem eigenen Optimismus heraus, sondern aus jenem der Menge. Sie schämen sich nicht, sich gemein zu machen, und auch diese Gemeinsamkeit ist eine Bindung, die zu leugnen vergeblich wäre.

DER JÜNGERE: Ich könnte dir darauf ausführlich erwidern, denn mir scheint diese Zusammenstellung des Reinsten und Kleinsten in der Kunst etwas gefährlich, aber ich möchte nicht abweichen von dem Fall Tagore. Das Buch, das du da vor dir liegen hast, ist, wenn ich nicht irre, ein philosophisches. Da ist für mich nun die erste Frage, ob es irgendwelche neuen Ideen zum Ausdruck bringt und nicht, ob diese Ideen irgendwelchen stimulativen oder beruhigenden Effekt auf den Menschen ausüben.

DER ÄLTERE: Mir ist nicht ganz klar, was du «neue» Ideen nennst. Die Gedanken, die Rabindranath Tagore in der »Sadhâna« entwickelt, sind natürlich alt, ja sogar uralt, sind die ewig alten Ideen, die du überall findest, in jedem ganz großgeistigen Menschen, in jeder Religion und in jedem Dichter. Es sind etwa die Gedanken, daß der Mensch nicht an Besitz und Macht arbeiten solle, sondern an seinem ganzen innern Ich, an seinem wahren Ich, durch das er mit der Gottheit verbunden ist. Bei solchen Urideen, wenn ich sie so nennen darf, kommt es einzig nur auf die Form, den Ausdruck, die Deutlichkeit und die dichterische Formulierung an, und die scheint mir in diesem Buch einen wirklich ganz hervorragenden Grad erreicht zu haben. Der Begriff des Gottes, des Alls, des Ich ist hier gleichsam aus einem andern Material herausgearbeitet als bei den antiken und neuzeitlichen geistigen Bildern, und in der Sprache waltet eine so wohltuende Wärme und doch leidenschaftslose Sinnlichkeit, daß auch der einfachste, der primitivste Mensch sie seelisch zu durchdringen vermag, was doch, wie du mir zugeben wirst, einen ganz ungeheuren Gegenwert bedeutet gegen unsere philosophischen Werke, die im eigenen Jargon abgefaßt sind und ihre Sprachunkraft hinter einer lateinisch-griechischen Terminologie priesterlich verstecken. Die Klarheit von Tagores dichterischer Diktion wäre allein schon ein vorbildlicher Gewinn für unsere ganze philosophische Generation.

DER JÜNGERE: Aber führt diese Klarheit nicht auch – ich kann den Verdacht nicht verschweigen – zu einer gewissen Banalität? Ich finde es furchtbar gefährlich, wenn jemand über die Welträtsel und die letzten Dinge so unbefangen sprechen kann. Ich habe das Gefühl, daß das Letzte solch einer Erkenntnis sich niemals in das Wort kristallisiert, sondern irgendwie, wie bei den deutschen Mystikern, in einem herrlichen chaotischen

Zustand verharrt, mehr ahnend zu begreifen, als mit dem common sense, dem allgemeinen Sinn, zu erfassen. Der wirkliche Philosoph hat doch nicht die Klarheit a priori, sondern man ringt schaffend erst um sie.

DER ÄLTERE: Dein Einwand ist ganz richtig, und wenn mich etwas stört in dem Buche Tagores, so ist es auch die gewisse Mühelosigkeit, die Taschenspielerei, mit der er die schwierigsten Begriffe, an denen die Menschheit seit der Stunde ihrer Schöpfung ringt, freundlich heiter, ganz ohne Qual und Denkaffekte erledigt. Tod und Übel, die schlimmen Instinkte streicht er mit einer gewissen milden Handbewegung zur Seite, und ich muß dir nochmals recht geben in dem, was du richtig ahnend spürst, daß hier in diesem Buch sich nicht das wundervollste Schauspiel der Welt auftut, nämlich das, wie der chaotische, ungewisse Mensch mit Fieber und Verzweiflung in denkender Not um ein Gesetz, eine Harmonie ringt. Sondern diese Harmonie ist in Tagore gewissermaßen schon von Anfang da, sie ist mit einer gewissen Lauheit des Blutes, mit der indischen Weichheit ihm von je eingeboren, und er gibt dieses harmonische Gefühl einfach nur an seine Schüler und an die Menschen weiter.

DER JÜNGERE: Natürlich ist diese seine Lehre durchaus weltbejahend und optimistisch: das erklärt mir auch ihren Erfolg, denn schließlich wollen die Menschen ja immer das alte Narrenwort hören, daß unsere Welt die beste aller möglichen Welten sei.

DER ÄLTERE: Auch darin ist etwas Wahres. Die Weltanschauung Tagores ist natürlich optimistisch, aber ich zweifle ja selbst, wie ich dir sagte, ob man sie wirklich eine Weltanschauung nennen dürfe und nicht besser eine Weltpredigt. Tagore will mit seinem Buch nicht für sich die Welt ins klare bringen, sondern den Menschen, uns Europäern vor allem, die er für Abgeirrte hält, auf den Weg helfen, und diese Hilfsbereitschaft gibt seinem Buch etwas unvergleichlich Rührendes. Ich schlage dir hier zum Beispiel nur die Stelle auf, wo er über den Tod spricht, und will sie dir vorlesen:

»Wenn wir unsere ganze Aufmerksamkeit auf die Tatsache des Todes richteten, so würde uns die Welt wie ein ungeheures Leichenhaus erscheinen, aber in der Welt des Lebens hat der Gedanke an den Tod die denkbar geringste Gewalt über unsern Geist. Nicht weil er die am wenigsten sichtbare, sondern weil er die negative Seite des Lebens ist. Das Leben als Ganzes nimmt den Tod nie ernst. Es lacht, tanzt und spielt, baut Häuser, sammelt Schätze und liebt, dem Tode zum Trotz.

Nur wenn wir einen einzigen Todesfall für sich betrachten, starrt uns seine Leere an, und wir werden von Grauen erfaßt. Wir verlieren das Ganze des Lebens, von dem der Tod nur ein Teil ist, aus dem Gesicht. Es ist, wie wenn wir ein Stück Zeug durch ein Mikroskop betrachten. Es erscheint uns wie ein Netz; wir starren auf die großen Löcher und meinen die Kälte hindurchzuspüren. Aber in Wahrheit ist der Tod nicht die letzte Wirklichkeit. Er sieht schwarz aus, wie die Luft blau aussieht; aber er gibt unsrem Dasein ebensowenig seine Farbe, wie die Luft auf den Vogel abfärbt, der sie durchfliegt.«

Ist das nicht Tröstung? Glaubst du nicht, daß, wenn irgendein Kranker oder Leidender solche erhabenen, reinen und in irgendeinem Sinn auch wahren Worte liest, er diesem Buche, diesem Menschen unendlich dankbar sein muß? Und so würdest du von Blatt zu Blatt irgendeinen Satz finden, wo eine vielleicht bestreitbare Erkenntnis in so reiner dichterischer Form, mit solcher menschlichen Durchdringung dargestellt ist, daß sie dich wohltätig anweht und du unwillkürlich in Liebe aufgehen würdest zu einem solchen Menschen, der in so hohem Maße nicht nur den Willen, sondern auch die Fähigkeit zur Tröstung hat. Es muß ja nicht alles rein literarisch gewertet sein, und gerade bei Tagore dürfen wir uns am wenigsten darum kümmern, in welchem Maße er ein Neubildner, ein Urschöpfer ist. Nehmen wir ihn, wie er ist, dankbar hinein in unsere Zeit, der er so viel wie ganz wenige gegeben durch den Adel seiner Haltung, die Harmonie seines Wortes, den reinen Atem seiner Menschlichkeit. Anderen gegenüber wollen wir wieder kritisch sein: dem Gütigen laß uns nur Dank haben. So, und nun wollen wir gehen! Du erlaubst doch wohl, daß ich das Buch mitnehme. Oder schämst du dich, mit mir zu gehen, wenn ich ebenso wie 30 000 Deutsche ein Buch Tagores heute in Händen halte?

DER JÜNGERE: Durchaus nicht. Nur möchte ich dich bitten, den Umschlag mit dem Photographiebild Tagores abzunehmen. Mir ist es irgendwie unangenehm, diesem reinen Antlitz, diesen gütigen Augen wie einem Odolplakat an allen Ecken und Enden zu begegnen. Zu Hause will ich es mir selbst gern aufstellen, aber im Gassenladen stört es mich immer trotz aller Dauerargumente. Und was »Sadhâna« betrifft, so will ich es gerne auch im Tagore-Jahr lesen. Du leihst mir doch hoffentlich das Buch!

DER ÄLTERE: Nein, das nicht. Denn »Sadhâna« ist ein Buch, das schön genug ist, daß man es selbst besitzen soll, und du sollst es dir kaufen, auch wenn du damit der achtzigtausendste Deutsche wirst.

Das Drama
in Tausendundeiner Nacht

Die Entdeckung des Ostens bedeutet die letzte der drei gewaltigen Erweiterungen des europäischen Horizonts. Die erste große Entdeckung europäischen Geistes war in den Tagen der Renaissance die der Antike, der eigenen großen Vergangenheit. Die zweite, fast gleichzeitige Entdeckung war die der Zukunft: Amerika tauchte auf hinter einem bisher unendlich gewähnten Ozean. In gewaltige Ferne rückte sich der Horizont, unbekannte Länder, fremde Vegetationen wirkten aufreizend auf die geweckte Phantasie und füllten den europäischen Geist mit neuen Voraussetzungen und unbegrenzten Möglichkeiten. Die dritte Entdeckung, die nächstliegende, von der man eigentlich nicht recht begreift, wieso sie so spät gekommen, war die des Ostens für Europa. Alles, was ostwärts lag, blieb uns durch Jahrhunderte in Geheimnis gehüllt; vom Orient, von Persien, Japan und China kamen nur zweifelhafte und fast legendäre Berichte herüber, und selbst Rußland, das benachbarte, dämmerte bis in unsere Zeit im seltsamsten Nebel der Fremdheit. Noch heute sind wir hier mitten im Anfang eines geistigen Erkennens, das durch diesen Krieg in gewaltsamer und darum vielleicht nicht genug objektiver Weise beschleunigt wurde.

Jene erste Botschaft der morgenländischen Welt brachte zur Zeit des Erbfolgekrieges ein kleines Büchelchen nach Frankreich, die heute längst überholte Übertragung Gallands, eines gelehrten Mönches, aus Tausendundeiner Nacht. Man kann sich jetzt keine rechte Vorstellung mehr von dem ungeheuren Aufsehen machen, das diese ersten Bändchen hervorriefen, wie fremd und phantastisch sie auf europäisches Gefühl wirkten, so sehr sie sich auch äußerlich dem modischen Geschmack anzupassen suchten. Mit einem Male war der alten Welt da ungeahnter Reichtum einer Fabelkunst aufgetan, die in seltsamem Kontrast zu der steifen französischen Hofpoesie und zur Simplizität der »contes des fées« stand, und das Publikum – das ja zu allen Zeiten naiv ist – berauschte sich an diesen Zaubererzählungen, an diesem Haschisch unendlicher Träume. Hier fanden sie entzückt eine Art der Dichtung, die sich regellos und mühelos genießen ließ, wo der Verstand ausruhte und die Phantasie aufschweben konnte in ihr heimisches Gebiet, ins Grenzenlose, Kunst ohne Schwere, ohne Sinn, ja ohne Kunst fast, und seit jenen Tagen der ersten Begegnung hat man sich gewöhnt, diese Märchen mit einem gewissen Hochmut als argloses Kunterbunter, als sinnlos farbiges Durcheinander kurioser und seltsamer Geschichten zu betrachten, als anonymes Werk, ohne sonderlichen Kunstwerk, ohne Dichter und Gestalter. Vergebens hatten einzelne Gelehrte den hohen künstlerischen Wert dieser Sammlung betont, hatte eine ganze Wissenschaft die Wanderung einzelner Motive bis in ihre Urheimat nach Persien und Indien zurückverfolgt, immer aber blieb noch dieses anonyme Werk ohne Dichter, und diesen gefunden, wenn auch nicht benannt zu haben, ist das Verdienst eines schlichten Menschen in unserer Welt, der hier mit keinem anderen gelehrten Apparat als der nachfühlenden und nachspürenden Liebe sich auf den Weg gemacht hat. Adolf Gelber hat in zwanzig Jahren aus seinem Leben alles für dies Werk genommen, was ihm von seinem Beruf an Zeit übrig blieb – ähnlich wie Fritz Mauthner in Berlin in einem halben Lebensalter seine Kritik der Sprache unterirdisch neben seiner publizistischen Tätigkeit schuf –, und das Resultat ist ein wirklich erstaunliches, belehrend und anregend zugleich. Denn wer diese wundervolle Welt der orientalischen Phantasie, diese Zauberkette der Erzählungen schon vordem liebte, wird nun erst gewahr, ein wie weiser Sinn in der anscheinend zügellos schweifenden Anordnung waltet und wie wertvoller menschlicher Kern hier hinter der schillernden Schale des Märchens verborgen liegt.

Bisher empfand man dieses zwölfbändige Epos des Orients so: hier waren tausend bunte, kluge, dumme, spaßige und ernste, fromme und phantastische, laszive und doktrinäre Geschichten in wirrem Durcheinander in die enge Hürde einer dünnen Rahmenerzählung getrieben, eine an die andere gekoppelt von einem nachlässigen, kunstlosen, verantwortungslosen Kompilator, und es war gleichgültig, ob man's von rückwärts nach vorne oder von vorn nach rückwärts las, dieses zwölfbändige Buch, dieses Chaos von Phantasmagorien. Gelbers Buch, ein kluger und aufmerksamer Begleiter, weist einem zum erstenmal den Weg in dieser tropischen Wildnis, er zeigt den offenbaren geistvollen Sinn der Anordnung und entdeckt den Dichter im Kompilator. Wie er es uns aufklärt – und diese seine Darstellung wird zwingend –, ist Scharyar, dieser schattenhafte König, der sich in langen Nächten Märchen um Märchen erzählen läßt, eine tragische Figur, Scheherezade eine Heroine und das ganze Buch, die tausend und tausend Seiten anscheinend wahlloser Erzählung ein einziges Drama von Spannung und Bewegung, ein Drama, das in Gelbers Sinn nachzuerzählen und nachzudichten von höchstem psychologischen Anreiz ist. Scharyar, den König, ihn fühlten wir bisher bloß als Schreckfigur aus dem Puppenspiel, halb Holofernes, halb Blaubart, der jeden Morgen das Mädchen, das er zu seiner Gattin gemacht, in blutgieriger Tyrannei dem Henker überliefert und den Scheherezade, der ewige Schalk im Weibe, von Nacht zu Nacht um ihren Tod betrügt, indem sie eine märchenhafte Geschichte erzählt, und immer wenn der Morgen graut, im spannendsten Augenblicke abbricht. Eine geriebene Betrügerin, so fühlten, so werteten wir sie bisher, deren ganzer Kunstgriff darin bestand, den bösartigen König in seiner Neugier zu packen und ihn am spitzen Widerhaken der Spannung zappeln zu lassen wie einen gefangenen Fisch. Aber das Mädchen ist weiser und sein Dichter unendlich tiefsinniger. Dieser fremde Mensch vor hundert und hundert Jahren, dessen Namen niemand weiß, ist ein wahrhaftiger Tragiker, und was er hier an Schicksal und Spannung zwischen diesen beiden Menschen aufrollt, ein Drama, gleichsam schon griffbereit für einen späteren Gestalter.

Versuchen wir es in Gelbers Sinn zu erzählen. Die Szenerie: der Orient mit dem sternprächtigen Himmel, der frei in das offene Schicksal der Straßen und Basare schaut, die unverschlungene Welt der einfachen Leidenschaften. Der Schauplatz: ein Königspalast von morgenländischer Pracht, aber umwittert von jener Spur des Grauens, wie die Königsburg von Mykenä und die Paläste der Orestie. Und darin der König des

Schreckens, das frauenmörderische Ungeheuer, der Tyrann Scharyar. Die Szene ist gestellt, die Figuren geordnet, ein Drama kann beginnen. Aber dieses Drama hat ein Vorspiel in der Seele des Königs. Scharyar, der König, ist in der Tat ein Tyrann, ein mißtrauischer, blutdürstiger, ungläubiger Mensch, der die Liebe mißachtet und die Treue verhöhnt. Aber er ist nicht immer so gewesen. Scharyar ist ein Enttäuschter. Er war vordem ein gerechter, ernster, pflichtbewußter Herrscher, glücklich mit seiner Gattin, weltvertrauend wie Timon von Athen, arglos wie Othello. Da kommt sein Bruder von ferner Reise gebrochenen Herzens und erzählt ihm sein Geschick, daß seine Frau ihn mit dem schmutzigsten seiner Knechte betrogen. Der König bedauert ihn, noch ahnt er den Argwohn nicht. Aber dieser Bruder, dessen Auge gewitzt ist an eigener Erfahrung, erkennt bald, daß seines Bruders Ehe wie die seine vom Wurmstich der weiblichen Untreue zerfressen ist. Vorsichtig bedeutet er's Scharyar. Der weigert sich, dem bloßen Wort zu glauben. Wie Othello, wie Timon fordert er einen Beweis für die Niedertracht der Welt, ehe er sie anerkennt. Und bald muß er schauernd erkennen, daß jener nur zu wahr gesprochen und seine Frau ihn mit einem niedrigen Negersklaven entehrt, daß all seine Höflinge und Sklavinnen längst darum wußten und nur seine Güte ihn blind gemacht. Mit einem Male bricht die Welt des Vertrauens in ihm zusammen. Sein Gemüt verdüstert sich, er vertraut keinem Menschen mehr. Die Frauen sind für ihn ein Geschlecht aus Lüge und Betrug, die Diener eine Horde von Schmeichlern und Lügnern, sein Geist, sein verbitterter und umnachteter, empört sich wider die Welt. Er könnte Othellos Monolog sprechen oder die Anklage Timons, die Worte aller großen Enttäuschten. Aber er ist ein Gewalttätiger, ein König, er spricht nicht viel, sein Zorn spricht mit dem Schwert.

Seine erste Tat ist Rache, ein beispielloses Gemetzel. Seine Frau und ihr Buhle, all die Sklavinnen und Knechte, die um diesen vertrauten Verkehr wußten, büßen mit dem Tode. Aber was nun? Der König Scharyar fühlt sich in der Kraft seiner Jahre, und sein Verlangen nach der Frau ist nicht gestillt. Als Orientale hat er das Bedürfnis nach der wohligen Nähe des Weibes, als König ist er zu stolz, ihm mit Sklavinnen und Dirnen zu frönen. Er will Königinnen haben, aber doch auch die Gewähr, nicht mehr betrogen zu sein. Er will in dieser Welt einer schranken- und treulosen Moral die Sicherheit der Ehre und will zugleich den Genuß. Menschlichkeit erkennt er nicht mehr an: so wächst in dem Despoten der Plan, jede Nacht eine Tochter von den Edlen des Landes, eine Unberührte, zur Königin zu machen und am nächsten Morgen sie töten zu lassen. Jungfräulichkeit ist ihm die erste Gewähr der Treue, der Tod die zweite. Von dem Brautbett stößt er die Erwählte immer gleich dem Henker zu, damit ihr keine Zeit bleibe, ihn zu betrügen.

Nun hat er Sicherheit. Jede Nacht wird ein Mädchen ihm zugeführt und stürzt von seiner Umarmung in das Schwert. Grauen erfüllt das Land, und wie in den Tagen des Herodes, der die erstgeborenen Söhne von seinen Häschern vertilgen ließ, schreit das Volk machtlos wider den Despoten. Die Edlen des Landes, die Töchter haben, tragen Trauer um ihre Kinder, noch ehe sie ihnen entrissen werden, denn sie wissen: eine nach der andern rafft der Moloch seines Mißtrauens hinweg, alle opfert er seinem grausamen Wahn. Sein finsterer Ingrimm kennt keine Schonung und in seiner verdüsterten Seele leuchtet etwas flackernd auf von fanatischer Rache, daß nun er nicht mehr der Betrogene des Weibergezüchtes ist, sondern daß er als einziger die Frauen um ihren Betrug betrügt.

Und nun, meint man, würde das tragische Märchen weitergehen, daß endlich auch Scheherezade, die Tochter des Großwesirs, gerufen würde an das Königsbett, und die Listige in ihrer Verzweiflung, im bitteren Kampf um ihr Leben, Märchen und Schwänke dem Trübsinnigen erzählte, Lachen auf den Lippen, Todesangst im Herzen, um den Despoten für sich zu gewinnen. Aber wieder ist das Märchen weiser und der Dichter wissender, als wir vordem meinten, denn ein ganz großer dramatischer Dichter ist dieser Anonymus von Tausendundeiner Nacht, einer, der alle Tiefen des menschlichen Herzens kennt und die unsterblichen Gesetze der Kunst. Scheherezade wird nicht zum König gerufen. Sie, als die Tochter des Großwesirs, der schaudernd die Befehle des Herrn vollzieht, ist ausgenommen von der furchtbaren Bestimmung, sie kann frei ihren Gatten wählen und darf sich heiter ihres Lebens freuen. Aber wunderbar und doch im tiefsten wahr: gerade sie, die nicht gezwungen ist, diesen Weg des Blutes und des Grauens zu beschreiten, gerade sie tritt eines Tages freiwillig vor ihren Vater und bittet, zum König geführt zu werden. Es ist etwas von Judiths Entschluß in dem ihren, von der Heroine, die sich opfern will für ihr ganzes Geschlecht, aber vielleicht noch mehr von dem Wesen der Frau überhaupt, die vom Ungewöhnlichen angezogen, vom Außerordentlichen angelockt, von der Gefahr an und für sich bezaubert wird. So wie Blaubart mehr neue Frauen anlockt dadurch, daß er die früheren tötet, als wenn er sie vergöttert hätte, so wie Don Juan durch die Legende seiner Unwiderstehlichkeit die Mädchen verleitet, ihm zu widerstehen, und sie dem Versuch dann doch zur Beute fallen, so zieht auch dieser blutige König Scharyar, dieser dunkelhäutige Wüstling und Despot, gerade durch sein Wüten gegen die Frau und ihre Art magisch die kluge, unschuldige, jungfräuliche Scheherezade an. Es drängt sie zu ihm, wie sie meint, ein Erlöserdrang, der Wunsch, ihn vom täglichen Morde zu bekehren, in Wirklichkeit ist es wohl mehr, als sie weiß, ein tiefes, mystisches Verlangen nach dem Abenteuer, nach dem furchtbaren Spiel um Liebe oder Tod. Der Vater, der Großwesir, erschrickt. Ist er es doch selbst, der täglich die zitternden Opfer seines Herrn vom warmen bräutlichen Pfühl des Königsbettes zum kalten Tod hinzuleiten hat. Er versucht, Scheherezade den tollkühnen Gedanken auszureden. In bildhafter Rede und Gegenrede tauschen sie ihre Argumente, aber der alte Mann vermag nichts wider sein opferglühendes ekstatisches Kind. Sie will zum König. Diesen Wunsch wagt er nicht zu verwehren. Denn trotz allem fürchtet er für sein Leben mehr als für das ihre, er ist, wie meist die Väter von Heroinen, ein Sentimentaler. So tritt er hin vor den König und meldet dem Erstaunten den Entschluß seiner Tochter. Scharyar warnt ihn, daß auch ihr keine Gnade zuteil werde, düster senkt der Diener und Vater sein Haupt. Er kennt das Verhängnis. Das Schicksal nimmt seinen Lauf und Scheherezade erscheint, geschmückt wie ein Brautopfer, vor dem König.

Diese erste Nacht Scheherezades beginnt wie alle andern als eine Liebesnacht. Sie verwehrt sich dem König nicht und stellt nur eine Bitte, als er die Tränen in ihren Augen bemerkt, ihre liebste Gespielin, die jüngere Schwester Dunyazad noch sehen zu dürfen, ehe der Morgen ihres Todes graut. Und der König gestattet es. Kaum aber daß Mitternacht vorüber ist, bittet die jüngere Schwester, wie die ältere ihr klug vorauswissend befohlen, sie möge eine Geschichte erzählen, »unterhaltsam und ergötzlich, um die wachen Stunden des Restes der Nacht zu betäuben«. Scheherezade erfragt vom König die Erlaubnis, und der König, der schlaflos und rastlos ist, wie alle Blutigen, verstattet es gern.

Nun hebt Scheherezade zu erzählen an. Aber nicht ein Scherzhaftes erzählt sie, eine spaßige Schnurre, eine kuriose Geschichte, sondern ein Märchen. Ein süßes, einfältiges Märchen vom Wanderer, vom Dattelkern und einem Schicksal. Doch in diesem süßen Märchen ist der bittere Schmack einer Wahrheit. Es ist eine Geschichte vom Schuldigen und Unschuldigen, von Tod und Begnadigung, eine Geschichte, die anscheinend absichtslos ist und doch scharf wie ein Pfeil auf das Herz des Königs zielt. Eine zweite Erzählung fließt gleichsam in die erste ein, wieder eine von Schuld und Unschuld. Sie erzählt ihm, die Kluge, im letzten seine eigene Geschichte, wenn sie von dem Fischer berichtet, der eine Flasche aus dem Meere zieht, in der ein Geist verschlossen ist mit dem Siegel Salomonis, der, mächtig auffahrend aus seinem Gefängnis, den Wohltäter erschlagen will. Zwar den Ersten, der ihn befreite aus seiner Düsternis, so hatte der Gefangene voreinstens geschworen, wollte er zum Reichsten der Erde machen. Aber als tausend und tausend Jahre vergingen und niemand kam, der ihn erlöste, hatte er im Zorne geschworen, den Ersten, der als Befreier käme, zu töten. Und schon hebt er die Faust über seinen Wohltäter. Scharyar horcht auf. Ist sie vielleicht auch gekommen, ihn zu befreien aus dem dunklen Gefängnis der Melancholie, des Grams und des Irrwahns, in dem er gefangen ist von einem grausamen Geist? Und will er sie nicht auch töten, die ihn erlösen will zur Heiterkeit? Aber schon erzählt Scheherezade weiter, eine andere Geschichte, ein anderes Märchen. Bunt sind sie alle, arglos und kindisch scheinen sie, und doch wiederholen sie alle mit seltsamer Eindringlichkeit dasselbe Problem von Schuld und Schonung, von Grausamkeit und Undankbarkeit und von Gottes Gerechtigkeit. Scharyar hört zu. Er spürt hier Fragen, die er zu Ende denken will, Probleme, die ihn beklemmen und beunruhigen. Er beugt sich vor, lauscht unruhiger im angestrengten Empfinden eines, der eines Rätsels Lösung finden will. Da bricht Scheherezade mitten in der Geschichte ab, denn der Morgen dämmert. Die Stunden der Liebe und der Leichtigkeit sind vorbei. Nun soll sie zum Schafott. Die Geschichte ist noch nicht zu Ende, doch ihr Leben.

Sie soll zum Schafott. Das nächste Wort des Königs wird sie töten. Aber der König zögert. Die Geschichte ist noch nicht zu Ende, die sie begonnen, und in ihm dunkles Fragen nicht gestillt, das mehr ist als gemeine Neugier und kindische Horchlust. Irgendeine Macht hat ihn angerührt und lähmt seinen Willen. Er zögert. Und zum erstenmal seit Jahr und Jahr verschiebt er die Hinrichtung um einen Tag. Scheherezade ist gerettet, gerettet für diesen einen Tag. Sie kann die Sonne sehen und in Gärten gehen, sie ist Königin, die einzige Königin dieses Reiches, einen lichten Tag. Aber er dämmert, der lichte Tag. Wieder wird es Abend, wieder tritt sie in sein Gemach, wieder umfängt sie die Umschlingung seines Armes, wieder harrt ihre Schwester und wieder muß sie erzählen. Und nun beginnt dieser wundervolle Reigen der Nächte, der tausendgliedrige Ring der Geschichten. Noch umkreisten sie vorerst den einen Sinn, noch sind sie ganz Absicht, den König zu bekehren, den Wahn von ihm zu nehmen mit Bildern des Beispiels und der Belehrung. Mit erstaunlicher geistiger Beweglichkeit hat Gelber dem Sinn und der Absicht jeder einzelnen dieser Erzählungen nachgespürt und gezeigt, mit welchem raffinierten System sie geordnet sind. Lose scheinen sie gereiht, aber wie die Maschen eines Netzes sind sie geknüpft, das sich immer enger und enger um den König zieht, bis er sich wehrlos darin verfängt. »Vollende die Geschichte vom Kaufmann!« fährt er sie einmal hart an. Er spürt, wie ihm sein Wille entgleitet, spürt, wie er von Nacht zu Nacht von dieser klugen Frau um seinen Entschluß betrogen wird, und spürt vielleicht schon mehr. Aber Scheherezade läßt nicht ab. Sie weiß, sie erzählt nicht nur um ihr eigenes Leben, sondern auch um das der hundert und hundert Frauen, die nach ihr sterben würden. Sie erzählt, um diese alle zu retten, und vor allem diesen, den König selbst, ihren Gemahl, den sie im Innersten als einen Weisen und Wertvollen fühlt und den sie nicht wiedergeben will an die dunklen Dämonen des Menschenhasses und des Mißtrauens. Sie erzählt – weiß sie es selbst schon? – um ihrer Liebe willen. Und der König horcht zu, anfangs unruhig, aber dann allmählich ganz hingegeben, und der Dichter merkt es nun öfters an, daß er »begierig« und »ungeduldig« verlangt, sie möge weitersprechen. Immer mehr hängt er an diesen ihren Lippen, die er allnächtlich küßt, immer rettungsloser ist er gefangen, immer klarer wird ihm sein Wahn, und vielleicht fürchtet er nichts so sehr, als daß sie aufhören könnte zu erzählen, denn diese Nächte sind zu schön.

Und auch Scheherezade weiße es wohl längst, daß sie aufhören könnte, und würde ihres Lebens sicher sein. Aber auch sie will nicht aufhören, denn diese Nächte sind Liebesnächte, wo sie mit diesem seltsamen, starken, tyrannischen und gequälten Menschen im Bett ruht, den sie gebändigt und geläutert fühlt durch ihre innere seelische Kraft. Sie erzählt weiter und weiter. Nicht mehr so sinnvoll, nicht mehr so klug, es wirbeln dumme und kuriose, seltsame und einfältige Geschichten bunt durcheinander, sie wiederholt sich, versäumt sich, und nirgends in den Erzählungen der letzten fünfhundert Nächte wird man mehr die klare Geschlossenheit, die sinnvolle Architektonik des ersten Halbtausends finden, dessen inneres Gesetz Gelber so prachtvoll in seiner Einheit aufzeigt. Diese letzten sind nur mehr erzählt um des Erzählens willen, um die Nächte zu füllen, die wunderbaren weichen Liebesnächte des Orients, und erst als ihre Erfindung versagt, als ihr Herz nicht mehr weiter weiß oder will, in der tausendsten Nacht, schließt Scheherezade den Reigen. Mit einem Male tritt eine verwandelte Wirklichkeit in die traumhafte Welt. Drei Kinder stehen ihr zur Seite, die sie dem König in diesen drei Jahren geboren, und sie reicht sie ihm dar und fleht, er möge ihnen die Mutter erhalten. Und Scharyar hebt sie an sein Herz, von dem der Aussatz des Mißtrauens gefallen, er ist befreit von seinem Wahn, wie sie von ihrem Bangen. Sie wird die Königin eines heitern, weisen und gerechten Königs, und die Schwester Dunyazad gibt der von der Enttäuschung Genesene dem enttäuschten Bruder zum Weib, damit auch dieser die Frau wieder achten lerne. Jubel durchrauscht das erlöste Land, und als ein Hymnus auf die Treue der Frauen, ihren Wert und ihre Liebe endet, was als ihre Schmähung und ihre Verhöhnung begann.

Wunderbar weit auseinandergespannt ist die Skala der Gefühle in dieser Tragödie des Namenlosen aus dem Morgenland, und nur in manchen Werken Shakespeares, bei denen Adolf Gelber auch so kühne und neuschöpferische Deutungen unternommen hat, findet sich ein ähnlich großartiger psychologischer und fast musikalisch klarer Übergang von tiefster Verzweiflung zu fesselloser, restloser Heiterkeit wie in diesem verborgenen Drama von Tausendundeiner Nacht. Alle Elemente des menschlichen Herzens sind darin aufgewühlt, so wie im »Sturm«, die Wogen des Meeres und der Seele, und sind alle wiederum sanft geglättet wie dort der silberne Wasserspiegel der Heimfahrt. Alle Leichtigkeit des Märchens, alle Buntheit der Legende leuchtet darin auf, und doch ist zutiefst in dies bewegte Spiel das tiefe Drama des Blutes verflochten, der harte Kampf der Geschlechter um die Macht, der Kampf des Mannes um die Treue, der Kampf der Frau um die Liebe – ein unvergeßliches Drama, gestaltet von einem großen Dichter, dessen Name niemand weiß und den uns zum erstenmal in seiner anonymen Größe gewiesen zu haben das Verdienst dieses anregenden und bedeutsamen Werkes bleiben wird.

E. T. A. Hoffmann

Es gehört viel Phantasie dazu, um sich die ganze Nüchternheit des äußern Lebens vorzustellen, zu der E. T. A. Hoffmann zeitlebens verurteilt war. Eine Jugend in einer preußischen Kleinstadt mit genau abgezirkelten Stunden. Auf den Sekundenstrich muß er Latein studieren oder Mathematik, Spazierengehen oder Musik treiben, die geliebte Musik. Dann ein Büro, und dazu noch ein preußisches Beamtenbüro irgendwo an der polnischen Grenze. Aus Verzweiflung dann eine Frau, langweilig, dumm, unverständig, die ihm das Leben noch einmal vernüchtert. Dann wieder Akten, Akten, Amtspapier verschreiben bis zum letzten Atemzug. Einmal ein kleines Intervall: zwei, drei Jahre Theaterdirektor, die Möglichkeit, in Musik zu leben, Frauen nahe zu sein, den Rausch des Überirdischen in Ton und Wort zu spüren. Aber zwei Jahre nur, dann zerschlägt Napoleons Krieg das Theater. Und wieder Amt, genaue Stunden, Papier, Papier und die grausame Nüchternheit.

Wohin entfliehen aus dieser abgezirkelten Welt? Manchmal hilft der Wein. Man muß viel trinken, in niedern, dumpfigen Kellerräumen, um davon trunken zu sein, und Freunde müssen dabei sein, brausende Menschen wie Devrient, der Schauspieler, die mit dem Wort einen begeistern, oder andere, einfache Dumpfe, Schweigsame, die zuhören, wenn man selber sein Herz entlädt. Oder man macht Musik, man setzt sich hin im dunklen Zimmer und läßt die Melodie sich ausrasen wie ein Gewitter. Oder man zeichnet seinen ganzen Zorn in scharfen, bissigen Karikaturen auf die weiße Hälfte der Amtsblätter, man erfindet Wesen, die nicht von dieser Welt sind, dieser methodisch geordneten, sachlichen Paragraphenwelt von Assessoren und Leutnants und Richtern und Geheimräten. Oder man schreibt. Schreibt Bücher, man träumt im Schreiben, träumt sein eigenes, enges verdorbenes Leben um zu phantastischen Möglichkeiten, reist in ihm nach Italien, lodert mit schönen Frauen, erlebt unendliche Abenteuer. Oder man schildert die gräßlichen Träume nach betrunkener Nacht, wo Fratzen und Gespenster aus einem umdüsterten Gehirn auftauchen. Man schreibt, um der Welt zu entfliehen, diesem niedrigen banalen Dasein, man schreibt, um Geld zu verdienen, das sich in Wein verwandelt, und mit dem Wein kauft man sich wieder Leichtigkeit und hellere buntere Träume. So schreibt man und wird Dichter, ohne es zu wollen, ohne es zu wissen, ohne Ehrgeiz, ohne jede rechte Lust, nur aus dem Willen, den eingeborenen phantastischen, den andern, den magischen Menschen in sich endlich einmal auszuleben, nicht nur den Beamten.

Unirdische Welt, aus Rauch und Traum geformt, phantastisch in den Figuren, das ist E. T. A. Hoffmanns Welt. Manchmal ist sie ganz lind und süß, seine Erzählungen reine, vollkommene Träume, manchmal aber erinnert er sich mitten im Träumen an sich selbst und an sein eigenes schief gewachsenes Leben: dann wird er bissig und böse, zerrt die Menschen schief zu Karikaturen und Unholden, nagelt das Bildnis seiner Vorgesetzten, die ihn schinden und quälen, höhnisch an die Wand seines Hasses – Gespenster der Wirklichkeit mitten im gespenstischen Wirbel. Die Prinzessin Brambilla ist auch eine solche phantastische Halbwirklichkeit, heiter und scharf, wahr und märchenhaft zugleich und voll von jener sonderbaren Freude Hoffmanns an der Verschnörkelung. Wie jeder einzelnen seiner Zeichnungen, wie der eigenen Unterschrift, so pflegt er immer jeder Gestalt noch irgendein Schwänzchen und Schweifchen, ein Schnörkelchen anzuhängen, das sie sonderbar macht und erstaunlich für das unvorbereitete Gefühl. Edgar Allan Poe hat später von Hoffmann dann das Gespenstische übernommen, manche Franzosen die Romantik, aber eigen und einzig ist eines E. T. A. Hoffmann für immer geblieben, diese merkwürdige Freude an der Dissonanz, an den scharfen spitzen Zwischentönen, und wer Literatur wie Musik fühlt, wird diesen seinen besonderen Ton niemals vergessen. Irgend etwas Schmerzliches ist darin, das Umkippen der Stimme in Hohn und Schmerz, und selbst in jenen Erzählungen, die nur heiter sein wollen, oder sonderbare Erfindungen übermütig berichten, fährt plötzlich dieser schneidende und unvergeßliche Ton eines zerschlagenen Instruments hinein. Denn ein zerschlagenes Instrument, ein wunderbares Instrument mit einem kleinen Riß ist E. T. A. Hoffmann allzeit gewesen. Geschaffen zu strömender dionysischer Heiterkeit, zu einer funkelnden, berauschenden Klugheit, zum vorbildlichen Künstler, war ihm vorzeit das Herz zerpreßt worden im Druck einer Täglichkeit. Nie, nicht ein einziges Mal durfte er frei sich ausströmen über Jahre hinweg in ein leuchtendes, von Freude funkelndes Werk. Nur kurze Träume waren ihm gestattet, aber Träume von sonderbarer Unvergeßlichkeit, die selber wieder Träume zeugen, weil sie mit dem Roten des Bluts und dem Gelben der Galle und dem Schwarzen der Schrecknis gefärbt sind. Nach einem Jahrhundert noch sind sie lebendig in allen Sprachen, und die Figuren, die gespenstig aus dem Nebel des Rausches oder der roten Wolke der Phantasie ihm umgestaltet entgegengetreten sind, sie schreiten dank seiner Kunst heute noch durch unsere geistige Welt. Wer hundert Jahre Probe besteht, der hat sie für immer bestanden, und so gehört E. T. A. Hoffmann – was er nie geahnt, der arme Schächer am Kreuz der irdischen Nüchternheit – zur ewigen Gilde der Dichter und Phantasten, die am Leben, das sie quält, die schönste Rache nehmen, indem sie ihm farbigere, vielfältigere Formen vorbildlich zeigen, als sie die Wirklichkeit erreicht.

Gustav Mahlers Wiederkehr

Er ist wieder heimgekehrt, der große Vertriebene von einst, heimgekehrt im Ruhme zur Stadt, die er, ein Verstoßener, vor wenigen Jahren erst verließ. Im gleichen Saale, wo früher sein zwingender Wille dämonisch gewaltet, wirkt nun seines entschwundenen Wesens vergeistigte Form, klingt jetzt sein Werk. Nichts hat es wegzuhalten vermocht, nicht Schmähung und Erbitterung; unwiderstehlich wachsend am eigenen Werte, reiner zu fühlen, weil nicht mehr kämpfend betrachtet, füllt und dehnt es jetzt unsere innere Welt. Kein Krieg, keine Geschehnisse haben dies elementare Aufblühen seines Ruhmes hindern können, und derselbe, der vor engster Frist den Leuten hier noch Anstoß war, Unhold und Ärgernis, über Nacht ist er nun Tröster geworden und Befreier. Schmerz und Entschwundenes – seine Kindertotenlieder künden ihn stärker als irgendeiner der Zeit, und wie sich Trauer durch Tiefe des Gefühles selber verklärt, wer will es nicht heute fühlend lernen in seinem Abschiedsgesang, im »Lied von der Erde?« Nie war er so lebendig und beseelend dieser Stadt, er, Gustav Mahler, als nun, da er ferne ist, und die den Wirkenden undankbar ließ, ist ihm nun Heimat für immer. Die ihn liebten, haben gewartet auf diese Stunde, aber nun sie gekommen ist, macht sie uns nicht froh. Denn von einem sehnten wir uns zum andern: solange er wirkte, galt unser Wunsch, sein Werk, seine Schöpfungen lebendig zu sehen. Und nun, seit sie im Ruhme sind, ersehnen wir wieder ihn, der nicht mehr wiederkehrt.

Denn uns, einer ganzen Generation, war er mehr als ein Musiker, ein Meister, ein Dirigent, mehr als Künstler bloß, er war das Unvergeßliche unserer Jugend. Jung sein bedeutet im letzten ja, des Außerordentlichen gewärtig sein, irgendeines phantastisch schönen, über die enge Welt des Blickes hinausgesteigerten Begebens, einer Erscheinung, die Erfüllung ist einer vorgeträumten Vision. Und alles, Bewunderung, Begeisterung, Demut, all die regen Kräfte der Hingebung, des Überschwangs, sie scheinen nur so heiß und chaotisch im unfertigen Menschen geballt, um von solcher erkannter oder vermeinter Erscheinung – in der Kunst, in der Liebe – bis ganz innen in Brand zu stehn. Und es ist Gnade, solche Erfüllung in der Kunst, in der Liebe früh und unverbraucht an einem wahrhaft Bedeutsamen zu erleben, noch mit vollem, strömendem Gefühl ihr frei zu sein. Uns ist dies geschehen. Wer diese zehn Jahre der Oper unter Mahler jung erlebt hat, dem ist etwas gewonnen für sein Leben gewesen, das mit Worten nicht zu messen ist. Mit der feinen Witterung der Ungeduld spürten wir vom ersten Tage an das Seltene, das Wunder in ihm, den dämonischen Menschen, diesen Seltensten aller, der durchaus nicht eines ist mit dem Schöpferischen, sondern vielleicht noch geheimnisvoller in seiner Wesenheit, weil er ganz Naturkraft ist, beseeltes Element. Nichts zeichnet ihn von außen, kein Merkmal hat er als seine Wirkung, die unbeschreibliche, nur vergleichbar manchen zauberischen Willkürlichkeiten der Natur. Dem Magnet ist Ähnliches inne. Tausend Stücke Eisen mag man durchgreifen. Sie sind alle träg, nur nach unten wissen sie zu stürzen in der Last ihrer inneren Schwere, fremd allen anderen und unwirksam. Und da ist ein Stück Eisen, nicht glänzender und reicher als die anderen, aber innen hat es eine Gewalt – Gewalt von Sternen her oder den letzten Tiefen der Erde –, die alles Verwandte an sich reißt, seiner eigenen Form verkettet und von der inneren Schwere löst. Was der Magnet an sich gerissen, das beseelt er, knn er es lang genug an sich halten, mit der eigenen Kraft, er strömt sein Geheimnis aus und gibt es weiter. Er saugt Verwandtes an sich, um es zu durchdringen, er teilt sich aus, ohne sich zu schwächen: aber Wirkung ist sein Wesen und sein Trieb. Und diese Gewalt – von Sternen her oder den letzten Tiefen der Erde – ist im dämonischen Menschen der Wille. Tausend Menschen sind um ihn, tausend und tausend, jeder nur hinausstürzend in die eigene Lebensschwere, träg und unbeseelt. Aber er reißt sie an sich, er füllt, ohne daß sie es wissen, ihr Wesen mit seinem Willen, mit seinem Rhythmus, er steigert sich in ihnen, indem er sie beseelt. In einer Art Hypnose zwingt er alle an sich heran, spannt die Stränge ihrer Nerven in die eigenen, reißt sie (oft schmerzhaft) in seinen Rhythmus. Er knechtet, er zwingt ihnen Willen auf, aber dem Willigen gibt er vom Geheimnis seiner Kraft. Ein solcher dämonischer Wille ist in Mahler gewesen, einer, der niederzwang und Gegenwehr brach, aber er war Kraft , die beseelte und erfüllte. Um ihn war eine feurige Sphäre, die jeden anglühte, brennend oft, aber immer zur Klarheit. Unmöglich war es, ihr sich zu entziehen: man sagt, die Musiker hätten es manchmal versucht. Aber dieser Wille war zu heiß: an ihm schmolz jeder Widerstand. Mit seiner Energie ohnegleichen zwingt er diese ganze Welt von Sängern, Statisten, Regisseuren, Musikern, das wirre Beieinander von Hunderten von Menschen in zwei, in drei Stunden in seine Einheit um. Er reißt ihnen den Willen aus, er hämmert, walzt und feilt ihre Fähigkeiten um, er stößt sie, selbst nun schon Glühende, in seinen Rhythmus hinein, bis er das Einmalige aus dem Täglichen gerettet hat, die Kunst aus dem Betrieb, bis er sich selbst in dem Werke und das Werk in sich verwirklicht hat.

Und magisch strömt ihm von außen alles zu, was er benötigt, er scheint es zu finden, aber es findet ihn. Es sind Sängerinnen vonnöten, reiche, feurige Naturen, Wagner zu gestalten und Mozart: von ihm gerufen (oder eigentlich von dem Dämon in ihm unbewußt gewollt), erstehen uns die Mildenburg und die Gutheil; ein Mahler ist vonnöten, um hinter die belebte Musik auch belebtes Bild zu stellen, und Alfred Roller entdeckt sich. Was ihm verwandt ist, wessen er bedarf zum Werke, ist auf einmal wie durch Zauber da, und je mehr sie Persönlichkeiten sind, desto leidenschaftlicher fügen sie sich der seinen. Alles ordnet sich um ihn, gleitet gefügig in seinen Willen, und an diesen Abenden ist plötzlich ein Werk, eine Menge, ein Haus um ihn gestellt, wie für ihn allein. Aus seinem Taktstock zuckt der Rhythmus unseres Blutes: wie ein Blitzableiter die Spannung einer ganzen Atmosphäre, so bindet er in der einen Spitze unser ganzes gedrängtes Gefühl. Nie in der darstellenden Kunst habe ich so etwas an Einheit erlebt wie an manchen dieser Abende, die in ihrer reinen Wirkung nur Elementarem vergleichbar sind, einer Landschaft mit Himmel, Wolken und dem Atem der Jahreszeit, jener ungewollt harmonischen Geschlossenheit der Dinge, die nur für sich selbst da sind, urteilslos und unbefangen. Damals haben wir junge Menschen an ihm die Vollendung lieben gelernt, wir haben erkannt durch ihn, daß es dem gesteigerten Willen, dem dämonischen, noch immer möglich ist, mitten in unserer fragmentarischen Welt aus dem brüchigen irdischen Material für eine Stunde, für zwei, das Ewige, das Makellose aufzubauen, und er hat uns dadurch gewärtig gemacht, es immer wieder zu erwarten. Er ist uns damals ein Erzieher geworden und ein Helfer. Keiner, kein anderer in jener Zeit hat ähnliche Gewalt über uns gehabt.

Und so stark war diese Dämonie seines inneren Wesens, daß sie durchschlug wie eine Stichflamme durch die dünne Schicht seines äußeren Seins, denn er war ganz Glut, kaum zu halten in der schwächlichen Rinde seiner Körperlichkeit. Man wußte ihn, wenn man ihn einmal gesehen. Alles an ihm war gespannt, war Überschuß, vorbrechende Leidenschaft, es flackerte etwas um ihn wie die Funken um die Leydener Flasche. Der Furor war sein Element, das einzig Adäquate seiner Kraft, in der Ruhe schien er überreizt, war er ohne Bewegung, riß und zuckte es elektrisch an ihm. Man konnte sich ihn kaum müßig denken, schlendernd oder sanft, das Überheizte seines inneren Kessels verlangte immer Kraft, zu treiben, etwas vorwärts zu stoßen, tätig zu sein. Immer war er unterwegs, einem Ziele zu, wie mitgerissen von einem großen Sturm, und alles war ihm zu langsam, er haßte vielleicht das wirkliche Leben, weil es brüchig, zähe, träge, weil es Masse mit Erdschwere und Widerstand war und er zu jenem wirklichen Leben hinter den Dingen wollte, auf den äußersten Firnen der Kunst, wo diese Welt in den Himmel greift. Er wollte durch, durch alle diese Zwischenformen zu den reinen, zu den klaren, wo die Kunst durch Makellosigkeit zum Element wird, schlackenlos und kristallen, absichtslos und frei; aber dieser Weg ging, solange er Direktor war, durch das Tägliche des Betriebes, die Widerwärtigkeiten des Geschäftes, die Hemmungen der Böswilligkeit, durch das dicke Gestrüpp der menschlichen Kleinlichkeiten. Er riß sich wund daran, aber er ging, er lief, er raste nach vorwärts, wie ein Amokläufer diesem Ziele zu, das er außen wähnte, im Unnahbaren, und das doch schon in ihm lebte: der Vollendung. Ein Leben lang lief er so nach vorwärts, alles beiseite schleudernd, niederstoßend, zertretend, was Hemmnis war, er lief und lief, wie von der Angst gejagt, die Vollendung nicht zu erreichen. Hinter ihm gellten die hysterischen Schreie der gekränkten Primadonnen, das Stöhnen der Bequemen, das Höhnen der Unfruchtbaren, die Meute der Mittelmäßigen, aber er wandte sich nie zurück, er sah nicht, wie die Zahl seiner Verfolger anschwoll, spürte die Prügel nicht, die sie ihm in den Weg warfen, er stürmte weiter und weiter, bis er stolperte und fiel. Man hat von ihm gesagt, diese Widerstände hätten ihn gehemmt. Es mag sein, daß sie sein Leben unterhöhlten, aber ich glaube es nicht. Dieser Mensch brauchte Widerstände, er liebte sie, er wollte sie, sie waren das bittere Salz des Alltags, das ihn immer nur noch lechzender machte nach den ewigen Quellen. Und in den Tagen der Ferien, wenn er ledig war all dieser Lasten, in Toblach oder am Semmering, da türmte er sich selbst die Widerstände vor sein Schaffen. Klötze, Gebirge, Urgestein des Geistes. Das Höchste der Menschheit, den zweiten Teil des Faust, das Urlied vom schöpferischen Geist »Veni creator spiritus« setzte er selbst als Damm vor seinen musikalischen Willen, um ihn dann mit seiner Schöpfung zu überströmen. Denn Kampf mit Irdischem war seine Gotteslust, ihr war er hörig bis zum letzten Tag. Das Elementare in ihm liebte das Ringen der freien Elemente mit der irdischen Welt, er wollte keine Rast, weiter, weiter, weiter trieb es ihn zur einzigen Rast des wahren Künstlers: zur Vollendung. Und mit letzter Kraft, ein Todgeweihter, hat er sie im »Lied von der Erde« noch erreicht.

Unbeschreiblich, was uns jungen Leuten, die wir den Willen zur Kunst in uns gären fühlten, das feurige und hier im Freien der Öffentlichkeit aufgeschlagene Schauspiel eines solchen Menschen war. Ihm uns unterzuordnen, war unsere Sehnsucht, ihm zu nahen, hemmte uns eine Scheu, rätselhaft und geheimnisvoll, wie man etwa nicht wagt, an den Rand eines Kraters zu treten und in die kochende Glut zu schauen. Nie versuchten wir, uns ihm anzudrängen, sein bloßes Sein, sein Dasein, das Bewußtsein seiner Existenz nahe bei uns, mitten in unserer gemeinsamen äußeren Welt, war uns schon Glück. Ihn gesehen zu haben, auf der Straße, im Kaffeehaus, im Theater, immer von fern, zählte schon als Begebnis, so sehr liebten, so sehr verehrten wir ihn. Noch heute ist sein Bild in mir wach, wie das weniger Menschen, ich weiß jedes einzelne Mal, wenn ich ihm von fern begegnete. Immer war er ein anderer und immer derselbe, weil ständig belebt von der Vehemenz des seelischen Ausdruckes. Ich sehe ihn bei einer Probe: zornig, zuckend, schreiend, gereizt, leidend an allen Unzulänglichkeiten, wie von körperlichem Schmerz, sehe ihn einmal heiter irgendwo auf der Gasse im Gespräch, aber auch da elementar, von einer so naturhaft kindlichen Heiterkeit, wie Grillparzer die Beethovens schildert (und von der in seinen Symphonien manche Seite körnig durchmischt ist). Immer war er irgendwie mitgerissen von einer inneren Kraft, immer im ganzen belebt. Aber unvergeßlich wird mir das eine, das letzte Mal sein, da ich ihn erblickte, weil ich noch nie so tief, so mit allen Sinnen das Heroische eines Menschen gespürt. Ich reiste von Amerika herüber, und auf demselben Schiffe war er, todkrank, ein Sterbender. Vorfrühling lag in der Luft, die Überfahrt ging sanft durch ein blaues, leichtwogiges Meer, ein paar Menschen hatten wir uns zusammengefunden, Busoni schenkte uns, den Freunden, von seiner Musik. Immer lockte es uns, froh zu sein, aber unten, irgendwo im Schacht des Schiffes, dämmerte er, behütet von seiner Frau, und wir fühlten es wie Schatten über unserm leichten Tag. Manchmal, wenn wir lachten, sagte einer: »Mahler! Der arme Mahler!« und wir wurden stumm. Tief unten lag er, ein Verlorener, verbrennend im Fieber, und nur eine kleine, lichte Flamme seines Lebens zuckte oben im Freien am Verdeck: sein Kind, sorglos im Spiel, selig und unbewußt. Wir aber, wir wußten es: wie im Grabe fühlten wir ihn drunten, unter unseren Füßen. Und dann in Cherbourg bei der Landung, im Remorqueur, der uns hinüberfuhr, sah ich ihn endlich: er lag da, bleich wie ein Sterbender, unbewegt, mit geschlossenen Lidern. Der Wind hatte ihm das ergraute Haar zur Seite gelegt, klar und kühn sprang die gewölbte Stirn vor, und unten das harte Kinn, in dem die Stoßkraft seines Willens saß. Die abgezehrten Hände lagen müdegefaltet auf der Decke, zum erstenmal sah ich ihn, den Feurigen, schwach. Aber diese seine Silhouette – unvergeßlich, unvergeßlich! – war gegen eine graue Unendlichkeit gestellt von Himmel und Meer, grenzenlose Trauer war in diesem Anblick, aber auch etwas, das durch Größe verklärte, etwas, das ins Erhabene verklang wie Musik. Ich wußte, daß ich ihn zum letztenmal sah. Ergriffenheit drängte mich nah, Scheu hielt mich zurück, von fern nur mußte ich auf ihn sehen und sehen, als könnte ich in diesem Blick noch von ihm empfangen und dankbar sein. In mir wogte dumpfgefühlt Musik, an Tristan mußte ich denken, den Todwunden, der heimkehrt nach Careol, seiner Väter Burg, aber es war doch ein anderes, tiefer noch, schöner, verklärter. Bis ich dann die Melodie fand und die Worte in seinem Werk, längst geschaffen, aber in diesem Augenblicke erst erfüllt, die todesselige, gottnahe Melodie im »Lied von der Erde« zu den Worten: »ich werde niemals in die Ferne schweifen ... still ist mein Herz und harret seiner Stunde.« Ureins sind mir jetzt die fast geisterhaften Klänge und dieser Anblick, dies verlorne und nicht zu vergessende Bild.

Aber doch, als er dann verging, war er uns nicht verloren. Seine Gegenwart war längst für uns kein Äußerliches mehr, tief eingepflanzt in uns, wuchs weiter, denn Erlebnisse, die das Herz einmal erreichten, haben kein Gestern mehr. In uns ist er lebendig heute wie je, tausendfach spüre ich noch heute seine untilgbare Gegenwart. Ein Dirigent in einer deutschen Stadt hebt den Taktstock. In seiner Geste, in seiner Art fühle ich Mahler, ich weiß, ohne zu fragen, daß er sein Schüler ist, daß hier das Magnetische seines Lebensrhythmus über die Existenz hinaus schöpferisch ist (so wie ich oft noch im Theater plötzlich Kainzens Stimme höre, deutlich, als käme sie aus einer verstummten Brust). Im Spiel mancher Menschen strahlt noch etwas von ihm aus, in der menschlich herben Haltung mancher der neueren Musiker ist seines Wesens oft nur gewollte Spiegelung. Aber am stärksten ist seine Gegenwart in der Oper selbst, im stummen und klingenden, im wachenden und ruhenden Haus, wie ein Fluidum ist hier sein Wesen eingedrungen, nicht auszulöschen durch alle Exorzismen. Die Kulissen sind verblaßt, das Orchester ist nicht das seine mehr, aber doch, in manchen Aufführungen – in »Fidelio« vor allem, »Iphigenie« und der »Hochzeit des Figaro« – spüre ich manchmal durch die eigenwillige Übermalung Weingartners, durch die dicke Staubschicht von Gleichgültigkeit, die sich seit Gregor über diesen kostbaren Besitz gelegt, durch all den Spinnweb des Verfalles etwas von seiner Vehemenz des Gestaltens, und unwillkürlich greift der Blick hin zum Pulte nach ihm. Irgendwo ist er noch immer in diesem Haus, durch Rost und Schutt schimmert noch Glanz seines Wesens, wie letzte verlöschende Glut manchmal aufleuchtet in der Asche. Selbst hier, wo er im Vergänglichen schuf, wo er nur Luft zum Tönen brachte und Seelen in Schwingung, selbst hier ist noch irgendwo im Unbelebten seines Wirkens eine Spur im Schatten rege, selbst schon schattenhaft, und im Schönen, im Vollendeten fühlen wir hier immer noch ihn. Ich bin mir bewußt, nicht unmittelbaren Empfindens seine Opern bei uns je mehr sehen zu können, mein Fühlen in diesem Raume ist zu sehr gemengt mit Erinnern und alles Genießen vermindert durch Vergleichen. Er hat uns alle ungerecht gemacht wie jede große Leidenschaft.

So hat sein Dämon auf uns, auf eine ganze Generation gewirkt. Die andere, die nun zu ihm tritt, seinem Lebensbilde fremd, die nur das lieben kann, was von seiner geheimnisvollen Feurigkeit sich sublimierte in Musik, weiß nicht sein ganzes Wesen. Ihnen tönt Mahlers Werk schon aus dem Wesenlosen, aus den hohen Himmeln der deutschen Kunst, uns ist für immer das hohe Beispiel gewärtig, wie er sein Unendliches dem Irdischen entrang. Die Essenz nur kennen sie, den Duft seines Wesens, während wir noch die glühende Farbe kannten, die diesen Kelch umschloß. Ein Bild dieser Zeit, eine Brücke der Worte zu jenen Tagen zurück ist freilich erbaut in dem schönen Buche von Richard Specht (»Gustav Mahler«, Berlin, Schuster & Löffler, 1914), das wert ist, von jedem gelesen zu sein, weil es ehrfürchtig ist, ohne abgöttisch zu werden, vertraut, ohne sich vertraulich zu gebärden, weil es nicht formulieren will, ein

Lebendiges und erst Blühendes schon verschnüren wie ein Dokument, sondern nur dankbar sein für ein Erlebnis, für das Erlebnis Gustav Mahler. Auch hier ist der Rhythmus jener vollendeten Abende darin und der Wille des Meisters, lieber das Einzelne ganz und makellos zu geben, wie voreilig zusammenzuraffen. Immer, wenn ich es aufschlage, wird mir Verlorenes lebendig: einen Abend von einst sehe ich, Stimmen fluten auf, Bilder grüßen, das Vergängliche wird wieder Erlebnis und immer spüre ich ihn, den Lebendigen, darin, den Willen, dem all dies entströmte und in dem es sich wieder zusammenschloß. Es ist die Hand des Dankbaren, die einen führt, und ich spüre sie selbst wieder dankbar, weil sie auch die eines Wissenden ist, die näher heranführt an das Geheimnis Mahlers. Und wo die Worte des Buches nicht mehr führen, sondern nur begleiten – denn wie könnte man Musik anders darstellen als im Gedicht, das selbst nur Musik ist, selig verwandelte –, da ist nun die Zeit selbst wach geworden und hilft mit an dem Werke. Die Lieder Mahlers, sie tönen nun selbst, seine symphonischen Werke dürfen sich erfüllen, und jetzt noch, in den Frühlingstagen, sammelt er in Wien die Menschen um sich. In demselben Saale, wo man ihm die Türe wies, hat sein Werk sich Einlaß erzwungen, er lebt nun unter uns wieder wie einst. Sein Wille ist erfüllt und es ist Wollust, den Totgemeinten als selig Erneuten zu spüren.

Denn er ist auferstanden, Gustav Mahler, in unserer Mitte, fast als die letzte der deutschen grüßt unsere Stadt wieder den Meister. Noch fehlen die Zeichen der klassischen Einkleidung, noch weigert man ihm das Ehrengrab, noch trägt keine Gasse stolz seinen Namen, noch schmückt seine Büste – selbst von Rodin ein vergeblicher Versuch, diesen Feurigen im starren Erz zu fassen – nicht des Hauses Gang, das er wie keiner beseelt und zum geistigen Wahrbild der Stadt gemacht. Noch zagen und warten sie. Aber eines ist schon geschehen, die Hasser und Hetzer gegen ihn sind verschwunden, sie haben sich verkrochen in alle Winkel der Scham und zumeist in jene letzten schmutzigsten und feigsten, in die falsche verlogene Bewunderung. Die gestern noch Crucifige schrien, rufen heute Hosianna und salben das nachschleifende Kleid seines Ruhmes mit Myrrhen und Spezereien. Verschwunden sind die Übelgesinnten von gestern, keiner, keiner will es gewesen sein. Denn so unfruchtbar sind die Hasser und Hetzer, daß sie furchtsam werden, wenn ihr eigener Haß seine Früchte trägt. Tumult und Zwist – der Meinungen wie der Völker – ist ihre trübe Welt, aber sie werden ohnmächtig, wo immer ein Wille sich seine Ordnung schafft und Reinheit der Einheit unaufhaltsam entgegenstrebt. Denn die großen Gewalten sind stärker als der Tag und die Stunde und jedes Wort des Hasses wesenlos gegen das willensgestaltete Werk.

Arthur Schnitzler

Zum 60. Geburtstag

Arthur Schnitzler, ich habe ihn, in seiner Stadt, seiner Welt aufwachsend, von ferne seit erster Bewußtseinsfrühe als Dichter geliebt und liebe ihn noch mehr, seit ich an vielfacher Gelegenheit die prachtvolle, warme, gütige Fülle seiner Menschlichkeit rein bewährt sehen konnte. Ihn bloß zu rühmen an seinem festlichen Tag, wäre mir leicht. Aber es drängt mich, mehr zu tun: in jener Aufrichtigkeit von Arthur Schnitzler zu sprechen, die wir bei ihm in *allen* menschlichen Dingen lernten, und mit dieser Aufrichtigkeit offen zu sagen, daß mein Glaube an sein Werk ein höherer ist als jener der Stunde (so laut sie sich auch gebärden mag).

Denn ich fühle in Wahrheit, in innerster, aufrichtiger Wahrheit so: Arthur Schnitzlers Werk macht jetzt, gerade um die Stunde eines festlichen Jahres, eine schwere, wohl die schwerste Krise seiner inneren und äußeren Wirkung durch. Jener Teil, jener sehr wesentliche seines Theaters, seiner Novellistik, der Sittenschilderung ist, kann heute und gerade heute einer jungen Generation nicht mehr recht erkennbar und mitfühlbar sein: sie werden, die Jüngeren, im Augenblick vielleicht gar nicht verstehen, was uns an diesen Werken so wichtig und so bezaubernd war, und ich vermag es wiederum zu verstehen, was eine eben aufsteigende Generation (und nur diese allein) ungewiß macht vor Kunstwerken, deren geistigen Reiz, deren dichterische Absicht sie zweifellos nicht verkennen kann. Irgendein Zusammenhang ist, das spüren sie, zerstört, und wir wissen selbst, wer ihn zerstört hat: die Zeit, der Krieg, jene beispiellose Verwandlung der Sphäre, die gerade Österreich am erbittertsten umgestülpt hat. Stifter war um 1866 ein ähnliches geschehen in Österreich, und Jean Paul um 1870 in Deutschland: auf einmal war eine Jugend da, dort eine liberale, hier eine hastig-tätige, die nach einem Kriege sich und ihre Probleme in so zarten, so edel kristallisierten, so seelischen Formen nicht mehr gespiegelt fand. Noch einmal mußte die Zeit sich wenden und zurückschwingen, bis wir diese Dichter wieder erkannten und erfühlten. Jenen war aber die Zeit nur allmählich weggewendet worden: die Welt Arthur Schnitzlers jedoch hat der Wirbelsturm von fünf Jahren mit einer in der Geschichte unerhörten Vehemenz zerstampft, hier ist einem Dichter das Beispiellose geschehen, daß ihm seine ganze Welt, aus der er schuf, seine ganze Kultur für lange oder immer vernichtet scheint. Die Typen, die unvergeßlichen, die er geschaffen, die man gestern, die man an seinem fünfzigsten Geburtstag noch auf der Straße, in den Theatern, in den Salons von Wien, seinem Blick fast schon nachgebildet, täglich sehen konnte, sie sind plötzlich weg aus der Wirklichkeit, sind verwandelt. Das »süße Mädel« ist verhurt, die Anatols machen Börsengeschäfte, die Aristokraten sind geflüchtet, die Offiziere Kommis und Agenten geworden – die Leichtigkeit der Konversation ist vergröbert, die Erotik verpöbelt, die Stadt selbst proletarisiert. Manche der Probleme wiederum, die er geistig so bewegt und klug abgewandelt, haben eine andere Vehemenz bekommen, das Judenproblem vor allem und das soziale. Konflikt ohnegleichen: als Spiegel hat dieser größte Schilderer Wiens und der österreichischen Geistigkeit sein Werk vor die österreichische Welt gestellt. Da stirbt das alte Österreich über Nacht, und das neue, das in dem treugehaltenen Bilde sich hastig suchen würde, vermöchte sich nicht mehr zu erkennen. Nicht er ist seiner Welt, sondern die Wirklichkeit ihrem Dichter untreu geworden.

Ähnliche Krise der Wirkung bleibt keinem Künstler erspart. Manche haben sie zu Beginn ihres Werkes, haben sie dann, wenn die Epoche, die sie vorauserkannt haben, sich selbst noch nicht erkennt, manche wieder, wenn ihre Welt leise wegzualtern beginnt. Schnitzlers Welt aber ist – beispielloses Schicksal – ihm unter den Händen weggerissen worden, ehe sie welk, ehe sie ausgelebt war, und wir wissen es: für immer. Und sie wäre wirklich dahin, für immer dahin, wenn nicht einer – eben er, Arthur Schnitzler – sie gehalten, uns erhalten hätte, wenn diese vorbeigelebte und im Wirbel weggetragene Welt nicht in Formen und Typen, in ihrem Geist und in ihrem Gefühl, ihrer unzerstörbaren Kunstgegenwart Bildnis und überdauernde Gestaltung hätte in seinen Werken. Nur scheinbar besteht ja ein Künstler durch seine Epoche, ein Dichter durch seine zeitliche Sphäre: in Wahrheit besteht jene durch ihn allein. Nicht die Epoche dauert, und das Werk welkt hin: die Epoche altert ab, das Werk aber erneut sich als Kultur, als Kostüm, als Gegenwart ewiger Vergangenheit. Alles, was dies Wien um die Jahrhundertwende, dies Österreich bis zu seinem Einsturz war, wird einmal – denn der Name der francisco-josefinischen überspannt zu weiten Raum – nur durch Arthur Schnitzler recht erkannt, nach ihm recht benannt werden können. Die ersten Jahre unserer österreichischen Kultur haben nicht die Dichter geschildert: Haydn, Schubert, Waldmüller sprechen allein für den Jahrhundertanfang. Dann erst kommen Grillparzer, Stifter, Raimund als Bildner, als Deuter dieser Stadt, dieses Reichs. Nach ihnen wäre dann Schweigen gewesen oder nur mehr wieder Musik: hier aber steht er am Ende des Jahrhunderts, Geist vom Geiste dieser Stadt, treu ihren Traditionen, und bildet in leichten und nachdenklichen Spielen, in schwebenden und doch dauernden Gestalten das Wesen dieser merkwürdigen Kultur. Nur ein paar Jahre noch, ein Jahrzehnt vielleicht, dann dunkelt schon eine leise Patina von Geschichte auf diesen seinen Bildern und Gestalten. Was heute Gegenwart von gestern scheint, wirkt dann rein als Vergangenheit, wirkt in seinen vollendeten Teilen als Klassik und dichterische Dauer, und eine junge Generation ist da, eine zweite oder dritte, die unsere Liebe, unsere Verehrung zu diesem hinter aller Leichtigkeit so ernsten, trotz aller Grazie so tiefen Künstler aufs neue beglückt billigen und begleiten wird. Möge er ihr noch in voller Schaffenskraft begegnen!

Jakob Wassermann

Es hieße sich in Deutschland einer gefährlichen Täuschung hingeben, wollte man annehmen, die deutsche Erzählungskunst habe seit längster Zeit, vielleicht seit dem Erscheinen des »Werther«, den auch nur mindesten Einfluß auf die Weltliteratur genommen. Was seit hundert Jahren bei uns an Belletristik produziert wurde, ist – kein Leugnen hilft gegen Tatsachen – für den nationalen Hausgebrauch gewesen und unsere epische Handelsbilanz bleibt noch heute erschreckend passiv. Blättert man die Verzeichnisse englischer, französischer, italienischer Ausgaben durch, die bestrebt sind, die standard works der Erzählungskunst zu vereinen, so wird man mit einigem Erstaunen und noch größerer Kränkung unter hundert, oft fünfhundert Werken nicht ein einziges deutsches finden. Solche Übereinstimmung nun ist niemals Zufall, sondern Zutagetreten eines latenten Defektes. Selbst unsere bedeutendsten sogenannten Romane, der »Wilhelm Meister« und der »Grüne Heinrich«, liegen bei ihrer eminenten Bedeutung für jeden, der seelische Erlebnisse sucht, doch weitab vom Begriff des reinen epischen Kunstwerkes, und – tragisches Verhängnis! – der einzige deutsche Roman, der hätte Weltliteratur werden können, war jenes dickleibige Manuskript, das Heinrich von Kleist kurz vor dem Ende seinem Verleger übergab, der es als Makulatur verwendete. Erzähler im höchsten Sinne kann nur ein freier, mit sich selbst nicht mehr beschäftigter Mensch sein, Proteus, der Gestaltlose, er, dem es gegeben ist, sich in steter Selbstentäußerung in seine eigenen Gestalten restlos zu verwandeln, in ihren Meinungen die seine zu vergessen, einer, der aufhören kann im Schaffen, Substanz zu sein, Körper und Seele, der nur Sinn wird, sehendes Auge, horchendes Ohr, redende Zunge. Bei den Deutschen nun, denen jedes Kunstwerk nur immer Vorwand ist, näher an sich selbst (statt an die Welt) heranzulangen, das innere Kunstwerk der Persönlichkeit zu schaffen (statt das äußere des Werkes) scheint irgend etwas dieser letzten Selbstzerstörung, dieser äußersten Verwandlungsfähigkeit zu widerstreben. Die deutschen Erzähler gleichen alle jenen (oft unendlich bezwingenden) Schauspielern, die nie sich ganz in ihren Gestalten verlieren, von deren Ich immer noch etwas im Spiele wach bleibt, statt ganz im Traum der Schöpfung zu versinken. Unseren bedeutendsten Romanen – ich nannte schon den »Wilhelm Meister« und den »Grünen Heinrich« – haftet diese Zwitterhaftigkeit der Erlebnisdichtung an, sie sind, um ein Bild der Geometrie zu versuchen, nie Kreise der Welt, die sich völlig ineinanderschließen, sondern Tangenten vom Rande einer Persönlichkeit in die Welt hinaus. Nicht das Werk ist der Kreis,

Symbol der fehllosen Geschlossenheit, sondern der Schöpfer, nicht der Künstler vollendet sich, sondern der Mensch (der für das Kunstwerk recht gleichgültig ist). Erlebnisdichtung ist eben keine reine Dichtung, und die wachsende Geschlossenheit im Schöpfer rächt sich mit einer fast proportionalen Brüchigkeit im Geschaffenen. Die besten Romane auch unserer Zeit, die sich ungleich deutlicher als jede frühere um kunsttheoretische Erkenntnis bemüht, sind verhängnisvollerweise in ihren besten Exemplaren – ich nenne nur Thomas Manns »Buddenbrooks«, Schnitzlers »Weg ins Freie«, Ricarda Huchs »Ludolf Ursleu« und Hesses »Camenzind« – verwandeltes Eigenerlebnis, zerdehntes Rückentsinnen des Auges und Ohres, statt frei Erfundenes, und haben alle die Gefahr, mit dieser ersten unmittelbarsten Wiedergabe des Selbsterlebten schon ihre ganze innere Welt zu verraten. Damit soll – ich liebe all diese Bücher sehr – kein Einwand gegen ihre Schönheit, sondern nur gegen die Unreinheit der Gattung versucht sein, und tatsächlich hat schon die Weltliteratur dieses Empfinden bekräftigt, denn keiner dieser Romane hat irgendwo im Auslande eine auch nur annähernd ähnliche Wirkung sich erzwingen können. Wie ein Verhängnis scheint die Persönlichkeitskultur, das Erbteil Goethes, und der jedem Deutschen innewohnende metaphysische Trieb an dem Blut jedes einzelnen Kunstwerks zu zehren und jener freien Darstellung, jener unbefangenen, fast spielenden Art des Erfindens (»fiction« nennt der Engländer die Belletristik und trifft damit ins Schwarze) zu wehren, die für den großen Erzähler immer charakteristisch bleiben wird. Darum ist es kein Zufall, daß die beiden, die neben Thomas Mann, dem bewußt Erstarkenden, die beste Hoffnung auf einen wirklichen deutschen Roman geben, daß Heinrich Mann und Jakob Wassermann schon mit ihrem Blute von der deutschen Tradition gelöst sind. Der eine, Heinrich Mann, durch romanische Abkunft und vor allem seine innerliche Antipathie gegen das Breitbürgerliche, das heute die deutsche Kunst so zu verfetten droht, der andere, Jakob Wassermann, durch stark ausgeprägte Rassenfremdheit und einen Willen zur reinen Epik, wie er ähnlich bewußt in Deutschland noch nicht zu finden war.

Jakob Wassermann, sagte ich, entgeht diesem Gesetz. Denn er ist Jude. Jude in einem viel tieferen, lebendigeren Sinn der inneren Bestimmung, als sonst der konfessionelle Vermerk zu begrenzen pflegt. Denn bei den meisten jüdischen Schriftstellern in Deutschland ist das Judentum längst nicht mehr die innere Substanz, der Kern ihres Wesens, sondern nur eine Art intellektueller Optik, eine Anschauungsform, ein geistiger Mechanismus. Es ist nicht Blickform, sondern Brille, ein Medium der Anschauung, aber nichts selbst Wirkendes, und darum eher ein Hemmnis höchster Anspannung. Dieses Kulturjudentum ist fast nie künstlerisch nahrhaft, weil es eine zu dünne Oberflächenschicht ist, und bedingt jene merkwürdige Wurzellosigkeit, die allerdings wieder durch gesteigerte Anpassungsmöglichkeiten kompensiert wird. Es ist auf dem Weg der tausend Verwandlungen, Filtrierungen und Vermischungen dem echten, dem alttestamentarischen schon so ferne geworden, daß solche Kulturjuden ebensowenig Juden genannt werden dürften wie die Italiener von heute noch Römer und die Griechen Hellenen. Wassermanns Zusammenhang mit seiner Rasse ist ein viel intimerer, er ist nicht nur tingiert vom Judentum, sondern fast ausschließlich von ihm bestimmt, nur aus ihm zu begreifen, wenn auch er (mit J. J. David) von allen modernen Erzählern der deutscheste scheint. Er stammt aus einem jener Winkel in Franken, wo die jüdischen Gemeinden, seit Jahrhunderten eingenistet, in dauernd gegensätzlicher Abgeschlossenheit ihre eigene Art und damit die schöpferische Tradition bewahrt haben. Und durch eine geheimnisvolle Polarität der angespannten Gegensätze ist die elementare Urkraft der jüdischen Weltvision der deutschen näher als der jeder anderen Nation, weil ja beide in ihren Endzielen nach einer einheitlichen moralisch-metaphysischen Vergeistigung des ganzen Lebens streben, freilich in einer unendlichen Verschiedenheit der Methode, aber eins im höchsten Weltbilde, etwa in jener bedeutsamen Begegnung Spinozas und Goethes am äußersten Endpunkte ihrer Geistigkeit. Während aber bei den Deutschen diese Idee der Einheit eine schon eingeborene ist, die nur einer inneren Vervollkommnung und Läuterung bedarf, ist sie bei dem Judentum erst eine errungene. Martin Buber hat in seinen so bedeutsamen Reden über das Judentum die schöne Formel gefunden, daß es ein ständiger Dualismus mit steter Sehnsucht nach Einheit sei. Diese Dualität zwischen der geistigen und sinnlichen Sphäre ist nun für den Künstler die Wahl zwischen der Vision und der Analyse bei jeder innern Weltgestaltung. Schon das Alte Testament, die höchste Probe der jüdischen Kunst, birgt die Urform dieses Zwiespalts in sich, die orientalisch üppige Bilderpracht und die mathematisch reine Formulierung der Idee, den Trieb zum geistigen Gesetz, der in unendlichen Zwischenstufen aufsteigt bis zu jener unsinnlichen Form Gottes, der vielleicht bedeutendsten logischen Idee der Welt. Wassermann, dessen Begabung noch in jenem alttestamentarischen, orientalischen Judentum verwurzelt ist, hat beide diese Urkräfte gegensätzlich in sich entwickelt, eine ungestüme, zu lyrischer Ausschweifung geneigte sinnlich-visionäre, typisch orientalische Phantasie, aber gekreuzt von einem sicheren Wirklichkeitssinn, einem analytischen Spürtrieb, beide voll Gier, sich weltschöpferisch zu betätigen, beide schroff einander gegenüber. Und die Geschichte des Aufstiegs in Wassermanns Schaffen ist die ihrer Versöhnung, ihrer gewaltsamen Vereinung durch einen erstarkenden Willen zur reinen Kunst. Anfangs hat der noch von Verantwortungsgefühl nicht so sehr beschwerte Dichter diese beiden Triebe frei schaffen lassen; es gibt Bücher, die nur von dem einen geschaffen sind (der »Alexander« und das wundervolle Vorspiel zu den »Juden von Zirndorf« vom ziellosvisionären) und solche, die nur Destillate der Wirklichkeit sind (»Der Moloch« und die kunsttheoretischen Dialoge), aber das Wachsen seines Werkes ist ausschließlich von dem Urtrieb bestimmt, die beiden voneinander arbeitenden Kräfte in eine einzige zu verwandeln, der blinden Gewalt der Sinnlichkeit die Zielbestimmung des Intellekts zu verleihen, eine logische Ordnung der Visionen zu ermöglichen und so, auf künstlichem Wege, eine gesteigerte, aber doch richtige künstlerische Anschauung der Welt in seinen Büchern zu gewinnen, die der elementaren sinnlich-eingeborenen gleichwertig ist.

Denn Wassermanns Kunst der einheitlichen Weltanschauung – dafür zeugen seine Rasse und seine Anfänge – ist nicht elementar, nicht primitiv wie die der meisten großen Erzähler, sondern errungen, erlernt und erobert. Es gibt Künstler, denen sie von Anbeginn geschenkt ist. Tolstoi war einer, Gottfried Keller, Dickens, Dichter sie alle, deren künstlicher Kosmos neben dem wirklichen existierte, aber identisch mit ihm durch jene »prästabilierte Harmonie« der Anschauung, der zufolge jede Monade, jedes flüchtigste Geschehnis hüben und drüben durch einen unbegreiflichen Zufall (der eben das Genie der Darstellung bedeutet) immerwährend identisch bleibt. Der

Künstler, der nur aus Vision schafft, ist gewissermaßen der Weitsichtige, dem alle Realität vor den Augen verschwimmt und Geschehnisse nur in wolkiger Ferne auftauchen, während der Analytiker wiederum der Nahsichtige wäre, der über der deutlichen Erkenntnis des Geschauten jeden Horizont verliert. Sie aber, diese Unmittelbaren, die reinen Erzähler wären dann die Normalsichtigen, die Nähe und Ferne in richtiger Proportion zu sich selbst erfassen, die ohne Spiegelungen scharfrandig und klar sehen, sie sind – das Unkomplizierte ist ja nicht das Gewöhnliche, sondern das Seltenste des Lebens – Außerordentliche und Begnadete, deren dichterische Welt zu einer ursprünglichen Identität mit der realen gelangt. Wassermann ist keiner von diesen Beschenkten. Er ist, wie jeder Leidenschaftliche, anfangs geneigt, unwahr zu sein durch Übertreibung und Überhitzung der Gefühlswelt, gleichzeitig aber – der jüdische Zwiespalt – als Analytiker versucht, skeptisch seine eigenen Visionen zu zersetzen. Unruhe ist sein Anbeginn und seine ganze Entwicklung eigentlich nichts als das Ringen um jenes Equilibrium, das für den Epiker notwendig ist, um eine schöpferische Vereinung seiner disparaten Fähigkeiten. Keiner von den Neueren hat sich ähnlich zäh und bewußt um alle Probleme des Erzählens, des Stils und der Gestaltung bemüht, und schon darum ist Wassermanns Entwicklung eine der schönsten Anspannungen künstlerischer Kraft um ihre eigene innere Ordnung, ein Kampf, der, von reinstem Wertgefühl begonnen, mit zunehmender Erkenntnis der Schwierigkeiten immer erbitterter wird. Neun Zehntel der Energie, die Wassermann für sein Werk verbraucht hat, liegt nicht in den Büchern beschlossen, sondern in verworfenen Versuchen, in unterdrückten Werken. Sein Wille zur reinen epischen Kunst ist eine der heroischsten Anspannungen eines Talents um seine innere Vollendung, würdig Flauberts, der in der Mitte seines Werkes ihm als Beispiel zur Seite trat, ein Kampf, dämonisch wie jeder, den menschlicher Wille gegen die Natur und gegen das Schicksal führt. Wie schmerzhaft Wassermann an dem eingeborenen Zwiespalt gelitten hat, spürt man, wenn man sich tiefer in seine Bücher beugt und auf ihrem untersten Grunde (schon in jenen ersten nur ahnungsvollen) als letztes Motiv eben jene Vernichtung des Zwiespältigen, jene brennende Sehnsucht nach Unmittelbarkeit findet. Der reine Mensch – etwa Dostojewskijs »Idiot« –, der unkompliziert fühlende, elementare, von der Sinnlichkeit nicht getrübte, von der Logik nicht verschnürte (also auch der reine Künstler), erscheint dort als der höchste Typus des Lebens. Durch alle seine Gestalten glänzt diese sehnsüchtige Idee der Befreiung, des nackt der Welt Gegenüberstehens, des Weltbegreifens ohne Medium. Sein »Agathon« war der erste dieser Reihe, der »Gute« neben Anselm Wanderer, dem noch unsicheren, noch nicht angelangten, Agathon, sein Symbol der Überwindung des jüdischen Zwiespalts, dann »Caspar Hauser«, der von allen Rassen und Vorurteilen Freie, und gleichzeitig im Weiblichen »Renate«, die unbefleckbare, und »Virginia«, die unbefleckte – immer aber der klare ungefaltete rein triebhafte Mensch als Ideal der Vollendung. Und immer neben oder schon hinter ihnen – das Antithetische ist Wassermann im Theoretischen und Künstlerischen geblieben – in parallelen Linien zum Aufstieg, den sie erreichen, die Gefahr, der sie entflüchten. Stefan Gudsticker, der Lügner, Erwin Reiner, der Blender, Arrhideus, der Sophist – alles, wie Wassermann später aufgedeckt hat, Wandelformen des »Literaten«, des nicht Unmittelbaren – begleiten als Schatten die Strahlenden, immer lauert der Zwiespalt, noch nicht ganz überwunden, hinter der Einheit. Diese eine große Idee der Unmittelbarkeit, die gleichzeitig auch die seiner Kunst ist, überschwebt unsichtbar alle Bücher Wassermanns, so wie über den hellen und finsteren Bildern der Bibel die Gestalt des namenlosen Gottes waltet. Und zu dieser Reinheit der Figuren mit gleicher Reinheit des Schaffens emporzusteigen, solche irdische Vollendung mit gleicher der Kunst zu vereinen, das ist die dämonische Anspannung seiner fünfzehn Jahre Arbeit. Noch ist er nicht am Ziel, noch ist niemals in seinen Büchern diese ideale Gestalt, dieser neue Weltmensch vollendet: immer ließ er ihn, als noch nicht reif in seiner Welt, noch nicht vollendet in der Kunst vergehen. Agathon, den ersten, ließ er vorschnell zerbrechen, Caspar Hauser noch als Jüngling scheiden vor dem Erlebnis der Frauen, Renate verging an den Träumen, Virginia versinkt in die Wirklichkeit. Noch ist das Ideal nicht geschaffen, noch die Geschichte des Beatus nicht geschrieben, Sohnes Agathons und Renates, des Erlösers und der Erlösten, die Geschichte des Freien von beiden Rassen, des von allen Fährnissen Befreiten. Nur sich selbst, den Künstler, hat Wassermann in diesen Jahren der Anstrengung errungen, noch nicht sein höchstes Werk.

Es gibt ein paar Bücher von Jakob Wassermann (ganz frühe und heute schon verlorene), die von diesen ernsten Anstrengungen um die Kunst noch nichts wissen. Die sorglosen möchte ich sie nennen. Sie sind noch ohne jenes schmerzhafte Bewußtsein letzter künstlerischer Verantwortung geschrieben, noch ohne Zurückhaltung, rasch nur ein Erlebnis in Schilderung verwandelnd, aber bemerkbar schon durch den gebändigten Stil, der sich unbewußt gegen jeden seelischen Lyrismus, gegen den sprudelnden Rhythmus der Ekstase wehrt. »Melusine« heißt das eine, »Schläfst du, Mutter?« das andere. Sie gehören beide zu seiner Biographie, aber noch nicht zu seinem Werk.

Wassermanns erste Tat sind die »Juden von Zirndorf«, eines der merkwürdigsten und bei aller Verwirrung genialsten Werke unserer neuen Literatur. Sie sind eines jener dämonischen Erstlingswerke, die, gleich verräterisch für das Genie und seine Gefahr, die ganze zukünftige Entwicklung, das spätere Erlebnis, schon mit wahrsagerischen Runen in sich aufgezeichnet haben: eines der Werke, das nachtwandlerisch schon die Pfade geht, die alle spätern dann mit der ungeheuern Mühe des Gefahrbewußten beschreiten werden. Eine Urkraft flackert darin, die zum mütterlichen Ganzen des Weltgefühls in verzweifelter Sehnsucht zurück will, die Gier, alle Probleme des Lebens in die Faust einzupressen, schon mit dem ersten Ansprung verwegen das Unzulänglichste zu fassen. Ich möchte Wassermann damals gekannt haben, glühend und verworren, in diesem – fast möchte ich sagen: vulkanischen – Augenblicke, da er sein ganzes Blut in ein einziges Werk stürzen wollte, da er das Höchste plante, Erlösung seiner selbst im Symbol, Austilgung seiner Rasse, einen neuen Mythos eines neuen Heilands (das gleiche, was zwanzig Jahre später Gerhart Hauptmann für unsere Welt im »Emanuel Quint«, was Dostojewskij für die russische versucht hatte). Auftauchend, noch ganz heiß von der jüdischen Tradition, in seine eigene Welt, wirft er ihr den glühenden Gedanken zu, den er ihren Tiefen entrungen: die messianische Idee, in der jeder jüdische Idealismus am tiefsten wurzelt. Denn dieser Agathon, der reine Apostel einer verworrenen Welt, will nichts Geringeres, als seinem entgötterten Volke eine neue Gläubigkeit schaffen, noch einmal wie der Sabattai Zewi des Vorspiels vom Morgenlande, vom Orient aus die Welt erlösen (so wie Aljoscha Karamasow sein Rußland).

Wassermann hat ihm seine ganze unverbrauchte Leidenschaft mitgegeben, ihn gespeist mit allen Kräften einer angespannten Rasse – aber der Künstler in ihm war nicht stark genug, um ihn über ein ganzes Leben zu halten. Agathon, der ein Christus hätte werden sollen, ist in den »Juden von Zirndorf« der Johannes geblieben, der Verkündiger statt der Erlöser. Die Visionen, die im historischen Vorspiel, im Irrealen unerhörten Flug nehmen, zerscheitern an den Wirklichkeiten: der Dualismus des künstlerischen Prinzips, Fluch der Rasse, ließ Wassermann das Werk vorschnell, mit jugendlicher Ungeduld beenden. Die »Juden von Zirndorf« sind Fragment geblieben (nicht äußerlich, aber innerlich), sein Urfaust, ein Chaos von Möglichkeiten, durch das die Schicksale wie Meteore taumeln statt als Sterne in geeintem Umschwung. Wassermann hatte damals zu wenig künstlerisches Gesetz in sich, nur den Willen, dieser aber war kühner als je in einem spätern Werk; und erst wenn die Spirale seiner Entwicklung wieder zu jenen höchsten Anspannungen zurückkehrt, die er damals haltlos, voreiligen Pfeilen gleich, nach oben schnellte, wird man der künstlerischen Gewalt inne werden, die jene Jahre innerer Arbeit in ihm gezeitigt haben.

Damals war er noch zu schwach, zu leidenschaftlich, das Bild seines Ideals vom unmittelbaren Menschen zu vollenden. Und zerbrach es lieber (um es später neu zu erschaffen), statt es zu verderben. Er ließ Agathon hinschwinden, unerfüllten Werkes, in seinem nächsten Roman der »Geschichte der jungen Renate Fuchs«, die von all seinen Werken bis heute den stärksten Erfolg gehabt hat. Einen verhängnisvollen, weil aus Zufälligem und Nebensächlichem genährten, wie er bald erkannte, verdankt eigentlich nur einem intellektuellen Witterungssinn für das brennende Problem der Zeit, für die Frauenfrage. Aber auch hier ist die Idee eines klaren ursprünglichen Verhältnisses zur Welt das innerste Motiv: Renate Fuchs, bei der sich selbstverständlich der Wille zum unmittelbaren Erlebnis ins Erotische wendet, geht der Reinheit des Gefühls nach und wird dadurch zur Asbestseele, die in allen trüben Feuern des Lebens ihre innere Unberührtheit beschützt. Sie gibt zuerst – wieder ist das Schicksal des Künstlers hier zur Tragödie seiner Menschen verwandelt – nur irgendeiner leidenschaftlichen Ungeduld nach, sie verschwendet blind ihre lyrisch aufgeregten Kräfte an die Verlockungen des Scheines, um erst durch

Prüfungen zu ihrem Wert- und Unterscheidungsgefühl zu gelangen. Wie Agathon, der sie entsühnt, ist sie noch eine Unvollendete, eine Suchende, eine Werdende, aber doch schon voll Erkenntnis des Wertlosen, der künstlichen Kultur des Wortes, die Gudsticker, der äußerliche Dichter, hier symbolisiert, der Literat, die immanente Gefahr des stets nur gewerteten und gespiegelten, statt wahrhaft gelebten Lebens. Und stärker drängt dieser Roman schon ins Wirkliche hinein, freilich mit noch unzulänglichen Kräften. Die Überwertung der Frau, wohl begründet in einem momentanen Erlebnis, hat, wie bei so vielen Künstlern, hier die moralische Absicht sentimental gefärbt, der visionäre Trieb wird niedergehalten durch die immer vordringendere Einmengung der Realitäten. Je näher Wassermann in diesen ersten Büchern dem Unmittelbaren tritt, desto deutlicher wird seine künstlerische Unzulänglichkeit (im Vergleich zu den späteren Romanen). Die Gestalten stürzen, wie aus jäh aufgerissenen Türen geschleudert, ganz heiß noch von Wirklichkeit, auf die Szene, mengen sich ein und verschwinden, hemmen das sausende Schwungrad der Handlung, verschatten mit ihren Körpern das innerliche Licht. Irgendeine Ungeduld verschiebt auch hier das Schwergewicht der Handlung; ebenso wie in den »Juden von Zirndorf« beginnt in den letzten Kapiteln die zu rasch aufgebaute, mit zuviel Details beschwerte künstlerische Masse zu knistern und bricht in unvermittelter Katastrophe zusammen. Eine feuerfarbene, aber innerlich kalte Vision von der Todesvereinigung Agathons und Renatens verbrennt den mühsam gehäuften Stoff kostbarer Beobachtungen.

Aber Wassermann, vielleicht verwirrt durch den Erfolg, wollte noch tiefer hinein in das Wirkliche und maß im nächsten seiner Romane, »Der Moloch«, seine jugendliche Kraft mit dem schwersten aller künstlerischen Probleme, mit einer Aktualität. Ein Prozeß, den eine jüdische Familie gegen die Räuber ihres gewaltsam getauften Kindes anstrengten und der damals in ganz Österreich größte Aufregung hervorrief, verlockte ihn zu einem Zeitroman, jener Gattung der Kunst, die nicht nur Talent, sondern eine ungemeine Sicherheit gegenüber den Tatsachen, ein eminentes künstlerisches Equilibrium und vor allem absolute Leidenschaftslosigkeit verlangt (denn ein Zeitroman mit innerer Beteiligung wird zum Pamphlet). Das alles war im zwiespältigen Talent Wassermanns nicht zur

Reife gelangt, und darum ist der »Moloch« bis heute sein mißlungenstes Werk, der vielleicht einzige wirkliche Fehlgriff seiner sonst instinktiv unendlich glücklichen Stoffwahl. Auch hier ist der Gedanke der Unmittelbarkeit, des reinen Menschen, in dem ich das Leitmotiv seiner Jugend sehe, wieder angeschlagen. Man sieht, daß Wassermann sich selber bewußt ist, diese Idee nicht bewältigt zu haben, er rollt sie hin und her, knabbert sie von allen Seiten an wie ein Hund den übergroßen Brocken, den er nicht mit einemmal verschlucken kann. Er spielt mit dieser großen Idee, packt sie so ungeduldig, daß sie ihm immer wieder entgleitet, aber er läßt sie nicht frei mit jener erhabenen Zähigkeit des großen Künstlers, der mit dem Engel ringt, bis daß er ihn segnet. Hier ist sie zum erstenmal, die erlösende Idee, ins Tragische gewandt, nicht gezeigt, wie sich ein Mensch durch den Wust des Lebens zur innern überzeugenden Klarheit durchringt, sondern das Widerspiel, das Trübwerden, das Erblinden des Ideals, der Untergang des Reinen im Sumpf der Leidenschaften. Schon Anselm Wanderer, der problematische Held der »Renate Fuchs«, war ein Unsicherer gewesen, pendelnd zwischen dem schöpferischen und dem bloß gaukelnden Menschen, zwischen Agathon und Gudsticker, hier aber ist die Ernüchterung des Ideals, die Verzweiflung an der innern Vollendung (und sicherlich wieder korrespondierend mit einer menschlichen Depression des Künstlers) Tatsache geworden. Der »Moloch« stellt die innere Krisis des Künstlers Wassermann dar: eine ungemein wertvolle, wie sein späterer Aufstieg erweist. Er hat ja allen diesen drei Büchern selbst das Urteil gesprochen – ich meine immer: im höchsten Sinne –, indem er die Helden, die er anfänglich zu den äußersten Vollendungen emporsteigen lassen wollte, vorschnell zum Tode bestimmt. Sie alle, Agathon, Renate und der Held des »Moloch« sind noch nicht ganz rein, ganz schöpferisch, sie haben noch nicht alle Schlacken der Rasse und der Beziehungen in sich ausgetilgt, sie haben alle noch Dunkelheit und Schwere in sich, schwarzes, jüdisch-grüblerisches Blut. Sie ringen noch mit dem Leben, statt mit ihm zu spielen, wie die ganz Großen. Mit ihrer Vernichtung vernichtet Wassermann in sich selbst seinen höchsten Willen, zu dem er noch nicht die Stärke fühlt. Er weiß, daß er sich in diesen noch brüchigen Gestalten nicht verschwenden darf, sondern sparen muß, um seiner letzten Aufgabe (spät in den Jahren vielleicht einmal) entgegenzugehen, die all diese frühen Versuche zusammenfaßt: die Geschichte des Beatus, des Glücklichen, Sohnes des Agathon und der Renate, des Kindes zweier Rassen, aus der Umarmung des Todes und des Lebens empfangen, von Verzweiflung und Hoffnung mythisch gezeugt, in der seine höchste Absicht von einst mit seinem inzwischen zur Vollendung gesteigerten Können sich vielleicht vollkommen versöhnen wird.

Wassermanns erster, durch den heroischen Elan bewundernswerter Ansturm gegen die Realität war mit diesen drei Büchern mißlungen. Das lebendige Leben ist zu eigenwillig, um sich leidenschaftlich in einer heißen Minute nehmen zu lassen, es verlangt vom Künstler auch bedingungslose Treue und Geduld. Diese ordnende Verteilung der schöpferischen Kraft ist Aufgabe der Mannesjahre. Es kommt nun in Wassermann zu einer Ruhepause der Selbstbesinnung, die auch zusammenhängt mit einer gleichzeitigen Wandlung seiner äußeren Existenz, seiner Verheiratung und der Stabilisierung seines Wohnorts. Er übersiedelt nach Wien, und hier tritt der Heiße und Ungestüme in einen Kreis von Künstlern, die vom ersten Beginn sich strenge Selbstverantwortlichkeit zum Ziel gesetzt haben und innerlich beständig die schöpferische Aufgabe dem Maß ihrer Kraft anpassen. Und er lernt von ihnen. Nichts Fremdes freilich, sondern nur sich selber beherrschen, und wird reif durch Resignation. Sein Wille befeuert nicht mehr vereinzelt, in heißen Visionen das einzelne Kunstwerk, sondern schließt seine Glut zusammen in eine einzige geschlossene Anspannung zur Kunst. Zur Kunst des Schreibens, des Erzählens, des Gestaltens, zur bewußten, auf Dauer gedachten Schöpfung. Wassermann beginnt, er, der Unbändige, Chaotische, zu erkennen, daß Genie auch Geduld sei, Flaubert wird sein Lehrmeister, die großen Schweizer Keller und Conrad Ferdinand Meyer nehmen ihn in die Zucht. Und Geduld, geschlossene Anspannung füllt langsam die Kluft zwischen den beiden eingeborenen Formen seines Talents, der Vision und der Analyse, nicht mehr diametral beginnen sie zu wirken, unruhig die Erzählung bald an einem, bald am anderen Strange nach vorwärts reißend, sondern der sichere Kunstwille macht eine der anderen dienstbar, was um so eher gelingt, als die bisher übermächtige Vision mit der abnehmenden Jugend an Rauschkraft verliert, indes die künstlerische Logik sich an den

Erfahrungen täglich bereichert. Eine Ruhe, ein innerer Ausgleich geschieht in Wassermann, der sich auch in seinem Stil spiegelt, deutlicher, als der Raum hier nachzubilden erlaubt. Auch er barg beide Extreme der Sinnlichkeit und Geistigkeit, die farbig wirre lyrische Aufwallung, die sprühende Kaskade verschlungener Sätze, und andererseits die knappe Kristallisation, die Neigung zur epigrammatischen Verkürzung, die beide heute noch in Wassermanns Stil bestehen, aber in einer wunderbaren Ausgeglichenheit. Er hat sich damals vom Ornament befreit, vom Überflüssigen zum Notwendigen gebändigt, und sein epischer Vortrag hat nun jenen wie rhythmisch bewegten Wellenschlag, der ohne Lärm, nur mit wohltuend sanftem, unmerklich mitklingendem Wiegen die Erzählung weiterspinnt. Er ist nicht funkelnd, sein Stil, sondern dunkel metallisch, nicht ein flirrendes Geschmeide von Worten, sondern geschliffener Stahl, biegsam und elastisch, nicht Feuer sprühend, aber in Feuer gehärtet. Er opfert die Melodie dem Rhythmus, den verführerischen Schwung der steten Beharrlichkeit, an jenen gleichmäßig festen Schritt geübter Bergsteiger gemahnend, die höchste Gipfel erklimmen wollen und wissen, daß Sprünge und Eile vorschnell die Kraft ermüden. Aber er ist nicht trocken; in seiner Dunkelheit glänzt jenes innere Licht, das auch den paar Gedichten Wassermanns die merkwürdig orphische Musik gibt. Und er ist deutsch in dem hohen Sinne von Zucht, für den Bach musikalisch und Kleist literarisch den reinsten Typus darstellen.

Die drei nächsten Bücher, die Jakob Wassermann schrieb, der »Alexander in Babylon«, »Die Schwestern« und der »Caspar Hauser« sind technisch untadelige Werke geworden durch den erwachten Sinn zur Selbstbeherrschung. Nun erst der Schwierigkeiten bewußt, die der zeitgenössische Roman gerade seinem auf Zwiespalt ruhenden Talent bot, wandte er sich zunächst zum Historischen zurück (oder, um näher zu seinen Worten zu sprechen, er versucht Mythos nicht aus dem optisch Realen, sondern der Überlieferung zu gewinnen). Das Historische bedeutet eine wunderbare Zwischenstufe zwischen dem Ersonnenen und dem Geschauten, dadurch, daß es zwar Realität ist, aber doch eine nur individuelle und darum unkontrollierbare, eine Wirklichkeit, die erst der schöpferischen Vision bedarf, um in die Erscheinung zu treten. Und hier entfaltet sich gerade die Doppelwirkung seines Talents aufs glücklichste:

sein reifer Intellekt, gepaart mit dem nun ganz gehärteten Stilgefühl, spürt aus dem Wirrsal der erhaltenen chronistischen Berichte den Funken Leben, den seine Vision dann zu brennender Glut anfacht. Wassermann weiß jetzt, wie gefährlich es ist, vorschnell das Ganze zu wollen, und teilt seine Kräfte. Einmal gibt er noch der ganz wilden, ganz farbetrunkenen orientalischen Phantasie freien Lauf, im »Alexander«, dieser Orgie der wie mit Haschisch aufgehetzten Sinne. Wir haben in der ganzen deutschen Literatur vielleicht kein Buch, das so sehr Rausch ist, so sehr Farbentrunkenheit, so sehr innerlichen Zusammenhang mit den modernen Malern hat, die auch in den grellroten glühendsten Farben mit einer fast sinnlichen Lust wühlen. Nie ist der Orient ekstatischer geschildert worden als hier aus einer vielleicht geheimnisvoll-sehnsüchtigen Rückerinnerung des Blutes. Nur eine Sekunde der Weltgeschichte zeigt er, aber jene grandiose des Zusammenbruchs des größten aller Kaiserreiche in einem einzigen Menschen, die Selbstvernichtung der Leidenschaft, in der Wassermann vielleicht seine eigene überwundene Gefahr vergeistigt hat. Denn so stark ist das artistische Verantwortungsgefühl schon in ihm geworden, daß die Kunst ihm zum Lebensproblem wird, daß ihm im Sinne Flauberts das ganze unendliche Leben nicht mehr Selbstzweck scheint, sondern Materie, die in Kunst zu verwandeln ist. Eine ungemein fruchtbare Bescheidung wird sichtbar. Wassermann will nicht mehr wie im Beginn sein Volk oder die Frauen erlösen, sondern den Künstler in sich ganz frei machen. Er stößt sich selbst aus seinem Kunstwerk heraus und macht es dadurch vollendet, wenn er auch manchem dadurch persönlich uninteressanter wird. Immer mehr wird er anonym, der unsichtbare Schöpfergott, den sein Werk zwar ahnen läßt, nie aber im Sichtbaren zeigt. Immer mehr gewinnt er die Zügel über sein Talent. In den drei Novellen »Die Schwestern«, die komplizierteste seelische Zustände mit psychologischer Meisterschaft schildern, spürt man zum erstenmal eine klare Disposition, eine anordnende, wägende, ausgleichende und verwerfende Hand, nicht nur glühende Sinne. Wo früher eruptive visionäre Entladungen gleich Motoren die Handlung über breite sandige Strecken forttrieben, arbeitet nun eine wohlberechnete Kraft. Die kunstvollen Gebäude gehorchen nicht nur der Schönheit, sondern auch den Gesetzen der Schwerkraft, sie haben Stabilität, indes die frühern Novellen etwas Fluktuierendes hatten, das farbige Gleiten von Wolken oder Träumen. Besonders in der Kriminalnovelle, in der aus flüchtigem Verdacht die Lawine des Verhängnisses anschwillt, bewundert man die Meisterschaft des literarischen Kontrapunkts: wie im Schachspiel ist Zug gegen Zug gesetzt, in sicherer unaufhaltsamer Umkreisung ein Leben vom Netz des Verhängnisses umschnürt, alles geschieht mit der Notwendigkeit des Spontanen, die innerlich wieder verzahnt ist in die immanente Absicht des Schicksals. Auch hier ist das Ornament überwunden, das Zufällige, das Schmückende ersetzt durch die stählerne Fügung, Stoff und Stil also zur Identität gezwungen. Und von diesen Versuchen, Schicksale in der Stunde ihrer Reife, eben ihres Schicksals, zu schildern, mag ihm der Mut geworden sein, einen Menschen von der ersten Entwicklung aufzubauen, den unzugänglichen, weil organischen Prozeß der seelischen Kristallisation mit der Alchimie der Kunst nachbildend zu versuchen.

Ich meine den »Caspar Hauser« (der hier nur in der Beschränkung des Zusammenhangs mit den früheren Werken betrachtet sei). Hier hat Wassermann sein altes Ideal vom unmittelbaren Menschen wieder aufgenommen, aber gleichzeitig bewahrt vor der Gefahr des Persönlichen, indem er diesen außerordentlichen Menschen als einmaligen Einzelfall, nicht als Typus gestaltet hat. Er hat ihn von den Wirklichkeiten weggehalten, sogar vom allgemein Menschlichen, indem er ihn tiefer verstrickt sein ließ mit den Urkräften der Erde, sein Blut begabte, Gewitter und jedes elementare Geschehen, selbst seinen Tod prophetisch zu spüren, indem er ihm mystische Witterung gab, das Herz aus den Worten zu erlauschen. Aber er hat gleichzeitig in seinem Erlebnis eine Verkürzung des ganzen seelischen Weltbegreifens gegeben und die pathetische Historie des namenlosen Findlings, dessen Tragödie es war, keine Kindheit zu haben und nur Jüngling zu sein, verdichtet zu der Geschichte der Kindheit überhaupt, zur Bewußtwerdung der in trüben Erinnerungen vergehenden Entwicklung der Seele. Es ist im wesentlichen nur der geheimnisvolle Moment der Entdeckung des »Ich« im Menschen gegenüber dem unendlich vielfältigen »Du« der Welt, der uns allen verdämmert und der nur im Künstler (der in manchen Sekunden dem Kosmos wie zum ersten Male gegenübersteht) wieder wach wird. Und es ist gleichzeitig die Geschichte des reinen

Menschen, der nicht von fremden Begriffen gefälscht ist, des ganz Unmittelbaren, der primitiv und mit intuitiver Klarheit den Dingen gegenübersteht und darum von keinem begriffen wird, irgendein Symbol des ganz nur von sich bestimmten, des namenlosen, gattungslosen Begriffes Mensch, der uns längst im Schwall der Vorstellungen entglitten ist. Und sein Tod ist nicht wie der frühere aller Helden Wassermanns auch ein Urteil, Abspruch der Lebenstüchtigkeit, sondern Schicksal, denn Caspar Hauser ist nicht für das Leben gedacht (das Übergang bedeutet), sondern als Sekunde, als die Sekunde Jüngling, sein Körper, sein Leben nur eine versteinerte Durchgangsform eines entgleitenden Begriffs. Und dieses Werk Wassermanns – für mein Empfinden sein bisher vollendetstes – ist mißverstanden, wenn es nur erzählerisch gewertet wird, als Geschichte eines Menschen. Es ist Symbol für unsere eigene mystische Weltentdeckung, Komprimierung unserer breiten kindlichen Erfahrungen in ein einziges Erlebnis, ein kühnerer Versuch ins Dunkel des Wachwerdens, als er mit dichterischer Flamme bisher versucht wurde. Und auch in der Gestaltung ist das Gefühl des Einmaligen, des Monumentalen, der Wille, diese in Legenden schwankende Gestalt ganz ins Dauernde, ins Unwiderlegliche zu heben. Eine tiefe Gläubigkeit an seine Gestalt übermannt Wassermann: zum erstenmal, glaube ich, liebt er in einem Werke seinen Menschen. Und bestätigt sich damit selbst zum erstenmal als produktiver Künstler, er, der bislang seine Gestalten vor der Vollendung zerbrach und damit ihre Unzulänglichkeit gegenüber dem inneren Ideal bekundete.

Nach diesen drei Büchern, die alle der Belebung der Vergangenheit galten, versucht Wassermann, mit nun gereiften Kräften sich wiederum der Gegenwart zu bemächtigen in seinem viel diskutierten und auch viel befeindeten Roman »Die Masken des Erwin Reiner«. Es ist der Roman des Literaten, den Wassermann in seiner Studie über den »Literaten« hinter fast allen Formen des halbschöpferisch fähigen Menschen aufgespürt hat, des Trügerischen und Blendenden, der mit dem Leben spielt, statt es zu leben, der es beredet, statt es zu begreifen, der es am meisten zu besitzen scheint und doch immer nur Spiegelglanz hat, wertlosen Widerschein. Und ihm gegenüber in jener geheimnisvollen Gegnerschaft, die Wassermann so oft schon aufgedeckt hat und die ihm nicht minder bedeutsam scheint als der Widerstand der Geschlechter, der elementare Mensch, der Fruchtbare gegenüber dem Wertlosen – hier aber zum erstenmal in der Gestalt einer Frau gesehen. Virginia – die Namen sind wie so oft bei Wassermann verräterisch in ihrer Symbolik – ist die Selbstsichere, die nicht nur körperlich Unberührte, sondern auch seelisch nicht Verführbare, in ihrer Einfalt stärker als alle Künste ihres geschmeidigen Verführers. Und zum ersten Male in Wassermanns Werk ist es nun die reine unmittelbare Kraft, die über den Schein siegt – den Menschen, der hinter seinen Masken keine Seele birgt –, ein Symbol, wenn man will, für das künstlerische Selbstgefühl, für die gesicherte Weltanschauung des Dichters, der sich selbst als Schaffenden und darum Siegreichen bejaht. Gudsticker beschämte noch Agathon und Anselm im Beginne, hier – denn Reiner ist ja ñur Wandelform dieses Urbegriffes – bricht er vor der unwiderstehlichen Gewalt des einheitlichen, innerlich klaren Menschen zusammen. Virginia ist intuitiv das, wozu Renate gelangen will, die Keuschheit des Fühlens, die Wahrhaftigkeit der von den Sinnen nicht mehr zu verleitenden Seele, die Frau, die sich nicht mehr nehmen läßt, sondern nur schenkt, und darum die ganz Freie, dem äußersten Ideal des Unmittelbarkeitsbegriffes Wassermanns schon sehr nahe. Es wäre verlockend auszuführen, wie sehr dieser seit langem erste Wirklichkeitsroman Wassermanns den früheren überlegen ist, wie die Einschränkung des Problems in den Kreis des Einzelschicksals, ohne die pathetischen Versuche der Renate zur aktuellen Bedeutsamkeit, die innere Architektonik gefördert hat, eine wie genaue Berechnung der Wirkungen hinter den wie zufällig sich abrollenden Geschehnissen ständig zu spüren ist. Denn Wassermann hat gelernt, systematischer als jeder andere, hat im Arsenal der epischen Kunst alle Waffen geprüft, die Geheimnisse der Wirkung theoretisch durchforscht – die »Kunst des Erzählens«, seine Studie verrät nur einen Teil seiner angespannten Bemühungen – und nicht gezögert, die verachtetsten Elemente der epischen Befeuerung, Spannung und Grauen, in künstlerischer Veredelung als Blutzufuhr seinen Romanen zu eigen zu machen. Er hat nicht gezögert, die elementaren Gesetze der Wirkung aus Kolportagegeschichten und niederer Unterhaltungslektüre aufzuspüren, epischen Stoff selbst in melodramatischer Verkleidung zu wittern und kühn noch einmal anzufassen, was andere schon mit ungeschickten Händen dauernd verpfuscht zu haben schienen. Man vergesse nicht, daß »Klarissa Mirabel«, seine Meisternovelle, ihren Ursprung im verachteten »Pitaval« hat, daß Caspar Hauser ein Lieblingsobjekt antidynastischer Kolportageromane war, daß selbst die Geschichte Erwin Reiners im Grunde die Geschichte der immer und über alle Künste des verlockenden Don Juans obsiegenden Tugend ist. Aber alle diese fast volkstümlichen Elemente hat Wassermann bewußt aufgenommen, eben weil er fühlte, daß die allzu vornehme Verachtung des Spannenden, dieses ewigen Urelements alles Erzählens, und die rigorose Ausschaltung des Sonderbaren jene merkwürdige Bleichsucht des deutschen Romans erzeugt hatten, an der wir seit einem Jahrhundert kranken; er hat erkannt, daß Psychologie zwar unsichtbare Triebkraft, nie aber Geschehnis in einem Werke sein müsse und daß Sparsamkeit der Darstellung ebenso notwendig sei wie Vielfalt des Geschehens. Er tritt damit, obzwar er deutscher schreibt als fast alle unsere gegenwärtigen Erzähler, entschlossen aus der deutschen Romantradition heraus, mit dem sichern Willen, in einen höheren Kreis zu treten, den der Epik überhaupt, des allerorts und jederlands gleich gültigen Kunstwerks der Erzählung. In ihm ist heute ein Wille über die deutsche hinaus in die Weltliteratur.

Zu welcher Virtuosität sich das rein technische Können Wassermanns an den Erfahrungen und im Mißlingen emporgesteigert hat, bezeugt sein letztes Buch, »Der goldene Spiegel«, das in seiner Art irgendeinen neuen Begriff darstellt. Es sind Erzählungen in einem Rahmen, aber der Rahmen beginnt schließlich selbst zu leben, fließt farbig über ins Geschehen, das wiederum Geschichte um Geschichte im Urteil ordnend spiegelt. Es scheint Mosaik und ist doch mehr, weil all die funkelnden epischen Fragmente gleichzeitig wieder den einzelnen Erzähler charakterisieren, der hier immer zwischen die einzelne Novelle und den Dichter als Reflex eingeschoben ist, so daß die Charakteristik nicht unmittelbar durch Beschreibung, sondern kristallinisch durch innere Werturteile in die Handlung wächst. Verwirrend ist diese Kunstfertigkeit. Es sind ganz kleine Anekdoten darin – die »Keimzelle der Epik«, wie sie Bab jüngst so glücklich nannte – und die raffiniertesten breitesten Novellen wie »Aurora« oder »Die Pest im Vintschgau«, alle aber ineinander verzahnt, wie das Räderwerk einer Uhr, wo kleine Räder die großen treiben, feine silberne Stifte dazwischen das Equilibrium halten, kleine künstliche Federn spannen oder retardieren, um alle zusammen den ebenmäßigen Rhythmus, den Takt des Erzählens im steten Gleichmaß zu halten. Zum ersten Male hat Wassermann hier als Erzähler den ganz ruhigen Atem des rhythmisch Schreitenden, zum erstenmal ist es ihm gelungen, sich ganz auszuschalten, anonym zu bleiben hinter dem Werke. Das Historische und das Reale sind darin versöhnt, aber auch das Wichtigere, seine beiden diametralen Erzählertriebe, Logik und Leidenschaft.

Diese immer größere Ruhe und Sicherheit kennzeichnet heute Wassermanns Schaffen. Er stürzt nicht mehr in seine Bücher sich kopfüber hinein mit jener schönen berserkerischen Wut seines Beginnens, sondern er bändigt sie. War er früher von der Welt wie brünstig in das Dickicht der Kunst gehetzt, sich dort vor der Übermächtigkeit des Lebens zu retten, so ist er heute selbst schon der Jäger, die Kunst ward ihm Waffe, das Leben sein Wild und bald die Beute. Das Schaffen beginnt für ihn endlich statt eines Kampfes ein Spiel zu werden. Das unangenehm Krampfartige, Eruptive, das Quälerische und künstlich Verworrene, das vielen den Genuß seiner Bücher verleidete, ist langsam wie Rauch ihnen entwichen, sie klären sich in dem Maße, wie die geistigen Strahlen, statt sich in Blitzen sinnlos zu entladen, harmonisch in eine Lichtquelle sich sammeln. Die Dunkelheit und lastende Trübe hebt langsam an, von Wassermanns Büchern zu weichen, der Krampf der Jugend wandelt sich in stetige zielsichere Kraft. Und es könnte leicht sein, daß nun bald jener goldene Glanz von Heiterkeit auf ihnen zu ruhen beginnt, der auf beruhigten Wassern nach wühlenden Stürmen so gerne sich spiegelt.

Peter Rosegger

Er hat begonnen vor mehr als fünfzig Jahren als unbeholfener klobiger Bauernbub aus einem steirischen Älplerdorf, kaum der Rechtschreibung kundig, tumb und unbelehrt, ein kleiner Parsifal in Lederhosen, der mitten in der Zeit der Eisenbahnen und Telegraphen nach Wien aus seinem Dörfel fuhr, um den Kaiser Josef zu suchen (wie schön, wie rührend hat er diese Torheit seiner Kindheit erzählt). Und jetzt, da sein Atem innehielt, war er ein milder gütiger Greis, Welt und Zeit mit stiller Weisheit von eben demselben steirischen Heimatswinkel umfassend, der »alte Heimgärtner«, der wie Lynkeus der Türmer von seiner einsamen Höhe nach den Stunden und Sternen spähte. Dazwischen liegen unzählige arbeitsvolle, hilfstätige Tage, eine Bücherreihe, die mühelos eine Wand füllt, eine reiche Lebenswanderschaft und ein großer Ruhm.

Aber Ruhm, wie vielfältig vermag dieses Wort zu sein! Ruhm, das ist Neugier, Unruhe, ist Wirkung und Menschengewalt, ist ein Denkmal und ein Sarg, ist zugleich Lärm und Vergessenheit. Und durch alle diese Phasen ist dieser alte Mann langsam durchgeschritten. Zuerst war er eine Kuriosität: irgendein Winkelredakteur hatte ein paar Gedichte von dem kleinen Schneidergesellen abgedruckt, sie machten Aufsehen, und er hatte seinen ersten Ruhm, freilich dem einer Zirkusnummer nicht allzu unähnlich: er war der dichtende Bauernbub aus der Steiermark. Aber dann begann man allmählich ihn mehr zu achten. Die Zeit war ihm günstig; Bertold Auerbach, die Birch-Pfeiffer hatten die Bauernwelt für die Literatur entdeckt, und man spürte, dieser Neue, dieser Peter Rosegger war echter als sie alle. Er hatte Wurzel und Saft, war ein gerader kerniger Erzähler, und sein Weltwinkel, wieviel Liebe strömte er aus! Damals vor vierzig Jahren begann Rosegger der Liebling des deutschen Volkes zu werden und wirklich: des Volkes! Wo sonst der Name eines Dichters nie eindringt, in die kleinen Stuben, darin noch unter brennendem Kienspan und schwelendem Petroleumlämpchen Bücher mehr durchbuchstabiert werden als gelesen, sprach man seinen Namen mit Ehrfurcht aus, seine Zeitschrift »Der Heimgarten« (die vielleicht kaum in zehn Exemplaren in die Großstädte dringt) war dort Hauspostille und Unzähligen seit vierzig Jahren darin sein Wort Meinung und Gesetz. Immer weiter wuchs des Steiermärkers Ruhm, Tolstoi, der Unerbittliche, rühmte seine Romane als »gute Bücher«, in Frankreich schrieben zwei Professoren dicke Bücher über sein Werk, und ich glaube nicht zu irren, wenn ich sage, daß von keinem lebenden deutschen Autor mehr Bücher verkauft und verbreitet waren. Unermeßlich wurde allmählich sein Ruhm: mehr als Hauptmanns, als Hebbels, als Kleistens, als Gottfried Kellers war dieser Name Rosegger längst ein Begriff geworden, eine Selbstverständlichkeit. Aber eben in diesem Erstarren zum Begriff war ein stilles Sterben in seinem Ruhm: die Literatur kümmerte sich um seine Bücher nicht mehr, wertete sie kaum. Ein neuer Roseggerband zu Frühling und zu Herbst, das wurde allgemach selbstverständlich, wie die grünen Blätter am Baum im April und die gelben im September, man staunte nicht darüber und wußte, wie sie waren – eben: Rosegger –, ohne sie aufzuschlagen. Die junge Generation und die jüngste zog flüchtig den Hut vor seinem Namen und ging vorüber, ohne nur seinem Werk ins Antlitz zu sehen. Er war vergessen, eingesargt in seinem Ruhm. Und als ich im vergangenen Jahr aus dem Gefühl, einmal um ihn zu wissen, sein jüngstes Buch aufschlug und dann öffentlich sagte, eine wie hohe, wie ehrfurchtswürdige Menschlichkeit hinter diesem großen Namen sei, da kam ein Brief von ihm, zitternder Altershand, unendlichen ungläubigen Staunens voll, daß man drüben in der andern Welt, in der Stadt, bei der Jugend noch etwas an ihm müden alten Mann finden könne. Es ist mir heute ein liebes kostbares Blatt, weil darin Freude eines Menschen blinkt, der andern viel, unendlich viel Freude getan.

Und da, da ist sein Wert in der Zeit. Kein Schriftsteller, kein Dichter der letzten Generationen in Deutschland hat in so ernster sittlicher ehrlicher Weise schlichten Menschen von kleiner Welt erzählt und in ihnen die milden Lichter der Liebe zur Natur, zur Einfachheit, zur Andacht entzündet. Wie Jeremias Gotthelf, sein Schweizer Bruder, hat er ihnen immer wieder gesagt, daß an der Erde der beste Halt für den Menschen sei, und sie gewarnt vor der Verführung der Städte, hat prophetisch im Handel und der Geldsucht den künftigen Untergang gesehn – »Mehr Pflüge, weniger Schiffe!« war sein schlagkräftiges Wort – und in vielen, vielen Legenden aus seiner Waldheimat (von denen manche dauern wird), in seinem »Jacob dem Letzten«, im »Erdsegen«, den tiefen Sinn des Zusammenhanges des einzelnen mit der Erde als Evangelium der Welt gekündet. Er war fromm, nicht ganz im katholischen Glauben, und sein Christusbuch I.N.R.I. ist bis nach Rom und auf den Index gekommen, aber in seinem gottseligen Pantheismus war etwas, was er »Heimweh nach dem Christentum« nannte. Wie er überhaupt voll Heimweh war nach vergangener Zeit: nach der ländlichen Einfachheit, nach den alten guten Sitten, nach der stilleren Welt.

Ein Heimwehmensch war er, nach rückwärts gewandt mit seiner Sehnsucht, ohne viel Hoffnung auf die künftige Zeit:

darum hat die neue Jugend mit ihm so wenig anzufangen gewußt und darum lieben ihn die Alternden so sehr. Seine Bücher werden vielleicht einmal Lederstrumpfgeschichten aus unserm verlorenen Europa sein, und dann wird man von diesen steirischen Bauern lesen wie von den Rothäuten der großen Prärien. Aber dieser Heimwehmensch, dieser rückwärts gewandte, war zugleich ein wunderbar klarer und kluger Kopf: man mußte nur in dem holzschnittharten Gesicht die scharfen Augen unter der Brille sehen. Die blickten sicher in die Welt. In seinem »Heimgärtners Tagebuch« steht soviel Grundgescheites und Treffliches zum Tage in einem so kristallklaren knappen saftigen Deutsch, so erstaunlich das Geschaute in Anekdote verwandelt, daß man sich nicht wundert, wie dieses Buch Tausenden und Tausenden ein Lebensevangelium war. Wie zu Tolstoi, kamen sie in seiner Heimat zum Rosegger, wenn sie Rat brauchten, sie schrieben ihm Briefe aus Sorge und Not und er antwortete ihnen: man kann es kaum sagen, was er diesen Menschen war. Und sie werden es drüben in Österreich erst jetzt wissen, da er gegangen ist. Seine Stelle ist leer. Wir haben gute Dichter, wir haben viele Bücherschreiber. Aber wo ist der in Deutschland, der Führer und Wächter wäre für die stillen Seelen der kleinen Leute, ihnen nah und verständlich und gütig in seinem Ruhm? Ich weiß viele, für die man Verehrung hat. Aber Vertrauen des Volkes: das hat nur dieser besessen, der Petri Kettenfeier Rosegger, der jetzt in seinem Dörfel in der Steiermark still gestorben ist.

War er groß als Dichter, war er klein? Die Frage geht vorbei an einem solchen Menschen. Ich mag da nicht werten und richten. Ich weiß nur, daß ich ein Gedicht von ihm sehr liebe, das mir so schön dünkt wie manches des berühmtesten deutschen Dichters und dessen weise Wehmut mir es noch lieber macht in der Stunde seines Todes. Man fühlt, daß es seinem Alter entstammt, und ich will es hierhersetzen, weil sein Sterben darin so sanft verklingt.

> Was die Erde mir geliehen,
> Fordert sie schon jetzt zurück,
> Naht sich, mir vom Leib zu ziehen
> Sanft entwindend, Stück für Stück.
> Um so mehr, als ich gelitten,
> Um so schöner ward die Welt.

Seltsam, daß, was ich erstritten,
Sachte aus der Hand mir fällt. –
Um so leichter, als ich werde,
Um so schwerer trag ich mich.
»Kannst Du mich, Du reiche Erde,
Nicht entbehren?« frag ich Dich. –
– »Nein, ich kann Dich nicht entbehren
Muß aus Dir ein' andern bauen,
Muß mit Dir ein' andern nähren,
Soll sich auch die Welt anschauen.
Doch getröste Dich in Ruh!
Auch der andere, der bist Du.«

So wollte er sterben. Still. Verklärt. Die Welt hat es nicht
gewollt. Er mußte noch den Krieg erleben, seine eigene
Verkündigung, den Krieg, für den er, weiser als die »großen«
deutschen Dichter und Gelehrten, keine Begeisterung fand.
Einige Monate vor seinem Tode besuchte ihn ein Freund, er
traf ihn müde, verzweifelt. »Sie sollen mit dem Morden
aufhören, sie sollen mit dem Morden aufhören« – das war sein
einziges Wort. Denn wie alles hat dieser einfache Mensch und
Dichter auch dieser Zeit nur menschlich gefühlt. Und dies ist
noch ein Ruhm zu seinem großen Ruhm.

Anton Kippenberg

»Wir weltseitigen Deutschen«, sagt einmal Jean Paul, und dies
schöne Wort, das seitdem wieder dem Sprachgebrauch verlorengegangen ist, liebe ich sehr. Denn es drückt eine manchen
Naturen und gerade deutschen Naturen durchaus eigentüm-
liche Disposition unübertrefflich aus: mit der einen Seite des
Wesens (während die andere in sich, in Erde, Blut und Stamm
verhaftet ruht) der ganzen Welt zugewandt und allen ihren
Erscheinungen lebendiger Spiegel zu sein. Diesen Zug ins
Universale, dieses Weltsein inmitten der Welt, vielfach tätig
und allen Formen nachbildnerisch aufgetan, hat Goethe in
einziger Gestalt Deutschland vorgelebt: nichts aber wäre irri-
ger, als ihn, weil den Gewaltigsten, den Umfassendsten, als
eine Einmaligkeit dieser Weltform zu nehmen. Im Gegenteil,

er prägt nur, weil von sprachlich edlerem Metall und von größerer Wucht des Wesens, jenen Zug ins Universale vorbildlich aus, der vielen Menschen und insbesondere den Deutschen, eben jenen »weltseitigen Deutschen«, eingeboren ist und da sich vielfältig bloß in stilleren Formen, in anonymeren Werken, oft nur in ihrer privaten Existenz verwirklicht. Meist ist kein anderes Kennzeichen dieser weltseitigen Wesensart erkenntlich als das stille, kreishafte, ebenmäßig wachsende Werden ihrer Persönlichkeit und ihres Werkes, dies allmählich Welt-Werden eines innern Kernes: aber was solche Menschen beginnen, ist tingiert von jener geheimnisvollen Art der stillen, geduldig sich dehnenden Schichtung; und was sie schaffen, hat jene wie einen Mantel groß um sich geschlagene Weite des Alls, den unsichtbaren Luftraum. Das Gesetz aber, das ihre Art bedingt, wirkt sich stufenhaft in ihrer Tätigkeit eigentümlich fort. All das, was wir »Kultur« und »Bildung« neumodisch und oft provokatorisch benennen, war längst in jenem klaren Worte Jean Pauls schweigend subsumiert: Trieb dem All entgegen, Wille, aus einem einzelnen Wesen eine Welt zu werden und alles Tun mit diesem gesteigerten Anspruch zu erfüllen.

Sehen wir nun inmitten der deutschen verwirrten Zeit ein Gebilde wie den *Insel-Verlag*, das im höchsten Sinne diese Forderung der Weltseitigkeit erfüllt, das hinabgreift in den dunkelsten Ursprung der Sprachzeit, von der Klassik bis in die Gegenwart seinen Bogen spannt, das in allen erdenklichen Formen der Verschwendung und der Einfachheit die Natur spiegelt, das wahrhaft ein Orbis literarum ist, ohne aber einen bestimmten konstruktiven Plan zu materialisieren, ein theoretisches Programm zu erfüllen, so müssen wir diese lebendige Form notwendigerweise als Wesensspiegelung eines Menschen empfinden, eines solchen »weltseitigen Deutschen«, der sich hier in einem Werke zu höchster Verwirklichung gebracht hat. Und wenn wir nun erinnernd die Bildniszüge des bewährten Führers, wenn wir das Charakterhoroskop *Anton Kippenbergs* überprüfen, so finden wir tatsächlich jene innere Schichtung in selten klar und energisch ausgeprägter Form. Kein einzelner Neigungszug ist herrschend oder sonderlich präponderand in seinem Tun, alle Fähigkeiten sind in einem gewissen Einklang entwickelt. Auf einem sichern Bildungsfundament, zementiert aus den alten Sprachen, ergänzt durch die neuen, ausgewogen durch Musik, wachsen diesem Manne die verschiedenartigsten Möglichkeiten entgegen, deren jede er durch Vereinzelung des Willens zu außerordentlicher Erfüllung gebracht hätte. Der Künstler ist in ihm stark vorgebildet, dichterische Anfänge sind vielfach eingepflanzt. Der Gelehrte ist durch Neigung und Begabung durchaus bereit: ein wenig Einschränkung im Weltwirken, ein wenig Bescheidung in der Aufgabe, und Kippenberg wäre heute einer unserer führenden Germanisten, Meisterphilologe, so wie er gleichsam privat einer der besten Goethephilologen geworden ist. Klarsinn wiederum und energische Bereitheit des Entschlusses prädestinieren den Kaufmann in ihm, den Organisator großen Stils, somit die Wirkung in das Öffentliche und selbst Politische, während das Sammlerische, das Bibliophile andererseits eine ganz private, ganz in sich gezogene Existenz hätte formen können. Die eingeborene Neigung zum Universalismus nun, zur Weltseitigkeit hat alle diese Möglichkeiten organisch gebunden zu einer Gesamtheit, die eben nur im Werke sichtbar ward, in der außerpersönlichen Gestaltung. Nicht sprunghaft sind die einzelnen Neigungen einander vorangegangen, sich überholend und ersetzend, sondern in ruhiger Gleichmäßigkeit, in einem organischen Wachstum haben sie sich allmählich verbunden und der Persönlichkeit ihre Breite gegeben. Darum ist auch Kippenberg eigentlich erst spät in sichtbare Erscheinung getreten; ein, beinahe zwei Jahrzehnte wußten nur ganz wenige von dem Manne, der den Insel-Verlag gestaltete, so sehr war sein Profil verschattet, so sehr er ganz unsichtbar in das Wirken eingegangen. Und nun sein Wesen sichtbar wird, geschieht es nicht durch seinen Willen, sondern durch sein Werk.

Kreishaftes, ruhiges kristallinisches, vom Mittelpunkt aus gleichmäßig vordringendes Wachstum, dem Ringansetzen des Baumstammes vergleichbar: diesen – nach meinem Empfinden entscheidenden – Zug hat erst Kippenberg der Insel aufgeprägt oder besser gesagt: eingelebt. Die Kreisform war zwar von Anbeginn dem Verlage eingebaut, aber dieser Kreis umschloß, als er den Verlag übernahm, nur eine bestimmte erlesene Enge, war ein starrer Ring, ein metallener Ring, der das Wachstum verschloß, seine Form also eigentlich antiuniversal, antipopulär, streng eklektisch und abweisend, in Form und Inhalt der rechte »tour d'ivoire«, der elfenbeinerne Turm, zugänglich nur den Eingeweihten und den Begüterten. Er umschloß nur eine Spanne Zeit, ein siebenfach gesiebtes Stück neuzeitlicher Erde, er war, wie der Name glücklich sagte, als ein Begrenztes abgeschieden von der lebendigen Flut. Niemand wird heute die Schönheit, die Notwendigkeit jener ursprünglichen Isolierung verkennen, jene musterhafte Tradition der Sauberkeit und Zucht, die da vorgebildet und später dem ins Weite wachsenden Unternehmen unendlich heilsam wurde. Aber die Kunst war in Gefahr, durch die Absonderung von dem Volke, von der Zeit zur Künstlichkeit zu verdünnen, in dem luftleeren gesperrten Raume zu petrifizieren und das Fruchthafte der Verwandlung einzubüßen. Irgend etwas Steriles war in dieser ursprünglichen Idee der Insel, ein Unorganisches, Antiuniversales, es mußte ein lebendiger Mensch kommen, um mit seinem Leben die Idee erst wahrhaft zu verlebendigen.

Das Erste, das Wesentlichste, das Kippenberg damals tat, war, dem vorgebauten Kreise einen Mittelpunkt zu finden, eine Urzelle voll lebendiger, zeugender Keimkraft. Und das gelang ihm, indem er *Goethe* in den Mittelpunkt des Verlages stellte, ihn, den ausstrahlendsten, unerschöpfbarsten, keimträchtigsten Genius unserer deutschen Welt. Damit schien scheinbar der Zeiger der Zeit zurückgerückt, der Verlag entmodernisiert. In Wahrheit aber ist dieser Goethe, den die Insel offenbarte, das neueste und gegenwärtigste Element der deutschen Bildung geworden, und es ist nicht zuviel gesagt, wenn man behauptet, er sei erst durch sie zu seiner wahren Wirksamkeit in unsere deutsche Zeit gelangt. Es ist schwer, Imponderabilien zurückzukonstruieren, Atmosphäre historisch zu erneuern, und schwer darum, einer gegenwärtigen Generation gewärtig zu machen, wie wenig eigentlich von Goethe und vor allem welcher andere Goethe der vorigen Generation bekannt gewesen ist. Einzelne der Insel-Ausgaben wirkten auf die ganze Nation durch die neue Darbietung als Entdeckung: die Briefe von Goethes Mutter, vormals eine Philologenangelegenheit, wurden plötzlich Volksbesitz, die Gedichte, in der chronologischen Anordnung einander neubewußt zur Biographie ergänzend, eine gänzlich neue Fülle, der Faust, früher nur in »Reclam« gelesen, in der Dreiform seiner Entstehung für Hunderttausende ein Ereignis, und in der Gesamtausgabe wurde plötzlich der ganz neue Goethe, der – ich muß es immer wiederholen – weltseitige Goethe als Erscheinung, als reinstes deutsches Lebenskristall durchleuchtend im Licht seines eigenen Wesens sichtbar. Mit einemmal war der falsch populäre, der Schulgoethe vernichtet und der unendliche allen (den Ärmsten sogar in der billigsten Ausgabe des deutschen Buchhandels) aufgetan. Der Ring war gesprengt, der Kreis war Leben geworden, das Wachstum ins Universale hatte begonnen durch die universalste aller Persönlichkeiten.

Damit war ein Zentrum gewonnen, ein Zentrum neuen lebendigen Lebens. Aus innerer Notwendigkeit mußten sich dem Meister die nachbarlichen Gestalten anreihen. Eine Klassiker-Ausgabe nach der andern formte sich an, manche ähnliche Umwertung tätigend durch ihre neue, reine und musterhafte Existenz, so vor allem jene Stifters, durch die erst den Deutschen bewußt wurde, daß einer das Spracherbe Goethes als verborgenes Pfand durch vergessene Jahre gehütet, jene Büchners, der aus ungerechter Verschollenheit wieder zu Ehren kam, und so manchen stilleren Geistes und verlorenen Werks, das wieder in die deutsche Welt fand. Diesem fruchtenden Ringe deutscher Meisterschaft schloß sich bald ein weiterer an, hinausgreifend in die Fremde, in die geistige Nachbarwelt: die großen Gesamtausgaben der Werke von *Dostojewskij, Cervantes, Balzac, Dickens, Tolstoi,* keiner dem andern bewußt zur Seite gestellt, sondern einer den andern gleichsam als notwendig zu sich heranfordernd. So baute und baut (denn dieser Parthenon hat unzählige Säulen) sich allmählich ohne bestimmte Architektonik, nur aus dem immanenten Gesetz der Keimkraft, Gestalt an Gestalt im vollen Umriß ihres Wesens, eine Klassikergemeinschaft, die keine äußere Uniform bindet, keine Zahl wie eine Kompanie abgrenzt, sondern die sich selbst aus den Jahren formt und bildet, immer mehr Kosmos, immer mehr geistiges Weltall in ihrer Einheit spiegelnd.

Inzwischen hatten sich, kristallinisch anschließend, andere Gruppen zusammengefunden, viele einzelne Kreise, je nach ihrer inneren Triebkraft und der Empfänglichkeit der Stunde rascher oder langsamer gedeihend. Es wäre zuviel, sie alle zu nennen: das dunkle, im Schatten mittelalterlicher Gläubigkeit verschattete Denken der deutschen Mystiker überwölbt »*Der Dom*«, das bildnerische Werk der deutschen Maler schließen die »*Deutschen Meister*« zusammen, die »*Bibliothek der Romane*« zeigt die Epik in allen ihren Meistern, die erlesenste Leistung der Buchkunst, des Faksimile, offenbaren die einzelnen Serien der Drucke. Eines wächst neben dem andern, ohne ihm den Boden wegzuzehren, und so wird allmählich die Insel wirklich universal, aus allen Völkern, Zeiten, Geschlechtern und Künsten Wiedergabe bietend; »Orient und Okzident sind nicht mehr zu trennen«: Goethes Wort wird Wahrheit, vom stammelnden Urwort der Edda bis zum Krampf der Jüngsten, die Sprache noch einmal zu gebären, wogt in Urlaut und getöntem deutschen Nachklang die unendliche Melodie des Wortes, aus dem die Welt sich ewig neu erbaut.

Wie aber die Fülle da ist, wird diese Welt der Welt zurückgegeben. Die *Inselbücherei*, die billigste Bibliothek, schenkt, was an Kostbarstem in Jahren gespart und gesammelt ward, an die Millionen: hier beginnt der Insel-Verlag, der aristokratisch angefangen und es im Sinne der Haltung bis heute geblieben ist, durch die Tat demokratisch zu werden. Aus dem elfenbeinernen Turm ist die ganze deutsche Erde geworden, in jeder Furche, in jedem Haus ruht nun irgend so ein farbiges Korn, ein solches Inselbändchen: zur Universalität des Gestaltens ist jetzt auch die Universalität der Wirkung gekommen, das Erfassen nicht nur des einzelnen Lesers, sondern der ganzen großen deutschen Gesamtheit. Aber noch weiter spannt sich der Ring: in der »Bibliotheca mundi«, der »Pandora«, den »Libri librorum« läßt die Insel die fremden Sprachen selbst sprechen, in französischen, englischen, lateinischen, griechischen, spanischen, hebräischen, italienischen Dichtungen gibt sie der Welt gestaltet wieder, was sie empfangen. Der Wille zur Welt, der Universalismus, hat darin weiter, als jemals ein deutscher Verlag es versucht, seine umfassendste Form gefunden und gleichsam als Symbol dieser Allbereitschaft ediert sie Bachs *Matthäuspassion*, also Musik, die Sprache über den Sprachen, verständlich jedem Kulturkreise. So wird aus Ring und Ring immer weitere Umfassung, Weiterwirkung ohne erzwungenes Ende, denn noch unendlich sind die Schätze der Vergangenheit, und mit Vergangenem entfaltet sich gleichzeitig die Zukunft: des Schaffens ist kein Ende mit den Dichtern von einst:

> »denn der Boden zeugt sie wieder,
> wie von je er sie gezeugt.«

Ein wahres Weltbild kann nie beschlossen werden, weil die

Welt nicht innehält. Wer sich an ihr bildet und sie sich zum Gleichnis schafft, kennt darum kein Stillstehen: jedes Ende formt sich zu neuem Beginn, jeder Kreis strahlt sich wirkend fort in vervielfachter Welle. Der Trieb zur Universalität bleibt der einzig unerschöpfliche eines Menschen wie eines Werkes, und solang er in der Insel schöpferisch fortwirkt, wird ihr Dasein nicht ein bloßes Sein, sondern ein fortgestaltendes Werden bleiben.

Diesen Wesenszug dankt meinem Gefühle nach die Insel der Persönlichkeit Anton Kippenbergs, dem eigentümlich Bindenden und Universellen seines Typus, und die Wiederholung der gleichen Fortwirkung seines Wesens in anderer, in privater Materie bestätigt sinnfällig diesen Zusammenhang. Ich meine damit seine Sammlung, die – typisch genug – den universellsten Menschen, den weltseitigsten zum Gegenstande hat, Goethe. »Einen Einzigen verehren«, steht auf dem Widmungsblatt seines Kataloges zitiert; so möchte man meinen, hier habe der sonst universal Wirkende sich vereinzelt, sich spezialisiert. Aber gerade die Sammlung zeigt dieselbe kristallinische, kreisbildende Form wie das Verlagswerk, das gleiche Überwachsen ins Welthafte, denn nicht der Mensch Goethe ist in ihr sammlerisch-sichtbar gestaltet (wie in den meisten früheren dieser Art), sondern die Welt Goethe, wie sie sich in Buch und Schrift, in Bild und Plastik, in Erinnerung und Umgebung kundtat. Es ist ein Kreis Weimar darin, ein Kreis Faust, Einzelwelten seiner Welt, ein ganzes Jahrhundert, ein ganzer Kreis Deutschland, eine Atmosphäre, eine besondere Geistessphäre, eine Epoche – kaum ward je eine Sammlung universalistischer geführt bei gleichzeitig dokumentarischer Sicherheit. Auch hier ist Form und Inhalt – oder nach des Meisters Formel »Kern und Schale« – unlöslich gebunden, »beides in einemmal«, wirklich wahrhaft welthaft, organisch, ein Spiegel seines andern Wirkens im höchsten magischen Zeichen, und man darf dies keinen Zufall nennen. Denn hier hat ein durchaus privater Mensch das, was an Goethe nicht Genius, nicht Unmittelbares, sondern Norm und Weltlehre war, ganz in sein Leben aufgenommen und in Tätigkeit umgesetzt, hier ist das Praktisch-Schauende, Ordnend-Wirkende seines irdischen Tuns, das im reinsten Sinne Organisch-Bildende nachbildend bewährt: neben Weimar hat Goethe heute kein gleiches Sinnbild seines Lebens als diese einzige und im wahrsten Sinne mustergültige Sammlung.

Zum erstenmal tritt heute nun dieser Mann sichtbar gegen die geistige Welt, gegen das Deutschland, dem er so vieles gegeben, zum erstenmal tritt er hinter dem Werke hervor, das sein Wesen gleichzeitig offenbart und verbirgt. Seine Leistung ist nicht mehr von seinem privaten Leben abzulösen, eins hat sich am andern gesteigert und erfüllt: möge nun in manchem wachsenden Jahresring Werk und Wesen seinem letzten unerreichbaren Ziele, der Universalität, weiter entgegenwirken! »Uns zu verewigen, sind wir ja da.«

Vorbeigehen an einem unauffälligen Menschen
Otto Weininger

Von keiner der bedeutenden Gestalten unserer Generation sind weniger Begegnungen berichtet als von Otto Weininger, der mit 24 Jahren, knapp vor dem Anbruch seines Ruhms, sich mit einer Revolverkugel den Schädel zerschmetterte.

Oft hatte ich diesen hageren, unsicheren, häßlichen, gedrückten Studenten im Kolleg gesehen, wußte, daß er Weininger hieß, kannte ebenso vom Namen her die anderen an seinem Kaffeehaustisch, Oskar Ewald, Emil Lucka, Arthur Gerber, Hermann Swoboda, wie sie mich kannten, der ich damals schon mit zwei Büchern ihnen vorausgeschossen war. Aber zur Bindung fehlte eine einzige dumme Kleinigkeit – wir waren einander nicht »vorgestellt«; und obwohl unsere Kreise, der dichterische wie der philosophische, sich heimlich sehr füreinander interessierten, obwohl Botschaft und Gespräch zwischen uns Zwanzigjährigen neugierig spazieren wanderte, kam es doch niemals oder lange nicht zu einer offiziellen »Vorstellung«.

Schließlich, ich muß es gestehen, auch meinerseits unternahm ich nie einen ernstlichen Versuch, mit ihm bekannt zu werden. Weininger, der Name sagte damals nichts, und sein Gesicht war weniger als anziehend. Er sah immer aus wie nach einer dreißigstündigen Eisenbahnfahrt, schmutzig, ermüdet, zerknittert, ging schief und verlegen herum, sich gleichsam an eine unsichtbare Wand drückend, und der Mund unter dem dünnen Schnurrbärtchen quälte sich irgendwie schief herab. Seine Augen (erzählten mir später die Freunde) sollen schön gewesen sein: ich habe sie nie gesehen, denn er blickte immer an einem vorbei (auch als ich ihn sprach, fühlte ich sie keine Sekunde lang mir zugewandt): all dies verstand ich erst später aus dem gereizten Minderwertigkeitsempfinden, dem russischen Verbrechergefühl des Selbstgepeinigten. Nochmals: ich wußte nicht, was mich an dem Kollegen Weininger, damals im siebenten Semester, hätte interessieren sollen.

Da verbreitete sich plötzlich Ende 1902 in unseren Kreisen das Gerücht, ein Student unserer engeren Wissenschaft habe Professor Jodl eine Dissertation vorgelegt, die dieser erstaunt und erschreckt als genial bezeichnet habe. Sie sei Teil eines grundlegenden, ganz neuartigen Werkes, dem Professor Jodl jetzt einen Verleger suche, der Verfasser Otto Weininger. Weininger? – unwillkürlich betrachtete ich ihn nun mit anderem, eindringlicherem Blick (den er wohl spüren mußte); aber das Gefühl des Unheimlichen wollte nicht weichen vor diesen scheuen, in sich verkrochenen Augen, vor diesem bittern Mund, vor dieser – ich sage es aufrichtig – unangenehmen physischen Struktur. Auf einen solchen verbogenen, in sich geduckten Menschen konnte man auch als Kollege nicht zugehen, ihn kordial ansprechen, das spürte ich sofort. So blieb die Neugier latent.

Eines Nachmittags nun kam ich in den kleinen Lesesaal der Universität, bestellte mir ein Buch und setzte mich an den einzig freien Platz. Neben mir rückte jemand höflich zur Seite, ich sah unwillkürlich hin: Weininger! Vor ihm lag ein Stoß Korrekturen – die Fahnen zu »Geschlecht und Charakter«, wie ich später feststellen konnte. Unsere Ärmel streiften sich einander; wenn wir aufschauten, merkte ich, daß wir einander beobachteten und daß dies Nebeneinandersein und Sichkennen und Sichnichtkennen jeden von uns irritierte. Ein selbstverständliches kollegiales Wort hätte diese Spannung sofort gelöst, aber (manche werden das aus eigenem Erleben wissen) es gibt Menschen, denen die Scheu vor der Mißdeutung zu tief im Blute steckt, als daß sie die *gerade*, die Walt-Whitmansche Brudergeste als Sympathie jemals leibhaft werden lassen könnten. So saßen wir gewaltsam fremd nebeneinander: Ich sah eine zarte, merkwürdig weibische Hand Korrekturen einzeichnen, aber bald stand er auf und – grüßte zu meiner eigenen Überraschung. Der erste Schritt war getan.

Und seltsam: drei Tage später stand ich mit einem Kollegen zusammen; Weininger kam vorbei, mein Kollege sprach ihn an. Und plötzlich, unser reserviertes Gegenüberstehen bemerkend, fragte er erstaunt: »Ja, kennt Ihr Euch denn nicht?« Wir sagten nicht Ja und nicht Nein, stellten uns nicht mit Namen vor (es wäre lächerlich gewesen) und reichten einander die Hände. Und nun will ich ganz aufrichtig sein: *ich habe selten mit einem Menschen ein kälteres, unpersönlicheres Verlegenheitsgespräch geführt als damals mit Weininger.* Ich fragte ihn, der schon promoviert hatte, nach der Art der Prüfung, er riet mir sachlich, sachlich, wie man sich zu verhalten habe: man müsse den geschwätzigen Professor Müllner selbst zum Reden locken und bei Professor Jodl alles Idealistische stark betonen...

Daß diese erste, eigentlich *negative* Begegnung zugleich die letzte blieb, war Weiningers tragische Schuld. In jenem Juni 1903 erschien sein Buch, dann fielen die Sommerferien ein, im September erst kam ich von Italien zurück. Niemand hatte dies großartige, grundlegende Werk bishin bemerkt, einzig in unseren engsten Kreisen begann es eben Erregung zu bewirken. Ich las es noch im September, wir Freunde diskutierten darüber erbittert eine ganze Nacht, und ich freute mich schon, bei der nächsten Begegnung *ihn* nun wissender, persönlicher ansprechen zu können. Aber es kam anders: Am 5. Oktober stand schon in der Zeitung, ein junger Privatgelehrter Otto Weininger habe sich in seiner Wohnung, in Beethovens Sterbehaus, *erschossen.*

Unser wirkliches Begegnen war versäumt. Doch von wenigen Menschen habe ich so deutlich sinnliche Erinnerung wie von dieser tragischen, nah an mir vorbeigegangenen Gestalt.

Ich erzähle absichtlich diese scheinbar unbedeutende Begegnung mit äußerster, kalter Wahrhaftigkeit und ohne jede Ausschmückung, obgleich ich dieser Art eingestehe, einem so bedeutenden Menschen räumlich und zeitlich nahe gewesen zu sein, ohne ihn innerlich geahnt oder erreicht zu haben. Aber mir erscheint es wichtiger, dem unheilbar an das romantische Ideal der pittoresken Erscheinung verschworenen Publikum wieder einmal unbarmherzig zu exemplifizieren, daß fast niemals das wahrhaft Geniale eines Menschen in *Antlitz und Wesensart* seiner Umgebung kenntlich wird, sondern daß, gleichsam gesetzmäßig, die Natur ihre merkwürdigsten Formen in Geheimnis hüllt. Nur geistig, nicht bildnerisch-plastisch, tritt das Schöpferische in die Welt: nur vom Geiste aus läßt sich's ahnen und ertasten.

Immer noch wie in mythischen Zeiten ist Unkenntlichkeit der Göttlichen liebstes Gewand und Verkleidung auf Erden.

Abschied von Alexander Moissi

Es war zu Anfang dieses Jahrhunderts, da erklang auf dem deutschen Theater zum erstenmal die Stimme eines jungen unbekannten Schauspielers. Man horchte auf. Denn es war eine neue Stimme, anders als die andern, ein neuer, ein süßer Ton war darin, unvergeßlich und unverkennbar, wenn man ihn nur einmal gehört. Sie war harmonischer, gebundener, weicher, melodischer als die deutschen Stimmen, ein goldener, ein warmer Ton schwang in ihr, als hätte Südwind sie über die Berge mit linder Schwinge getragen, und wir, wir spürten das Italienische in ihr, das uns sonst auf der Bühne nur im Gesange beglückt. Aber melodisch wie die Stimme, so war auch dieser Körper, leicht und geschmeidig, die Anmut eines Epheben war darin und doch die Kraft eines Fechters; herrlich war es, diesen jungen Menschen anzuschauen, der in allen Verwandlungen gleich bezaubernd blieb, als Herr und als Knecht, als Fürst und als verlorene Seele und am schönsten, am berückendsten als Liebhaber. Da ward diese seine Stimme Musik, sein ganzer Körper zur Zärtlichkeit; schon wenn man ihn bloß ansah, spürte man seine italienisch plastischen Gesten, schon vor dem Worte bereits die Werbung. Und wer konnte ihr widerstehen? Eine ganze Generation hat ihn geliebt, diesen wundervollen Liebhaber, er sprach, er sang sich hinein in das Herz der ganzen deutschen Nation.

Aber in diesem knabenhaft schlanken Körper war eine brennende Seele, in diesem hellenisch schönen Haupte ein wacher und begieriger Geist. Die Welt der zärtlichen Gefühle ward diesem großen Künstler bald zu eng, ihm war es nicht genug, immer nur der Liebhaber zu sein, der begehrende und begehrte Jüngling; ein großer Durst war in ihm nach den tieferen Geheimnissen des Lebens. Auch in die anderen Seelen wollte er sich verwandeln, in die heroisch Leidenden, in die kühn Machtvollen, in die von düstern Fragen Verzehrten. Nicht Romeo wollte er bloß in tausend Formen bleiben, der ewige Jüngling, sondern auch Faust sein, der geistige Schwärmer, und Mephistopheles, der ewige Verneiner, und Oedipus, der Kämpfer gegen das übermächtige Schicksal, und Hamlet, der unwillige Knecht seiner Gedanken – nein, eine brennende Seele wie die seine konnte sich nicht bannen in das enge Gefäß eines »Faches« (wie man im Theaterjargon sagt), sie wollte überströmen in alle Formen des schöpferischen Geistes, sich erfüllen in immer höheren Erfüllungen. Jede irdische Gestalt, in der er Raum fühlte, Menschliches bis an jene Grenze zu entwickeln, wo es das Göttliche berührt, zog ihn an, und nicht die lauten Helden, die panzerklirrenden des Krieges, sondern die Helden des Leidens waren ihm die nächsten. Ihnen wie uns allen wird unvergeßlich sein, wie er den Fedja im »Lebenden Leichnam« spielte, seine liebste Rolle, den zerstörten Menschen, erdrückt von seiner eigenen Schuld, aber auch geläutert von ihr; nichts lockte ihn mehr als zu zeigen, daß das Tiefste, das Reinste in einem Menschen auch sein Unzerstörbarstes ist und daß der Hammer des Schicksals, statt den wahren Menschen zu vernichten, ihn nur von den Schlacken des Irdischen löst und reiner, freier herausarbeitet. Immer mehr und mehr zog ihn die Tiefe des menschlichen Charakters an, die verwirrten, die verstrickten, die sündigen Seelen waren der seinen die liebsten und nichts drängte ihn so sehr als zu zeigen, wie aus den Trümmern seines Lebens ein Mensch immer wieder aufersteht.

Diese Liebe zu den tiefen und in sich verworrenen Seelen entstand bei Moissi aus dem Grunde, daß er selbst eine tiefe Natur war. Ihn reizte das Problem an sich, und wer das Glück hatte, ihn nah zu kennen, der weiß, daß seine liebste Lust das geistige Gespräch war, die brennenden Diskussionen. Oh lange Nächte: wohin seid ihr vergangen, da man mit ihm saß, dem innigsten der Freunde, und er sich brennend erregte an geistigen oder moralischen Problemen? Wie wunderbar strömte ihm da die Rede, wie herrlich beherrschte er, wie elegant und geschmeidig das blitzende Florettspiel der sich kreuzenden Argumente, wie gab er sich hin, wie glühend, wie leidenschaftlich, wie ganz! Denn Geistiges und Menschlichstes war dieses Theaterspielers tiefste Lust. Nie sah man ihn gemächlich und eitel seinen Ruhm verwalten, er lebte ohne Spiegel, er ging nicht in die Gesellschaften, um dort zu glänzen, und die Salons, diese Stätten der geschwätzigen Neugier, haben ihn niemals gesehn. Nur mit Dichtern, mit Musikern, mit Kameraden beisammen zu sein, hatte für ihn Reiz, und seine geheimste Begierde galt dem Schöpferischen – selber einmal zu schaffen und nicht nur nachzubilden, nicht nur in Masken zu schlüpfen, sondern selbst Menschliches zu gestalten. Sein Napoleon-Drama ist ein solcher Versuch, und wer, frage ich, wer von allen andern Schauspielern unserer Tage hat sich so sehr dem Begriff des Schöpferischen genähert als er in diesem Werk? Er wußte zuviel von dem Schein des Theaters, um nicht auch die andere Welt zu begehren, die des wahren Seins; nicht die nächste Rolle allein, auch die Wirklichkeit, das ungeheuer dramatische Leben unserer Zeit erregte seine Leidenschaft. Und je mehr er Anteil nahm, um so weiter und wissender wurde er, nichts war ihm mehr unverständlich und schwierig, und so war er am Wege, der wahrhaft universalische Schauspieler unserer Zeit zu sein, an nichts gebunden und allem verbunden – Proteus, der Gott der ewigen Verwandlung und doch immer göttlich in allen seinen Formen.

Aber das ist vorbei. »Vorbei« – ein unbegreifliches Wort, nennt es einmal Faust. Denn wirklich, wie es fassen, daß etwas, was in uns so in tausend Formen lebt, was unserm Auge gegenwärtiges Bildnis ist, unserm Ohre noch Musik, was Erregung noch ist und Nahrung unserm Gefühl, »vorbei« sein soll, nicht mehr da, nicht mehr vorhanden? Wie es fassen, daß wir hier »Moissi« sagen und damit den Lebendigen, den ewig in uns Lebendigen meinen und nicht ein Nichts, das nicht mehr spricht und atmet und glüht. Nein, denken wir diesem Unausdenkbaren nicht nach, daß er nicht mehr da ist, denken wir einzig an das Unvergeßliche, das von seinem Wesen ausging: an die Abende unserer Jugend, da wir die Augen schlossen, um tiefer in uns hinein die Musik seiner Stimme zu hören, und doch wieder blickten, um nicht eine Geste von ihm zu verlieren – denken wir die Stunden wieder in uns wach, da wir rasch hinter die Bühne drängten, nur rasch ihn zu umarmen oder nur seine Hand zu fassen, denken wir, nein, fühlen wir die Wärme, die er in ihr so wunderbar erregte, und daß von diesem einen

Menschen, weil er so herrlich menschlich war, zu Millionen derart bestärkende Wirkung ging. Denken wir daran und danken wir ihm, der nun nicht mehr antworten kann, für alles Wissen um den Menschen und die Seele, die er uns gelehrt – und ich glaube, es gibt keine reinere Lust im Menschen, als um das Menschliche zu wissen. Wer uns gelehrt in dieser heiligen Kunst, der sei gesegnet; wer für sie lebt und leidet, der sei geliebt.

Einen wundervollen, einen einzigen Künstler haben wir in ihm verloren, wir und ihr. Ziemt es da noch zu fragen, was Alessandro Moissi im tiefsten Grunde war, was zuerst und was zutiefst – ein deutscher Schauspieler oder ein italienischer? Nein, gemeinsame Liebe rechtet nicht. In jeder großen Künstlerseele leben viele Seelen und an der höchsten, der herrlichsten Stufe enden alle Unterschiede: wer sie erreicht, gehört nicht einer Nation mehr, sondern allen Nationen, nicht einem Lande, sondern der ganzen Welt. Eine solche Seele war unser Alessandro, in tausend Leben lebte er sein Leben. Er war Grieche mit Sophokles und Engländer mit Shakespeare, war Deutscher mit Goethe und Hauptmann und Hofmannsthal, Russe mit Tolstoi und Dostojewskij, war Italiener mit d'Annunzio und Pirandello, er war auch als Schauspieler der »Jedermann«, der »Everyman«, der »Ognuno«, Weltbürger jenes heiligen Reichs der Kunst, wo der Blick sich aus dem Irdischen gegen das Göttliche richtet, gegen die heilige Einheit über aller Verschiedenheit. Aus diesem Unbegreiflichen ist er gekommen, in dieses Unbegreifliche ist er wieder dahingegangen – gemeinsames Glück für uns alle sein Kommen, gemeinsamer Schmerz sein Entschwundensein.

Brüderlich sei darum auch in dieser Stunde unser Gedenken. Halten wir inne mit dem Wort, das ihn nicht mehr erreicht, um noch einmal im Schweigen seine Stimme von innen zu vernehmen, um noch einmal mit dem geistigen Blick seine geliebte Gestalt zu sehen, jeder für sich, jeder in seiner eigenen Seele. Dann ist er nicht allein mit sich in seinem Tode, dann ist er nicht entschwunden, sondern als geliebter Freund, als unverlierbare Gestalt in unserer Mitte, der große Künstler, den die italienische Erde der Welt gegeben, er, Alessandro Moissi, der Stern unserer Jugend, das Sinnbild der Schönheit im Wesen und im Geiste, er, der Freund, der Gefährte, den wir verloren haben und doch nicht verlieren wollen. Halten wir Treue seinem inneren Bildnis und Ehre und Liebe seinem Gedenken.

Walther Rathenau

Die Wasser der Zeit strömen zu rasch in unseren erregten Tagen, um Gestalten plastisch zu spiegeln: Das Heute weiß nichts mehr vom Gestern und wie Schatten gleiten die Figuren vorüber, die ein flüchtiger Zeitwille zu flüchtiger Macht berufen. Wer weiß heute noch die deutschen Kanzler des letzten Jahrzehntes, die Minister des Krieges mit Namen zu nennen, wer sich gar noch ihres geistigen Umrisses, ihres persönlichen Wesens zu entsinnen, obwohl sie – hierin verdächtig ähnlich dem Unglücksminister des Jahres 1870 Emile Olivier – Buch auf Buch türmen und sich geschäftig-geschäftlich mit ihren Erinnerungen konkurrenzieren? Aber nichts erlöst sie von der ephemeren Schattenhaftigkeit ihrer Wirkung, keine Bildkraft hebt sie hinaus über ihr bloß dokumentarisches Gewesen-Sein. Kein einziger von allen den professionellen Diplomaten Deutschlands, selbst der tragische Schwächling Bethmann-Hollweg nicht, ist noch dem Bewußtsein der Welt als sinnlicher Umriß, als Persönlichkeit lebendig gewärtig, indes jener Eine, der von außen kam, in ihre Welt und nur ein paar Wochen in ihr wohnte, so voll den gespannten Raum mit seines Wesens Kraft erfüllte, daß er sich immer sichtbarer als Figur und Erscheinung vor den Horizont der Weltgeschichte hebt. Gerade seit ihn mißleitete Leidenschaft von seiner Stelle stieß, steht Walther Rathenau am stärksten in Unvergeßlichkeit deutscher Geschichte, und sein Fehlen ist heute sinnlich fühlbarer als seiner Nachfolger unpersönliche Gegenwärtigkeit.

Er war plötzlich aus einer scheinbar privaten Existenz an sichtbare Stelle gerückt. Aber er war schon immer da, überall hatte man sein Wirken gefühlt, überall in Deutschland diesen erstaunlichen überragenden Geist gekannt, nur war diese Wirkung niemals eine einheitliche, zu einem nennbaren Begriff geschlossene gewesen, denn jeder einzelne kannte ihn aus anderer Sphäre. In Berlin hatte er lange, ja unerlaubt lange bloß als der Sohn seines Vaters Emil Rathenau gegolten, des Elektrizitätsmagnaten: in Berlin, in der Heimat war er immer der Erbe. Die Industrie kannte ihn aber längst als Aufsichtsrat von fast hundert Unternehmungen, die Bankiers als Direktor der Handelsgesellschaft, die Soziologen als Verfasser kühner und neuartiger Bücher, die Höflinge als Vertrauensmann des

Kaisers, die Kolonien als Begleiter Dernburgs, das Militär als Leiter der Rohstoffaktion, das Patentamt als Urheber mehrerer chemischer Erfindungen, die Schriftsteller als einen von ihnen, und ein Theaterdirektor fand sogar nach seinem Tode noch ein Drama von ihm im verstaubten Schrank. Seine physische Gestalt – hochgewachsen, schlank – tauchte überall auf, wo geistige Kräfte in Regung waren, man sah ihn bei den Premieren Reinhardts, dessen Theater er begründen half, im Kreise Gerhart Hauptmanns ebenso wie in der Welt der Finanzen. Er fuhr von einer Aufsichtsratssitzung zur Eröffnung der Sezession, von der Matthäuspassion zu einer politischen Besprechung, ohne darin eine Gegensätzlichkeit zu fühlen – in seiner enzyklopädischen Natur war eben alle Betätigung und Bemühung, alle Problematik des Geistes und der Tatsachen zu einer einzigen tätigen Einheit gebunden.

Von ferne gesehen mochte solche Vielfalt leicht als universaler Dilettantismus beargwöhnt werden. Aber sein Wissen und Wesen war das Gegenteil aller Leichtfertigkeit. Ich habe nie etwas Stupenderes gekannt als die Bildung Walther Rathenaus: er sprach die drei europäischen Sprachen französisch, englisch und italienisch wie deutsch, wußte ebenso genau unvorbereitet in einer einzigen Sekunde das Nationalvermögen der Spanier abzuschätzen wie eine Melodie aus einem bestimmten Opus Beethovens zu erkennen, er hatte alles gelesen und war überall gewesen, und diese unerhörte Fülle von Wissen und Tätigkeit war nur zu erklären, wenn man die außerordentliche und in unserer Zeit vielleicht unerreichte Kapazität seines Gehirns in Betracht zog. Walther Rathenaus Geist war von einer einzigen Wachheit und Konzentration: es gab für dies erstaunliche Präzisionsgehirn nichts Vages, Verschwommenes, sein ewig wacher Geist kannte keine Dämmerzustände von Träumerei und Ermüdung. Immer war er geladen und gespannt, mit einem einzigen Blinkfeuer überstrahlte er blitzschnell den Horizont eines Problems, und wo jeder andere alle die vielen Zwischenstufen des provisorischen Denkens bis zum definitiven brauchte, da zündete bei ihm die diagnostische Entscheidung mit einem Schlag. Sein Denken war funktionell so vollendet, daß es für ihn eigentlich kein Nachdenken und kein Vordenken gab, so wie er ja auch in Rede und Schreibe ein Konzept nicht kannte: Rathenau war einer von den vier oder fünf Deutschen im 70-Millionen-Reich (ich glaube nicht, daß es mehr gibt), die fähig waren, einen Vortrag, ein Exposé, eine Broschüre so klassisch reif vor dem Sekretär oder dem zufälligen Zuhörer zu sprechen, daß man sie mitstenographieren und ohne Änderung dem Druck übergeben konnte. Er war beständige Bereitschaft und unablässige Gespanntheit, und eben weil ihm alles Passive, Träumerische und Genießerische fehlte, beständig in Tätigkeit. Nur wer diesen Menschen aus dem Gespräch kannte, mit seiner beispiellosen Geschwindigkeit des Begreifens mit jener ungeheuerlichen und kaum faßbaren Abbreviatur aller Zusammenhänge, konnte das große Geheimnis seines äußeren Lebens verstehen: daß dieser tätigste Mensch gleichzeitig derjenige war, der immer und für alles Zeit hatte.

Nichts hat mich mehr an ihm erstaunt als die geniale Organisation seines äußeren Lebens, während solcher Vielfalt der Interessen, dieses Freisein und Zeit-haben für Alles und Jedes bei unerhörtester Tätigkeit. Es war mein stärkster Eindruck, als ich ihn zum erstenmal sah, mein stärkster, als ich ihn das letztemal sah. Das erstemal – vor mehr als fünfzehn Jahren –, als ich nach längerer brieflicher Bekanntschaft ihn in Berlin anrief, sagte er mir am Telefon, er reise am nächsten Morgen für drei Monate nach Südafrika. Ich wollte natürlich sofort auf den doch gänzlich gelegentlichen Besuch verzichten, aber er hatte inzwischen schon zu Ende kalkuliert, die Stunden gezählt und bat mich, um ¼12 Uhr nachts zu ihm kommen, wir könnten dort zwei Stunden angenehm verplaudern. Und wir sprachen zwei und drei Stunden: nichts deutete auf irgendeine Spannung, auf eine Unruhe knapp vor einer Dreimonatsreise in einen andern Erdteil an. Sein Tag war eingeteilt, dem Schlaf sowie dem Gespräch ein gewisses Maß zugewiesen, das er voll erfüllte mit seiner leidenschaftlichen und unendlich anregenden Rede. Und so war es immer: man mochte kommen, wann man wollte, dieser tätigste Mensch hatte für den gelegentlichsten Menschen Zeit bei Tag und bei Nacht, es gab für ihn kein unerfülltes Versprechen, keine unerledigten Briefe, keinen vergessenen Anlaß im Tumult seiner Tätigkeit, und mit genau derselben bewundernden Stärke wie das erstemal habe ich dieses Genie seiner Lebensorganisation bei der letzten Begegnung gespürt. Es war im November vor einem Jahr, ich sollte nach Berlin kommen zu einem Vortrag und freute mich schon wieder bei dieser Gelegenheit des gewohnten Gespräches mit ihm, das mir eigentlich immer das wertvollste Erlebnis eines Berliner Aufenthaltes war; da stand plötzlich in den Zeitungen die Nachricht, daß Rathenau jene politische Mission nach London übernehmen sollte. Mit einemmal war er aus der privaten Sphäre in die Schicksalswelt des deutschen Reiches erhoben. Selbstverständlich dachte ich nicht mehr daran, ihn in solcher Stunde zu sehen, schrieb nur eine Zeile, ich wolle ihn in einem Augenblick, wo eine Weltentscheidung an ihn herantrete, nicht zu bloßem Gespräch behelligen. Aber als ich nach Berlin kam, lag, als einziger von allen erwarteten Briefen anderer, einer von ihm im Hotel. Er schrieb, es sei richtig, er habe wenig Zeit, aber ich solle nur Sonntag abend zu ihm kommen, pünktlich war er zur Stelle, und zwischen zwei Konferenzen im Reichsamt und zahllosen Erledigungen war er ganz Ruhe, Überlegenheit und Unbesorgtheit im rein abstrakten Gespräch. Und wieder zwei Tage später, im Hause eines Berliner Verlegers, wo eine kleine Gesellschaft versammelt war, kam er abends um ½10 Uhr herein, erzählte Dinge der Vergangenheit mit dem Gleichmut eines lässigen, sorglosen Menschen, plauderte dann noch weiter am Weg bis zur Königsallee (wo ihn die Kugel drei Monate später getroffen hat). Es war ein Uhr in der Nacht, man ging zu Bett, stand in den neuen Morgen auf, und da stand schon in den Zeitungen, daß Walther Rathenau heute mit dem ersten Frühzug nach London zu den Verhandlungen gereist sei. So geschlossen, so funktionsbereit, so ewig wach war dieses Gehirn Rathenaus, daß er vier Stunden vor Abfahrt zu welthistorischen Entscheidungen, die seinen ganzen Willen anspannten und über das Schicksal von Millionen entschieden, scheinbar lässig mit vollem Pflichtbewußtsein im plaudernden Gespräche ausruhen konnte, ohne Nervosität, ohne Ermüdung oder Abspannung zu verraten. Seine Überlegenheit war so groß, daß er sich nie und zu nichts vorzubereiten brauchte: er war immer bereit.

Diese Organisation, diese Fügsamkeit des Denkens unter den Willen, diese Vollendung des diagnostischen Geistes war sein Genie. Und das Tragische an diesem Menschen war, daß er diese Form seines Genies wie überhaupt die Idee der Organisation nicht liebte, daß er – in seinen Büchern hat er es ja oft gesagt – alle geistige wie materielle Organisation für unfruchtbar und sekundär hielt, solange sie nicht einem höheren, selbstlosen Sinn, irgendeinem Seelischen diente. Und diesen Sinn hat er lange nicht gefunden. Er schrieb viel in seinen Büchern von der Seele und vom Glauben als einem Postulat, aber man glaubte nicht recht diesem Tätigsten den Hymnus an die Kontemplation und noch weniger dem Millionär das Lob des geistigen Lebens. Und doch war eine tiefe Einsamkeit in ihm und eine große Unbefriedigtheit. Das bloß Kumulative, das bloße Zusammenraffen von Aufsichtratsstellungen, der Trustwahn eines Stinnes oder Castiglione als Selbstzweck konnte für diesen überlegenen Geist keinen Reiz haben: unablässig fragte er sich in die Welt hinein nach einem Warum und Wozu, nach einer überpersönlichen Rechtfertigung seines gigantischen Tuns. In dem untersten Wesen dieses Intellektuellsten aller Intellektuellen war ein unlöschbarer Durst nach dem Religiösen, nach irgendeiner Dumpfheit des Fühlens, nach einem Glauben. Aber in jedem Glauben ist ein Korn Wahn, ein Korn Weltbeschränktheit, und es war das Verhängnis Rathenaus, seine tiefste Tragik, absolut wahnlos zu sein. Er war ein König Midas des Geistes: was er anblickte, löste sich auf zu Kristall, wurde durchsichtig und klar, schichtete sich zu geistiger Ordnung: nicht ein Senfkorn Wahn oder Gläubigkeit gab ihm Ruhe und Tröstung. Er konnte sich nicht verlieren, sich nicht vergessen: er hätte vielleicht sein Vermögen hingegeben, irgend etwas zu schaffen in erhabener Dumpfheit des Wesens, ein Gedicht oder einen Glauben, aber es war ihm verhängt, immer klar zu sein, immer wach, sein eigenes herrliches Gehirn in sich rotieren und in tausend Spiegelstellungen funkeln zu fühlen.

Darum war auch irgendeine geheimnisvolle Kühle um ihn, eine Atmosphäre reiner Geistigkeit, kristallen klar, aber gewissermaßen luftleerer Raum. Man kam ihm nie ganz nahe, so herzlich, so gefällig, so hingebend er war, und sein hinrollendes Gespräch, wo Horizonte immer weiter und weiter sich wie Kulissen eines kosmischen Schauspiels auftaten, es begeisterte mehr, als es wärmte. Sein geistiges Feuer hatte etwas von einem Diamanten, der die härteste Materie zu zerschneiden vermag und unzerstörbar leuchtet: aber dies Feuer war in sich gefangen, es leuchtete nur zu andern und es wärmte nicht ihn selbst. Eine leichte gläserne Schicht war zwischen ihm und der Welt trotz oder eben wegen dieser geistigen Hochspannung um sein Wesen gegürtet, man spürte diese Undurchdringlichkeit schon, wenn man sein Haus betrat. Da war diese herrliche Villa im Grunewald, 20 Zimmer für Musik und Empfang, aber keines atmete Wärme des Bewohntseins, hatte den Hauch von Erfülltheit und Rast; da war sein Schloß Freienwalde, wo er die Sonntage verbrachte, ein altes märkisches Gut, das er vom Kaiser gekauft, aber man fühlte es wie ein Museum, und im Garten spürte man, daß niemand an den Blumen sich freute, niemand über den Kies ging und niemand ruhend im Schatten saß. Er hatte nicht Frau und nicht Kind, er selbst ruhte nicht und wohnte nicht: irgendwo in diesen Häusern war ein kleines Zimmer, dort diktierte er dem Sekretär oder las seine Bücher, oder schlief seinen kurzen, raschen Schlaf. Sein wirkliches Leben war immer im Geiste, immer in der Tätigkeit, in einer ewigen Wanderschaft, und vielleicht hat sich das merkwürdig Heimlose, großartig Abstrakte des jüdischen Geistes nie vollendeter in einem Gehirn, in einem Wesen ausgeprägt als in diesem Menschen, der sich im tiefsten gegen die Intellektualität seines Geistes wehrte und mit seinem ganzen Willen und seinen Sympathien einem imaginären deutschen, ja preußischen Ideal sich andrängte und doch immer spürte, daß er von einem andern Ufer, von einer anderen Art des Geistes war. Hinter all diesen wechselnden, scheinbar fruchtbaren und immer großartigen Aspekten Rathenaus stand eine furchtbare Einsamkeit: er hat sie niemandem geklagt, und doch hat jeder sie gefühlt, der ihn sah im Wettsturz seiner Tätigkeit und Geselligkeit.

Darum war ihm, wie so vielen innerlich Verainsamten, der Krieg eine Art Befreiung. Zum erstenmal war diesem ungeheuren Tätigkeitsdrang ein Zweck außerhalb seiner selbst gegeben, zum erstenmal diesem Riesengeist eine Aufgabe gestellt, die seiner würdig war, zum erstenmal konnte diese Energie, die sonst sich in allen Windrichtungen des Geistigen auswirkte, gebunden und zielstrebend in eine Richtung sich entladen. Und mit jenem unerhörten Falkenblick, der aus der verwirrtesten Situation sofort den Knotenpunkt wahrnahm, griff Rathenau damals in das grandiose Geflecht des Krieges hinein. Auf den Straßen jubelten die Leute, die Burschen zogen singend ihrem Tod entgegen, die Herren Dichter dichteten mit Volldampf, die Bierhausstrategen bohrten Fähnchen auf die

Landkarten und zählten die Kilometer bis Paris und selbst der deutsche Generalstab rechnete den Weltkrieg nur nach Wochen. Rathenau, dem tragischen Klarseher, war es in der ersten Stunde gewiß, daß ein Kampf, in den die klarsichtigste, die englische Nation sich verstrickt hatte, ein Kampf auf Monate und Jahre hinaus sein mußte, und sein diagnostischer Falkenblick erkannte in der ersten Sekunde die schwache Stelle in der Rüstung Deutschlands, den Mangel an Rohstoffen, der bei einer Blockade durch England notwendig in kürzester Zeit eintreten mußte. Eine Stunde später war er im Kriegsministerium und wieder eine Stunde später begann er jene Kontingentierung der gesamten Rohstoffe im 70-Millionen-Reich und baute das System des ökonomischen Widerstands gigantisch aus, ohne das Deutschland wahrscheinlich schon Monate früher zusammengebrochen wäre.

Es war wohl der erste Augenblick des Lebens, in dem er seine Tätigkeit als sinnvoll und nicht bloß als zwanghaft empfand, aber selbst jene Jahre wurden ihm bald tragisch überschattet durch die eigene Hellsichtigkeit. Sein überlegener Geist, den keine Hoffnung leichtfertig beschwingte, den kein Wahn auch nur für eine Sekunde übertäuben konnte, der zu stolz war, um sich zu belügen, sah das tragische Schicksal des Krieges nach den ersten Fehlschlägen als unvermeidlich voraus und mußte es erleben, sich immer wieder von den Schwätzern und Schreiern, von den traurigen Helden des Siegfriedens überschrien zu wissen. Sein Buch »Von kommenden Dingen«, 1917 als erste Warnung entsandt, zeigte Europa sein Schicksal für den Fall einer Fortdauer des Wahns. Es war ein Appell, den nur Torheit überhören konnte. Aber Wahn ist immer stärker als die Wahrheit, und so mußte er weiter mit schmerzhaft verbissenen Zähnen seine verschwiegensten Gedanken in sich vergraben, mußte zusehen, wie die Torheit des Unterseeboot-Krieges, der Irrwitz der Annexionisten sich austobte, mußte schweigen, obwohl für ihn so wie für Ballin die Klarheit über den Ausgang eine beinahe selbstmörderische ward.

Und ebenso tragisch, klarsehend, mit dem vollen Bewußtsein der Vergeblichkeit, unbestechlich hoffnungslos und nur pflichtbewußt ist dieser Walther Rathenau dann Monate später nach dem Zusammenbruch an die wenig begehrliche Stelle des Ministers eines zerschmetterten Reiches getreten. Es war nicht Eitelkeit, wie so viele meinten, die ihn verlockte, sondern eine finstere Pflichtentschlossenheit gegen sich selbst, gegen die Pflicht, endlich einmal an der Größe einer Aufgabe, der sonst niemand gewachsen war, die eigene ungeheure und noch niemals ganz ausgenützte Kraft zu erproben. Er wußte, was ihm bevorstand: die Mörder Erzbergers waren von ihren Münchner Gesellen gut geschützt und jeder Nachfolger dadurch stillschweigend ermuntert worden; er wußte, daß ihm, dem Juden, eine politische Leistung, und auch die größte, nicht im gegenwärtigen Deutschland zuerkannt, wohl aber jede scheinbare Nachgiebigkeit zum Verbrechen gestempelt würde; er kannte genau den hysterischen Gegenwillen Frankreichs und die verlogene Verhetztheit der alldeutschen Kreise, die sich gegenseitig Waffen in die Hände spielten, er wußte alles und wußte auch wohl das Ende – nicht als Emphatiker des Gefühls wie die andern, sondern als tragisch Wissender ist er an den Platz getreten, den ihm sein Schicksal wies.

In diesen Tagen hat Rathenau zum erstenmal ein Maß für seine Kräfte gefunden, die Weltgeschichte als den wahren Gegenspieler für seinen grandiosen Geist. Zum erstenmal konnte seine Tatkraft, sein Wille, seine Überlegenheit nicht an zufälliger kommerzieller oder literarischer Materie, sondern an zeitlosen Geschehnissen, an Weltsubstanz sich versuchen, und selten hat ein einzelner Mensch sich dermaßen in seinem großen Augenblick bewährt. Genug der Anwesenden bei der Konferenz in Genua haben es mit Bewunderung erzählt, wie heroisch dort seine persönliche Leistung war, wie sehr er, der Vertreter des ungeliebtesten Staates, alle Staatsmänner Europas zur Bewunderung zwang. Seine geistige Spannkraft hatte napoleonisches Maß: er war von Deutschland über Paris gefahren, 58 Stunden im Waggon gereist, kam arbeitend an, nahm die Depeschen entgegen, kleidete sich um, machte zwei Besuche, ging ohne ein Zeichen der Ermüdung in den Sitzungssaal und hielt dort zwei oder drei Stunden seine große Rede. Dann begann eine Diskussion, ein Kreuzfeuer von technischen Fragen, das an seine Konzentration, seine Willenskraft die höchsten Anforderungen stellte. Die englischen, die französischen, die italienischen Delegierten fragten vorbereitet ihn, den Unvorbereiteten, Dutzende von Fragen in ihrer eigenen Sprache. Er antwortete unvorbereitet den Italienern italienisch, den Franzosen französisch, den Engländer englisch, blieb keine Auskunft schuldig und kämpfte so stundenlang als einzelner in einer Art Rösselsprung der Antwort von einem zum andern. Als die Sitzung aufgehoben war, sahen alle im Saale auf, es war jener unwillkürliche Aufblick der Ehrfurcht, den der Gegner für den überlegenen Geist empfindet. Zum erstenmal seit Jahrzehnten hatte das Ausland wieder vor einem deutschen Staatsmann Achtung gefunden, zum erstenmal seit Bismarck ein deutscher Diplomat durch sein persönliches Wesen imponiert. Und so wurde ihm auch das letzte Wort jener Konferenz gegeben, zu jener großartigen Rede am Ostertag, wo er – während zu Hause schon die Gymnasiasten in der Schulpause seine Ermordung berieten – den Ruf zur Besinnung, zur Eintracht Europas mit der ganzen Leidenschaft tragischer Überzeugung formte und sein letztes Wort das »Pace! Pace!« Petrarcas war.

Er hat einen raschen, einen guten Tod gehabt. Die dummen Jungen, die mit ihrer eingepeitschten Hinterhaltsheldentat dem deutschen Geiste zu dienen meinten, waren unbewußt im Einklang mit dem tiefsten Sinn seines Schicksals, denn nur durch das Hingeopfertsein ward das Opfer sichtbar, das Walther Rathenau auf sich genommen hatte. Aber vielleicht ist die Nation mehr um diesen Tod zu bedauern als er selbst. Welthistorische Gestalten soll man nicht sentimentalisch sehen und nicht ihnen langgemächliches Leben und umhüteten Bettod wünschen wie braven bürgerlichen Familienvätern: ihr wahres Schicksal ist nicht das persönliche, sondern das historische, das zeitlos bildsame, und das liegt in wenigen großen Augenblicken beschlossen. Das Höchste, das solchen Naturen verstattet ist, bleibt immer im Sinne Schopenhauers ein heroischer Lebenslauf. Rathenau hat diese letzte, diese höchste Lebensform eben durch seinen Tod erreicht: eine Stunde Weltwirken nur war ihm gegeben, die hat er groß genützt, und ein Beispiel steht nun dauernd an der Stelle, wo flüchtig, allzuflüchtig seine irdische Gestalt gestanden. Nie war er größer als in seinem Tod, nie sichtbarer als heute in seinem Fernesein: Klage um ihn ist zugleich Klage um das deutsche Schicksal, das in entscheidender Stunde seine stärkste und geistigste Tatkraft verstieß

und wieder hinabrollte in die alte verhängnisvolle Wirrsälig-
keit, in die wütige Ungeschicklichkeit seiner beharrlich un-
wirklichen und darum ewig unwirksamen Politik.

Rainer Maria Rilke

Ein Vortrag in London

Meine Damen und meine Herren!

Sie werden an dem heutigen Tage und in den folgenden
Wochen in den lectures so viel von kompetentester Seite über
das Werk des vielgeliebten Dichters Rainer Maria Rilke hören,
daß eine Einleitung mir selbst überflüssig und anspruchsvoll
erscheint. Aber vielleicht habe ich doch ein gewisses Recht, hier
das Wort zu nehmen – ein sehr kostbares und zugleich sehr
schmerzliches Vorrecht, denn ich bin in Ihrem Lande einer der
wenigen, vielleicht der einzige von jenen, die Rilke persönlich
gekannt haben, und eine dichterische Erscheinung ist niemals
vollkommen erkennbar, wenn man nicht zugleich das Bildnis
des Menschen erweckt. Und so, wie man in einem Buche gerne
dem gedruckten Text das Bild seines Autors voranstellt, so
lassen Sie mich versuchen, eine rasche Silhouette des zu früh
Dahingegangenen Ihnen zu geben.

Der reine Dichter in unserer Zeit ist selten, aber vielleicht
noch seltener ist die rein dichterische Existenz, eine vollkommene Lebensführung. Und wer das Glück hatte, eine solche
Harmonie des Schaffens und des Lebens in einem Manne
vorbildlich verwirklicht zu sehen, dem obliegt die Pflicht, für
seine Generation und vielleicht noch für die nächste Zeugenschaft zu leisten für dieses moralische Wunder. Ich hatte durch
Jahre Gelegenheit, Rainer Maria Rilke öfters zu begegnen. Wir
hatten gute Gespräche in den verschiedensten Städten, ich
bewahre Briefe von ihm und als ein kostbares Geschenk die
Handschrift seines berühmtesten Werkes, »Die Weise von
Liebe und Tod«. Dennoch würde ich nicht wagen, mich vor
Ihnen seinen Freund zu nennen, denn dazu war die Distanz des
Respekts bei mir immer zu groß und das Wort »Freund« in der
deutschen Sprache drückt eine intensivere, intimere Beziehung
aus als das englische »friend«. Es wird nur sparsam gegeben,

weil es eine innerste Bindung bedingt, eine Bindung, die Rilke selten irgend jemandem gewährte – Sie können in seinen Briefen sehen, daß er dieses Wort in dreißig Jahren vielleicht nur zwei- oder dreimal als Ansprache ausgesprochen hat. Und schon dies war für sein Wesen ungemein charakteristisch. Rilke hatte eine große Scheu vor ausgesprochenen, vor verratenen Gefühlen. Er liebte es, seine Person und sein Persönliches möglichst zu verbergen, und wenn ich die vielen Menschen, denen ich im Lauf eines Lebens begegnet bin, mir vor das innere Auge stelle, so kann ich mich keines erinnern, dem es gelungen war, mit seinem Äußeren so unauffällig zu bleiben wie Rilke. Es gibt andere Dichter, die sich eine Maske schaffen zur Abwehr gegen den Andrang der Welt, eine Maske von Hochmut, von Härte. Es gibt Dichter, die um ihrer Arbeit willen ganz in ihr Werk flüchten, sich abschließen und unzugänglich werden; bei Rilke war nichts von alledem. Er sah viele Menschen, er reiste durch alle Städte, aber sein Schutz war seine völlige Unauffälligkeit, eine unbeschreibbare Art von Stille und Leisesein, die um ihn eine Aura der Unberührbarkeit schuf. In einem Eisenbahnzug, in einem Restaurant, einem Konzert wäre er niemals aufgefallen. Er trug die einfachste, aber sehr saubere und geschmackvolle Kleidung, er vermied jedes Attribut, welches das Dichterische betonen konnte, er verbot, seine Bilder in Zeitschriften zu veröffentlichen, aus diesem unbeugsamen Willen, privat bleiben zu können, ein Mensch unter den andern, denn er wollte beobachten können, statt beobachtet zu werden. Denken Sie sich irgendeine Gesellschaft in München oder Wien, wo ein, zwei Dutzend Leute im Gespräch beisammensitzen. Ein zarter, sehr jung aussehender Mann tritt ein, und schon dies ist charakteristisch, daß sie sein Eintreten gar nicht bemerkt haben. Er ist ganz still, mit leisen, kleinen Schritten plötzlich da, hat vielleicht einem oder dem andern die Hand gedrückt, und nun sitzt er da mit leicht gesenktem Kopf, um die Augen nicht zu zeigen, diese wunderbaren hellen und beseelten Augen, die ihn einzig verrieten. Er sitzt still, die Hände über dem Knie gefaltet, und hört zu – aber lassen Sie sich nur sagen, ich habe nie eine bessere, eine teilnehmendere Art des Zuhörens gekannt als die seine. Es war ein vollkommenes Lauschen, und wenn er dann sprach, so geschah es so leise, daß man kaum spürte, wie schön und dunkeltönig seine Stimme war. Nie wurde er heftig, nie versuchte er jemanden zu überreden, zu überzeugen, und wenn er spürte, daß ihm zu viele zuhörten, daß er in den Mittelpunkt der Aufmerksamkeit geriet, so zog er sich bald in sich selber zurück. Die wirklichen Gespräche, jene, an die man sich ein Leben lang erinnert, gelangen nur, wenn man mit ihm allein war und am besten abends, wo ihn das Dunkel ein wenig deckte, oder in den Straßen einer fremden Stadt. Aber diese Zurückhaltung Rilkes war keineswegs Hochmut und keineswegs Ängstlichkeit, und nichts wäre falscher, als sich ihn als einen neurotischen, einen verbogenen Menschen zu denken. Er konnte herrlich unbefangen sein, auf die natürlichste Weise mit natürlichen Menschen sprechen und sogar heiter sein. Nur alles Laute, Grobe war ihm unerträglich. Ein lauter Mensch war für ihn eine persönliche Qual, jede Zudringlichkeit oder Aufdringlichkeit von Bewunderern gab seinem klaren Gesicht einen ängstlichen, einen verschreckten Ausdruck, und es war wunderbar zu sehen, wie seine leise Art Gewalt hatte, die Zudringlichsten zurückhaltend, die Lärmendsten leise, die Selbstbewußten bescheiden zu machen. Wo er war, entstand gleichsam eine gereinigte Atmosphäre. Ich glaube, daß nie in seiner Gegenwart jemand ein unanständiges oder grobes Wort gewagt hat, niemand den Mut gehabt hat, literarischen gossip oder Gehässigkeiten zu erzählen. Wie ein Tropfen Öl im bewegten Wasser um sich einen Kreis der Ruhe schafft, so brachte er etwas Reines in jede Umgebung. Diese Gewalt, alles um sich harmonisch zu machen, das Brutale abzudämpfen, das Häßliche in eine Harmonie aufzulösen, war bei ihm erstaunlich. Und so wie den Menschen, solange sie um ihn waren, verstand er auch jedem Raum, jeder Wohnung, in der er wohnte, sofort dieses Zeichen aufzuprägen. Und er wohnte meist in schlimmen Wohnungen, da er arm war, fast immer waren es Mietszimmer, ein oder zwei, in denen er wohnte, mit gleichgültigen, banalen Möbeln. Aber wie Fra Angelico seine Zelle aus niederster Nüchternheit in Schönheit zu verwandeln wußte, so verstand er, seine Umwelt sofort persönlich zu machen. Es waren immer nur Kleinigkeiten, denn er wollte und liebte den Luxus nicht – eine Blume am Pult in einer Vase, ein paar Reproduktionen an der Wand, für ein paar Schillinge gekauft. Aber er wußte diese Dinge anzuordnen mit einer Sauberkeit und Systematik, daß sofort völlige Ordnung in einem solchen Raume war. Er neutralisierte das Fremde durch diese innere Harmonie. Alles, was er um sich hatte, mußte nicht schön sein, nicht kostbar. Aber es mußte in seiner Form vollendet sein, denn er, der Formkünstler, ertrug auch im äußern Leben nicht das Formlose, das Chaotische, das Zufällige, das Ungeordnete. Wenn er einen Brief schrieb mit seiner schönen runden aufrechten Schrift, so durfte es keine Korrektur darin geben, keinen Tintenfleck. Mitleidslos zerriß er jeden Brief, in dem ihm die Feder ausgeglitten war, und schrieb ihn nochmals von Anfang bis zu Ende. Wenn man ihm ein Buch geliehen hatte und er gab es zurück, so war es geradezu zärtlich in Seidenpapier gewickelt und irgendein farbiges dünnes Band umschnürte es und eine Blume lag dabei oder ein besonderes Wort. Sein Koffer, wenn er reiste, war ein Kunstwerk der Ordnung, und so verstand er jeder Kleinigkeit an einer verborgenen, unauffälligen Stelle sein Zeichen aufzuprägen. Eine gewisse Abgestimmtheit um sich zu schaffen, war ihm ein Bedürfnis, gleichsam eine Luftschicht um sich zu haben, so wie sie in Indien einerseits die Heiligen haben und anderseits die Menschen der niedersten Kaste, die Unberührbaren, die niemand am Ärmel zu streifen wagt. Es war dies nur eine ganz dünne Schicht, man konnte dahinter die Wärme seines Wesens spüren, und doch bewahrte sie undurchdringlich das Reine und Persönliche in ihm, wie die Schale die Frucht. Und sie bewahrte, was ihm das Wichtigste war: die Freiheit des Lebens. Keiner der reichen, der erfolgreichen Dichter und Künstler unserer Zeit war so frei wie Rilke, der sich nirgends band. Er hatte keine Gewohnheiten, keine Adresse, er hatte eigentlich auch kein Vaterland; er lebte ebenso gerne in Italien wie in Frankreich und Österreich, und man wußte niemals, wo er war. Fast immer war es Zufall, wenn man ihm begegnete; plötzlich vor einem Pariser Bouquinisten oder in einer Gesellschaft in Wien kam einem sein freundliches Lächeln entgegen und seine weiche Hand. Ebenso plötzlich war er wieder dahin, und wer ihn verehrte, wer ihn liebte, fragte ihn nicht, wo er zu finden wäre, suchte ihn nicht auf, sondern wartete, bis er zu einem kam. Aber jedesmal war es für uns Jüngere, ihn gesehen, ihn gesprochen zu haben, ein Glück und eine moralische Lehre. Denn bedenken Sie, was es für uns Jüngere an erziehlicher Kraft bedeutete, einen großen Dichter zu sehen, der menschlich nicht enttäuscht, der nicht geschäftig und geschäftlich war, der einzig um sein Werk sich kümmerte und nicht um seine

Wirkung, der nie Kritiken las und sich nie begaffen und interviewen ließ, der anteilnehmend blieb und bis zur letzten Stunde von einer wunderbaren Neugier für alles Neue. Ich habe ihn gehört, wie er statt eigene Gedichte einem Kreise von Freunden einen ganzen Abend die Verse eines jungen Dichters vorlas, ich habe von seiner Hand ganze Seiten gesehen, die er aus fremden Werken sich abgeschrieben mit seiner wunderbar kalligraphischen Schrift, um sie weiter – zu verschenken. Und es war rührend, mit welcher Demut er sich einem Dichter wie Paul Valéry unterordnete, wie er ihm durch Übersetzung diente und, ein Fünfzigjähriger, von dem Fünfundfünfzigjährigen sprach wie von einem unerreichbaren Meister. Bewundern, das war sein Glück, und es war nötig in den letzten Jahren seines Lebens, denn, dies ersparen Sie mir zu beschreiben, wie dieser Mensch litt unter dem Kriege und unter der Zeit nach dem Kriege, als die Welt blutgierig war, häßlich, roh, barbarisch, als die Stille, die er um sich schaffen wollte, nicht mehr möglich war. Und nie werde ich vergessen die Verstörung in seinem Wesen, als ich ihn in Uniform sah. Jahre und Jahre der inneren Lähmung mußte er überwinden, ehe er wieder einen Vers schreiben konnte. Aber dann war es jene Vollendung der Duineser Elegien.

Meine Damen, meine Herren, ich versuchte Ihnen nur mit einem Wort etwas von der Kunst des reinen Lebens in Rilke anzudeuten, dieses Dichters, der nie in der Öffentlichkeit sichtbar gewesen war, nie unter den Menschen seine Stimme erhoben und dessen lebendigen Atem man kaum gespürt. Aber doch, niemand hat, als er gegangen war, unserer Zeit so gefehlt wie dieser Leiseste, und nun erst spürt Deutschland, spürt die Welt das Unwiederbringliche, das in seinem Wesen war. Manchmal geschieht es einem Volke, wenn ein Dichter stirbt, als stürbe die Dichtung selber mit ihm. Vielleicht hat England ähnliches erlebt, als in einem einzigen Jahrzehnt Byron hingegangen und Shelley und Keats. In solchen tragischen Augenblicken wird dieser letzte gleichsam seiner Generation zum Symbol des Dichters überhaupt und man zittert, es sei der letzte gewesen, den wir erlebten. Wenn wir heute in Deutschland Dichter sagen, denken wir noch immer an ihn, und indes wir seine geliebte Gestalt noch mit den Blicken an all den Orten suchen, wo wir ihr begegnet sind, ist sie schon hinübergegangen aus unserer Zeit ins Zeitlose und Statue geworden im marmornen Haine der Unsterblichkeit.

Joseph Roth

Abschiednehmen, diese schwere und bittere Kunst zu erlernen, haben uns die letzten Jahre reichlich, ja überreichlich Gelegenheit geboten. Von wie vielem und wie oft haben wir Ausgewanderte, Ausgestoßene Abschied nehmen müssen, von der Heimat, von dem eigenen gemäßen Wirkungskreis, von Haus und Besitz und aller in Jahren erkämpften Sicherheit. Wieviel haben wir verloren, immer wieder verloren, Freunde durch Tod oder Feigheit des Herzens, und wieviel Gläubigkeit vor allem, Gläubigkeit an die friedliche und gerechte Gestaltung der Welt, Gläubigkeit an den endlichen und endgültigen Sieg des Rechts über die Gewalt. Zu oft sind wir enttäuscht worden, um noch leidenschaftlich überschwenglich zu hoffen, und aus Instinkt der Selbstbewahrung versuchen wir, unser Gehirn dahin zu disziplinieren, daß es wegdenke, rasch hinüberdenke über jede neue Verstörung und alles, was hinter uns liegt, schon als endgültig abgelöst zu betrachten. Aber manchmal weigert sich unser Herz dieser Disziplin des raschen und radikalen Vergessens. Immer, wenn wir einen Menschen verlieren, einen der seltenen, die wir unersetzlich und unwiederbringlich wissen, fühlen wir betroffen und beglückt zugleich, wie sehr unser getretenes Herz noch fähig ist, Schmerz zu empfinden und aufzubegehren gegen ein Schicksal, das uns unserer Besten, unserer Unersetzlichsten vorzeitig beraubt.

Ein solcher unersetzlicher Mensch war unser lieber Joseph Roth, unvergeßbar als Mensch und für alle Zeiten durch kein Dekret als Dichter auszubürgern aus den Annalen der deutschen Kunst. Einmalig waren in ihm zu schöpferischem Zwecke die verschiedensten Elemente gemischt. Er stammte, wie Sie wissen, aus einem kleinen Ort an der altösterreichisch-russischen Grenze; diese Herkunft hat auf seine seelische Formung bestimmend gewirkt. Es war in Joseph Roth ein russischer Mensch – ich möchte fast sagen, ein Karamasowscher Mensch –, ein Mann der großen Leidenschaften, ein Mann, der in allem das Äußerste versuchte; eine russische Inbrunst des Gefühls erfüllte ihn, eine tiefe Frömmigkeit, aber verhängnisvollerweise auch jener russische Trieb zur Selbstzerstörung. Und es war in Roth noch ein zweiter Mensch, der jüdische Mensch mit einer hellen, unheimlich wachen, kritischen Klugheit, ein Mensch der gerechten und darum milden Weisheit, der erschreckt und zugleich mit heimlicher Liebe dem wilden, dem russischen, dem dämonischen Menschen in sich zublickte. Und noch ein drittes Element war von jenem Ursprung in ihm wirksam: der österreichische Mensch, nobel und ritterlich in jeder Geste, ebenso verbindlich und bezaubernd im täglichen Wesen wie musisch und musikalisch in seiner Kunst. Nur diese einmalige und nicht wiederholbare Mischung erklärt mir die Einmaligkeit seines Wesens, seines Werkes.

Er kam aus einem kleinen Städtchen, ich sagte es, und aus einer jüdischen Gemeinde am äußersten Rande Österreichs. Aber geheimnisvollerweise waren in unserem sonderbaren Österreich die eigentlichen Bekenner und Verteidiger Österreichs niemals in Wien zu finden, in der deutschsprechenden Hauptstadt, sondern immer nur an der äußersten Peripherie des Reiches, wo die Menschen die mild-nachlässige Herrschaft der Habsburger täglich vergleichen konnten mit der strafferen und minder humanen der Nachbarländer. In dem kleinen Städtchen, dem Joseph Roth entstammte, blickten die Juden dankbar hinüber nach Wien; dort wohnte, unerreichbar wie ein Gott in den Wolken, der alte, der uralte Kaiser Franz Joseph, und sie lobten und liebten in Ehrfurcht diesen fernen Kaiser wie eine Legende, sie ehrten und bewunderten die farbigen Engel dieses Gotts, die Offiziere, die Ulanen und Dragoner, die einen Schimmer leuchtender Farbe in ihre niedere, dumpfe, ärmliche Welt brachten. Die Ehrfurcht vor dem Kaiser und seiner Armee hat sich Roth also schon als den Mythos seiner Kindheit aus seiner östlichen Heimat nach Wien mitgenommen.

Noch ein Zweites brachte er mit, als er endlich nach unsäglichen Entbehrungen diese ihm heilige Stadt betrat, um dort an der Universität Germanistik zu studieren: eine demütige und doch leidenschaftliche, eine werktätig sich immer wieder erneuernde Liebe zur deutschen Sprache. Meine Damen und Herren, es ist hier nicht die Stunde, mit den Lügen und Verleumdungen abzurechnen, mit welchen die nationalsozialistische Propaganda die Welt zu verdummen sucht. Aber von all ihren Lügen ist vielleicht keine verlogener, gemeiner und wahrheitswidriger als diejenige, daß die Juden in Deutschland jemals Haß oder Feindseligkeit geäußert hätten wider die deutsche Kultur. Im Gegenteil, gerade in Österreich konnte man unwidersprechlich gewahren, daß in all jenen Randgebieten, wo der Bestand der deutschen Sprache bedroht war, die Pflege der deutschen Kultur einzig und allein von Juden aufrechterhalten wurde. Der Name Goethes, Hölderlins und Schillers, Schuberts, Mozarts und Bachs war diesen Juden des Ostens nicht minder heilig als der ihrer Erzväter. Mag es eine unglückselige Liebe gewesen sein und heute gewiß eine unbedankte, das Faktum dieser Liebe wird doch nie und niemals wegzulügen sein aus der Welt, denn sie ist in tausend einzelnen Werken und Taten bezeugt. Auch Joseph Roths innerstes Verlangen war von Kindheit an, der deutschen Sprache zu dienen und in ihr den großen Ideen, die vordem Deutschlands Ehre waren, dem Weltbürgertum und der Freiheit des Geistes. Er war nach Wien gekommen um dieser Ehrfurcht willen, ein gründlichster Kenner und bald ein Meister der Sprache. Eine umfassende Bildung, errungen und abgerungen zahllosen Nächten, brachte der schmale, kleine, schüchterne Student schon mit an die Universität, und ein anderes noch: seine Armut. Ungern hat Roth von diesen Jahren beschämender Entbehrung in späterer Zeit erzählt. Aber wir wußten, daß er bis zum einundzwanzigsten Jahre nie einen Anzug getragen, der für ihn selber geschneidert worden war, immer nur die abgetragenen, abgelegten von anderen, daß er an Freitischen gesessen, wie oft vielleicht gedemütigt und in seiner wunderbaren Empfindsamkeit verletzt, – wir wußten, daß er nur mühsam durch rastloses Stundengeben und Hauslehrerei das akademische Studium fortsetzen konnte. Im Seminar fiel er sofort den Professoren auf; man verschaffte diesem besten und blendendsten Schüler ein Stipendium und machte ihm Hoffnung auf eine Dozentur, alles schien plötzlich herrlich für ihn zu werden. Da fuhr 1914 die harte Schneide des Krieges dazwischen, die für unsere Generation die Welt unerbittlich in ein Vorher und Nachher geschieden hat.

Der Krieg wurde für Roth Entscheidung und Befreiung zugleich. Entscheidung, weil dadurch für immer die geregelte Existenz als Gymnasialprofessor oder Dozent erledigt war.

Und Befreiung, weil sie ihm, dem bisher ewig von andern Abhängigen, Selbständigkeit gab. Die Uniform des Fähnrichs war die erste, die ihm neu und eigens auf den Leib geschneidert wurde. An der Front Verantwortung zu tragen, das gab ihm, diesem unermeßlich bescheidenen, zarten und schüchternen Menschen, zum erstenmal Männlichkeit und Kraft.

Aber es war im Schicksal Joseph Roths in ewiger Wiederholung beschlossen, daß wo immer er eine Sicherheit fand, sie erschüttert werden sollte. Der Zusammenbruch der Armee warf ihn zurück nach Wien, ziellos, zwecklos, mittellos. Vorbei war der Traum der Universität, vorbei die erregende Episode des Soldatentums: es galt eine Existenz aus dem Nichts aufzubauen. Beinahe wäre er damals Redakteur geworden, aber glücklicherweise ging es ihm in Wien zu langsam, und so übersiedelte er nach Berlin. Dort kam der erste Durchbruch. Zuerst druckten ihn die Zeitungen bloß, dann umwarben sie ihn als einen der brillantesten, scharfsichtigsten Darsteller menschlicher Zustände; die Frankfurter Zeitung sandte ihn – dies ein neues Glück für ihn – weit in die Welt, nach Rußland, nach Italien, nach Ungarn, nach Paris. Damals fiel uns dieser neue Name Joseph Roth zum erstenmal auf – alle spürten wir hinter dieser blendenden Technik seiner Darstellung einen immer und überall menschlich mitfühlenden Sinn, der nicht nur das Äußere, sondern auch das Innere und Innerste von Menschen zu durchseelen verstand.

Nach drei oder vier Jahren hatte unser Joseph Roth nun alles, was man im bürgerlichen Leben Erfolg nennt. Er lebte mit einer jungen und sehr geliebten Frau, er war von den Zeitungen geschätzt und umworben, von einer immer wachsenden Leserschaft begleitet und begrüßt, er verdiente Geld und sogar viel Geld. Aber Erfolg konnte diesen wunderbaren Menschen nicht hochmütig machen, das Geld bekam ihn nie in seine Abhängigkeit. Er gab es weg mit vollen Händen, vielleicht weil er wußte, daß es bei ihm nicht bleiben wollte. Er nahm kein Haus und hatte kein Heim. Nomadisch wandernd von Hotel zu Hotel, von Stadt zu Stadt mit seinem kleinen Koffer, einem Dutzend feingespitzter Bleistifte und dreißig oder vierzig Blättern Papier in seinem unwandelbaren grauen Mäntelchen, so lebte er sein Leben lang bohemehaft, studentisch, irgendein tieferes Wissen verbot ihm jede Bleibe, mißtrauisch wehrte er sich jeder Bruderschaft mit behäbig-bürgerlichem Glück.

Und dieses Wissen behielt recht – immer und immer wieder gegen jeden Anschein der Vernunft. Gleich der erste Damm, den er sich gegen das Verhängnis gebaut, seine junge, seine glückliche Ehe, brach ein über Nacht. Seine geliebte Frau, dieser sein innerster Halt, wurde plötzlich geisteskrank, und obwohl er es sich verschweigen wollte, unheilbar und für alle Zeit. Dies war die erste Erschütterung seiner Existenz, und um so verhängnisvoller, als der russische Mensch in ihm, jener russische, leidenswütige Karamasow-Mensch, von dem ich Ihnen sprach, dies Verhängnis gewaltsam umwandeln wollte in eigene Schuld.

Aber gerade dadurch, daß er damals bis ins Innerste sich selbst die Brust aufriß, legte er zum erstenmal sein Herz frei, dieses wunderbare Dichterherz; um sich selbst zu trösten, um sich selbst Heilung zu geben, suchte er, was sinnloses persönliches Schicksal war, umzugestalten in ein ewiges und ewig sich erneuerndes Symbol; sinnend und immer wieder nachsinnend, warum ihn, und gerade ihn, der niemandem etwas zuleide getan, der in den Jahren der Entbehrung still und demütig gewesen und sich in den kurzen Jahren des Glücks nicht überhoben, das Schicksal so hart züchtige, da mochte ihn Erinnerung überkommen haben an jenen andern seines Bluts, der mit der gleichen verzweifelten Frage: Warum? Warum mir? Warum gerade mir? sich gegen Gott gewandt.

Sie wissen alle, welches Symbol, welches Buch Joseph Roths ich meine, den »Hiob«, dies Buch, das man in eiliger Abbreviatur einen Roman nennt und das doch mehr ist als Roman und Legende, eine reine, eine vollkommene Dichtung in unserer Zeit und wenn ich nicht irre, die einzige, die alles zu überdauern bestimmt ist, was wir, seine Zeitgenossen, geschaffen und geschrieben. Unwiderstehlich hat sich in allen Ländern, in allen Sprachen die innere Wahrhaftigkeit dieses gestalteten Schmerzes offenbart, und dies ist inmitten der Trauer um den Hingeschwundenen unser Trost, daß in dieser vollkommenen und durch Vollkommenheit unzerstörbaren Form ein Teil des Wesens Joseph Roths gerettet ist für alle Zeiten.

Ein Teil von dem Wesen Joseph Roths, sagte ich, ist in diesem Werk für alle Zeit vor Vergänglichkeit bewahrt, und ich meinte mit diesem Teil den jüdischen Menschen in ihm, den Menschen der ewigen Gottesfrage, den Menschen, der Gerechtigkeit fordert für diese unsere Welt und alle künftigen Welten. Aber nun, zum erstenmal seiner dichterischen Kraft bewußt, unternahm es Roth, auch den anderen Menschen in sich darzustellen: den österreichischen Menschen. Und abermals wissen Sie, welches Werk ich meine – den »Radetzkymarsch«. Wie die alte vornehme und an ihrer inneren Noblesse unkräftig gewordene österreichische Kultur zugrundegeht, dies wollte er in der Gestalt eines letzten Österreichers aus verblühendem Geschlecht zeigen. Es war ein Buch des Abschieds, wehmütig und prophetisch, wie es immer die Bücher der wahren Dichter sind. Wer in kommenden Zeiten die wahrste Grabinschrift der alten Monarchie wird lesen wollen, wird sich niederbeugen müssen über die Blätter dieses Buches und seiner Fortführung, der »Kapuzinergruft«.

Mit diesen zwei Büchern, diesen zwei Welterfolgen, hatte Joseph Roth sich endlich enthüllt und erfüllt als der, der er war, der echte Dichter und wunderbar wache Betrachter jener Zeit und ihr mild verstehender, gütiger Richter. Viel Ruhm und viel Ehre warben damals um ihn: sie konnten ihn nicht verführen. Wie hellsichtig empfand er alles und wie nachsichtig zugleich, jedes Menschen, jedes Kunstwerks Fehler erkennend und doch verzeihend, ehrfürchtig vor jedem Älteren seines Standes, hilfreich gegen jeden Jüngeren. Freund jedem Freunde, Kamerad jedem Kameraden und wohlgesinnt auch dem Fremdesten, wurde er ein wirklicher Verschwender seines Herzens, seiner Zeit und – um das Wort unseres Freundes Ernst Weiß zu borgen – immer ein »armer Verschwender«. Das Geld floß ihm fort unter den Fingern; jedem, der etwas entbehrte, gab er in Erinnerung an seine einstigen Entbehrungen, jedem, der Hilfe brauchte, half er in Erinnerung an die wenigen, die ihm einstens geholfen. In allem, was er tat, was er sagte und schrieb, spürte man eine unwiderstehliche und unvergeßliche Güte, ein großartiges, ein russisch überschwengliches Sich-selbst-Verschwenden. Nur wer ihn gekannt in diesen Zeiten, wird verstehen können, warum und wie unbegrenzt wir diesen einzigen Menschen geliebt.

Dann kam die Wende, jene fürchterliche für uns alle, die jeden Menschen um so unmäßiger traf, je mehr er weltfreundlich, zukunftsgläubig gesinnt war und im seelischen Sinne empfindlich –, also einen derart zart organisierten, derart gerechtigkeitsfanatischen Menschen wie Joseph Roth am allerverhängnisvollsten. Nicht daß seine eigenen Bücher verbrannt und verfemt wurden, sein Name ausgelöscht –, nicht das Persönliche also erbitterte und erschütterte ihn so sehr bis in die untersten Tiefen seines Wesens, sondern daß er das böse Prinzip, den Haß, die Gewalt, die Lüge, daß er, wie er es sagte, den Antichrist auf Erden triumphieren sah, dies verwandelte ihm das Leben in eine einzige andauernde Verzweiflung.

Und so begann in diesem gütigsten, zarten und zärtlichen Menschen, für den Bejahen, Bestärken und durch Güte Befreunden die elementarste Lebensfunktion gewesen war, jene Wandlung ins Bittere und Kämpferische. Er sah nur eine Aufgabe mehr: alle seine Kraft, die künstlerische wie die persönliche, einzusetzen zur Bekämpfung des Antichrist auf Erden. Er, der immer allein gestanden, der in seiner Kunst zu keiner Gruppe und zu keinem Klüngel gehört hatte, suchte jetzt mit aller Leidenschaft seines wilden und erschütterten Herzens Unterkunft in einer kämpfenden Gemeinschaft. Er fand sie oder er meinte sie im Katholizismus und im österreichischen Legitimismus zu finden. In seinen letzten Jahren wurde unser Joseph Roth gläubiger, bekennender, alle Gebote dieser Religion demütig erfüllender Katholik, wurde er Kämpfer und Vorkämpfer in der kleinen und, wie es die Tatsachen erwiesen haben, recht machtlosen Gruppe der Habsburgtreuen, der Legitimisten.

Ich weiß, daß viele seiner Freunde und alten Kameraden ihm diese Wendung ins Reaktionäre, wie sie es nannten, verübelt haben und sie als eine Verirrung und Verwirrung angesehen. Aber so wenig ich selbst diese Wendung zu billigen oder gar mitzumachen vermochte, so wenig möchte ich mich anmaßen, ihre Ehrlichkeit bei ihm zu bezweifeln oder in dieser Hingabe etwas Unverständliches zu sehen. Denn schon vordem hatte er seine Liebe zum alten, zum kaiserlichen Österreich in seinem »Radetzkymarsch« bekundet, schon vordem dargetan in seinem »Hiob«, welches religiöse Bedürfnis, welcher Wille nach Gottgläubigkeit das innerste Element seines schöpferischen Lebens war. Kein Gran Feigheit oder Absicht oder Berechnung war in diesem Übergang, sondern einzig und allein der verzweifelte Wille, als Soldat zu dienen in diesem Kampf um die europäische Kultur, nebensächlich, in welcher Reihe und in welchem Rang. Und ich glaube sogar, daß er im tiefsten wußte, lange vor dem Untergang des zweiten Österreich, daß er einer verlorenen Sache diente. Aber gerade dies entsprach dem Ritterlichen seiner Natur, sich dorthin zu stellen, wo es am unbedanktesten und am gefährlichsten war, ein Ritter ohne Furcht und Tadel, ganz hingegeben dieser ihm heiligen Sache, dem Kampf gegen den Weltfeind und gleichgültig gegen das eigene Geschick.

Gleichgültig gegen das eigene Geschick und sogar mehr noch – voll heimlicher Sehnsucht nach baldigem Untergang. Er litt, unser teurer verlorener Freund, so unmenschlich, so tierisch wild angesichts jenes Triumphs des bösen Prinzips, das er verachtete und verabscheute, daß er, als er die Unmöglichkeit einsah, dies Böse auf Erden aus eigener Kraft zu zerstören, sich selber zu zerstören begann. Um der Wahrheit willen dürfen wir es nicht verschweigen – nicht nur Ernst Tollers Ende ist ein Freitod gewesen aus Abscheu gegen unsere tollwütige, unsere ungerechte und schurkische Zeit. Auch unser Freund Joseph Roth hat aus dem gleichen Gefühl der Verzweiflung sich bewußt selber vernichtet, nur daß bei ihm diese Selbstzerstörung noch viel grausamer, weil um vieles langsamer sich vollzog, weil sie ein Selbstzerstören war Tag um Tag und Stunde um Stunde und Stück um Stück, eine Art Selbstverbrennung.

Ich glaube, die meisten von Ihnen wissen bereits, was ich jetzt andeuten will: das Unmaß der Verzweiflung über die Erfolglosigkeit und Sinnlosigkeit seines Kampfes, die innere Verstörung durch die Verstörung der Welt hatten in den letzten Jahren diesen wachen und wunderbaren Menschen zu einem heillosen und schließlich unheilbaren Trinker gemacht. Aber denken Sie bei diesem Wort Trinker nicht etwa an einen heiteren Zecher, der lustig und schwatzfreudig im Kreise von Kameraden sitzt, der sich anfeuert und sie anfeuert zu Frohmut und gesteigertem Lebensgefühl. Nein, Joseph Roths Trinken war ein Trinken aus Bitternis, aus Sucht nach Vergessen; es war der russische Mensch in ihm, der Mensch der Selbstverurteilung, der sich gewaltsam in die Hörigkeit dieser langsamen und scharfen Gifte begab. Früher war der Alkohol für ihn nur ein künstlerischer Anreiz gewesen; er pflegte während der Arbeit ab und zu – aber immer nur ganz wenig – an einem Glase Cognac zu nippen. Es war anfangs nur ein Kunstgriff des Künstlers. Während andere zum Schaffen einer Stimulierung bedürfen, weil ihr Gehirn nicht genug rapid, nicht genug bildnerisch schafft, so brauchte er mit seiner ungeheuren Überklarheit des Geistes eine ganz zarte, ganz leise Vernebelung, gleichsam wie man einen Raum abdunkelt, um besser Musik zu hören.

Dann aber, als die Katastrophe hereinbrach, wurde das Bedürfnis immer dringlicher, sich stumpf zu machen gegen das Unabwendbare und gewaltsam seinen Abscheu vor unserer brutalisierten Welt zu vergessen. Dazu benötigte er mehr und mehr dieser goldhellen und dunklen Schnäpse, immer schärfere und immer noch bitterere, um die innere Bitterkeit zu überspielen. Es war, glauben Sie es mir, ein Trinken aus Haß und Zorn und Ohnmacht und Empörung, ein böses, ein finsteres, ein feindliches Trinken, das er selber haßte und dem er sich doch nicht zu entringen vermochte.

Sie mögen sich denken, wie uns, seine Freunde, diese rasende Selbstzerstörung eines der edelsten Künstler unserer Zeit erschütterte. Furchtbar schon, einen geliebten, einen verehrten Menschen neben sich hinsiechen zu sehen und ohnmächtig dem übermächtigen Verhängnis nicht wehren zu können und dem immer näher andrängenden Tod. Aber wie grauenhaft erst, mitansehen zu müssen, wenn solcher Zerfall nicht Schuld des äußeren Schicksals ist, sondern bei einem geliebten Menschen von innen her gewollt, wenn man einen innigsten Freund sich selber morden mitansehen muß, ohne ihn zurückreißen zu können! Ach, wir sahen ihn, diesen herrlichen Künstler, diesen gütigen Menschen, äußerlich wie innerlich in Nachlässigkeit fallen, deutlich und immer deutlicher stand schon das endgültige Fatum in seinen verlöschenden Zügen. Es wurde ein unaufhaltsamer Niedergang und Untergang. Aber wenn ich dieser seiner schrecklichen Selbstverheerung Erwähnung tue, geschieht es nicht, um ihm die Schuld zuzumessen – nein, Schuld trägt nur unsere Zeit an diesem Untergang, diese ruchlose und rechtlose Zeit, die Edelste in solche Verzweiflung stößt, daß sie aus Haß gegen diese Welt keine andere Rettung wissen, als sich selbst zu vernichten.

Nicht also, meine Damen und Herren, um das seelische Bildnis Joseph Roths abzuschatten, habe ich dieser seiner Schwäche Erwähnung getan, sondern gerade im Gegensinn, nur damit Sie nun doppelt das Wunderbare, ja das Wunder fühlen, wie herrlich unzerstörbar und unvernichtbar bis zum letzten in diesem schon verlorenen Menschen der Dichter, der

Künstler blieb. Wie Asbest dem Feuer, so trotzte die dichterische Substanz in seinem Wesen unbeschädigt der moralischen Selbstverbrennung. Es war ein Wunder gegen alle Logik, gegen alle medizinischen Gesetze, dieser Triumph des in ihm schaffenden Geistes über den schon versagenden Körper. Aber in der Sekunde, da Roth den Bleistift faßte, um zu schreiben, endete jede Verwirrung; sofort begann in diesem undisziplinierten Menschen jene eherne Disziplin, wie sie nur der vollsinnige Künstler übt, und keine Zeile hat Joseph Roth uns hinterlassen, deren Prosa nicht gesiegelt wäre mit dem Signum der Meisterschaft. Lesen Sie seine letzten Aufsätze, lesen oder hören Sie die Seiten seines letzten Buches, knapp einen Monat vor seinem Tode geschrieben, und prüfen Sie mißtrauisch und genau diese Prosa, wie man einen Edelstein mit der Lupe untersucht –, Sie werden keinen Sprung finden in ihrer diamantenen Reinheit, keine Trübung in ihrer Klarheit. Jede Seite, jede Zeile ist wie die Strophe eines Gedichts gehämmert mit dem genauesten Bewußtsein für Rhythmus und Melodik. Geschwächt in seinem armen, brüchigen Leibe, verstört in seiner Seele, blieb er immer noch aufrecht in seiner Kunst, – in seiner Kunst, mit der er sich nicht dieser von ihm verachteten Welt, sondern der Nachwelt verantwortlich fühlte: es war ein Triumph, ein beispielloser des Gewissens über den äußeren Untergang. Ich bin ihm oft schreibend begegnet an seinem geliebten Kaffeehaustisch und wußte: das Manuskript war schon verkauft, er brauchte Geld, die Verleger drängten ihn. Aber mitleidslos, der allerstrengste und allerweiseste Richter, riß er vor meinen Augen die ganzen Blätter noch einmal durch und begann von neuem, nur weil irgendein winziges Beiwort noch nicht das rechte Gewicht, ein Satz noch nicht den vollen musikalischen Klang zu haben schien. Treuer seinem Genius als sich selber, hat er sich herrlich in seiner Kunst erhoben über seinen eigenen Untergang.

Meine Damen und Herren, wieviel drängte es mich noch, Ihnen zu sagen von diesem einmaligen Menschen, dessen weiterwirkender Wert selbst uns, seinen Freunden, in diesem Augenblicke vielleicht noch nicht ganz erfaßbar ist. Aber es ist nicht die Zeit, jetzt für endgültige Wertungen und nicht auch, der eigenen Trauer besinnend nachzuhängen. Nein, dies ist keine Zeit für eigene, persönliche Gefühle, denn wir stehen mitten in einem geistigen Krieg und sogar an seinem gefährlichsten Posten. Sie wissen alle, im Krieg wird bei jeder Niederlage einer Armee eine kleine Gruppe abgesondert, um den Rückzug zu decken und dem geschlagenen Heer die notwendige Neuordnung zu ermöglichen. Diese paar aufgeopferten Bataillone haben dann dem ganzen Druck der Übermacht möglichst lange standzuhalten, sie stehen im schärfsten Feuer und haben die schwersten Verluste. Ihre Aufgabe ist es nicht, den *Kampf* zu gewinnen – dafür sind sie zu wenige –, ihre Aufgabe ist einzig, *Zeit* zu gewinnen, Zeit für die stärkeren Kolonnen hinter ihnen, für die nächste, die eigentliche Schlacht. Meine Freunde – dieser vorgeschobene, dieser aufgeopferte Posten ist heute uns zugeteilt, uns, den Künstlern, den Schriftstellern der Emigration. Wir wissen selbst in dieser Stunde noch nicht deutlich zu erkennen, was der innere Sinn unserer Aufgabe ist. Vielleicht haben wir, indem wir diese Bastion halten, vor der Welt nur die Tatsache zu verschleiern, daß die Literatur innerhalb Deutschlands seit Hitler die kläglichste Niederlage der Geschichte erlitten hat und im Begriffe ist, aus dem Blickfeld Europas völlig zu verschwinden. Vielleicht aber – und laßt uns dies von ganzer Seele hoffen! – vielleicht haben wir diese Bastion nur solange zu halten, bis hinter uns die Umgruppierung erfolgt ist, bis das deutsche Volk und seine Literatur wieder frei ist und abermals als eine schöpferische Einheit dem Geiste dient. Doch sei, wie dem sei – wir haben nicht nach dem Sinn unserer Aufgabe zu fragen, sondern jetzt jeder nur eines zu tun: den Posten zu halten, an den wir gestellt sind. Wir dürfen nicht mutlos werden, wenn unsere Reihen sich lichten, wir dürfen nicht einmal, wenn rechts und links die besten unserer Kameraden fallen, wehmütig unserer Trauer nachgeben, denn – ich sagte es eben – wir stehen mitten im Kriege und an seinem gefährdetsten Posten. Ein Blick gerade nur hinüber, wenn einer der Unsern fällt, – – ein Blick der Dankbarkeit, der Trauer und des treuen Gedenkens, und dann wieder zurück an die einzige Schanze, die uns schützt: an unser Werk, an unsere Aufgabe – unsere eigene und unsere gemeinsame, um sie so aufrecht und mannhaft zu erfüllen bis an das bittere Ende, wie diese beiden verlorenen Kameraden es uns vorausgezeigt, wie unser ewig überschwenglicher Ernst Toller, wie unser unvergeßlicher, unvergeßbarer Joseph Roth.

Die Tragik der Vergeßlichkeit

Es ist verlockend schön und vielleicht sogar wahr, immer wieder von den edelsten Geistern des idealistische Bekenntnis zu lesen, den einzelnen Menschen wie der ganzen Menschheit sei ein tiefer Trieb zur Erkenntnis, zum Erfassen der Wahrheit eingeboren. Jedes Erlebnis wird dem einzelnen zur Lehre, jedes Leiden hilft ihm zu wissendem Fortschritt, und so erhebt sich sein Leben von den Verwirrungen der Jugend zu immer größerer Klarheit und Umfassung. Welthistorisch betrachtet liegt in diesem Gedanken ein ungemeiner Trost, denn diese Fähigkeit zu immer klarerer Erkenntnis verbürgte, durch Millionen Schicksale innerhalb der Jahrhunderte emporgesteigert, eine unaufhaltsame Erhebung der Menschheit, eine friedliche Einigung im Sinne einer höchsten Kultur.

Nun ist sicherlich dieser Trieb zur Wahrheit, diese Leidenschaft zum Erkennen den Menschen und der Menschheit eingeboren, aber ebenso auch ein ihr geheimnisvoll entgegenwirkender Gegeninstinkt, der mit seiner Schwerkraft den Aufstieg in das Unendliche hemmt. Und das ist der unbewußte und oft auch bewußte Wille von einzelnen Menschen, Völkern und ganzen Generationen, die Wahrheit, zu der sie sich selbst mühsam durchgerungen haben, wieder gewaltsam zu vergessen, die Fortschritte der Erkenntnis freiwillig aufzugeben und sich zurück in den alten wilderen, aber gleichzeitig wärmeren Wahn zu flüchten. Wider unseren Willen wirkt dieser Instinkt in jedem von uns, der Wahrheit auszuweichen – denn die Wahrheit hat ein Medusenantlitz, gleichzeitig schön und grauenhaft – und in unserer Erinnerung aus jedem Erlebnis nur das Angenehme auszulesen, die sympathischen Züge aufzubewahren. Dieser Prozeß einseitiger Auslese und Umfälschung läßt darum ewig den Menschen ihre Jugend schön und jedem Volk seine Vergangenheit großartig erscheinen, und vielleicht ist dieser gewaltsame Trieb zur Verschönerung, zur Idealisierung des Lebens den meisten Menschen überhaupt eine Vorbedingung, daß sie die Wirklichkeit und ihre Existenz zu ertragen vermögen. Hier mischt sich Trägheit des persönlichen Gefühls mit tieferem, unbewußtem, unpersönlichem Instinkt der Selbsterhaltung, hier walten Gesetze, die mit dem letzten der menschlichen Natur unweigerlich verbunden sind. Denn ohne diesen geheimnisvollen Geist des Vergessens wäre der Kreislauf des Geschehens längst zu Ende, Gestalten wie Christus und Buddha hätten ihre Lehre für immer verwirklicht und die Einheit der Menschheit wäre längst kein Traum mehr.

Diesen tiefen Trieb einer ganzen Zeit, einer ganzen Generation zum Vergessen und Vergessenwollen vermochte aber niemals eine Zeit eindringlicher erkennen zu lassen als die unsere, denn es scheint, daß eine geheimnisvolle Relation zwischen der Intensität der Wahrheit besteht und der Beschleunigung, mit der sie das Bewußtsein flieht: je erfolgreicher der Wille zur Erkenntnis einsetzt, um so stärker auch der Zwang, von dem Druck, von der Qual dieser Erkenntnis wieder loszukommen. Denn nie wäre es sonst möglich gewesen, daß in diesem einen einzigen Jahre, nach dem furchtbarsten Kriege der Menschheit, die Mehrzahl heute schon ihr ganzes tragisches Erlebnis in diesen fünf Jahren und ihre ganze Erkenntnis vergessen hat.

Besinnen wir uns einmal in Aufrichtigkeit! Als der Krieg sich zu Ende neigte, gab es einen ganz wunderbaren Augenblick in Europa, es war wie ein Augenaufschlagen, ein Erwachen aus einem wüsten Traum, ein Sichbesinnen. Jeder einzelne wurde plötzlich gewahr, daß hinter seiner heroischen Anstrengung nicht sein eigener Wille und nicht ein göttlicher, ein allmenschlicher Impuls wirkte, sondern kleine Triebe, gereizte Eitelkeiten, fremder Hochmut und fremder Stolz. Das tiefste Leiden hatte eine mystische Gemeinsamkeit erzeugt und aus allen Völkern brach ein unwiderstehliches Verlangen nach einer höheren brüderlichen Gemeinschaft als jener der Regimenter, Armeen und Nationen. Das seit hundert Jahren geträumte Sternbild der vereinigten Staaten Europas, des friedlichen Völkerbundes, stand mit einem Male glühend am Horizonte. Mit Entsetzen sahen Millionen auf einmal das fremde Blut an ihren Händen, alles war in ihnen bereit, ihre Leidenschaften nun einem höhern Ziel, der Verbrüderung, der letzten Einheit hinzugeben.

Diesen Augenblick der höchsten Erkenntnis, diesen Augenblick, wo die Wahrheit wie ein milder Mond für eine Stunde zwischen den Wolken der Gehässigkeit und der Verdüsterung vortrat, ihn haben wir erlebt vor einem Jahre. Und selbst in hoffnungsvollem Irrtum befangen, meinten wir, die Seelen, die einmal aufgeblickt in diese Helligkeit ihres Herzens und in die hohen Himmel der Wahrheit, würden nie mehr sich diese

Erkenntnis verdunkeln lassen. Und doch haben wir ein noch Unbegreiflicheres erlebt, haben erlebt, daß auch diese im tiefsten Leiden geborene Wahrheit, kaum daß die Völker, die Nationen wieder ein wenig Rast und Ruhe und Heiterkeit und Trägheit hatten, für immer unterging.

Ein Jahr ist seitdem vergangen, ein einziges Jahr, ein Jahr sogar ohne Blut und Mord, und wir leben mitten in der alten Lüge, mitten im Wahn. Mehr als je sperren sich die Staaten gegeneinander ab, die Generäle, selbst die besiegten, sind wieder zu Helden geworden, die verschimmelten Phrasen dienen wieder als Brot des Lebens. Von neuem lassen sich die Völker narren, sie seien bedroht von ihren Nachbarn, sie müßten rüsten, ihre Ehre gebiete ihnen dies und jenes, und so marschieren sie wieder in Uniform und ziehen Fahnen auf und bauen Kanonen, innerlich schon bereit zu den alten blutigen und irrsinnigen Spielen. Wie konnte das geschehen, fragen wir uns selbst, die wir den Umschwung dieses Jahres erlebten? Der Anfang ist klar: die Schuldigen und Verantwortlichen in allen Ländern, die die Wahrheit fürchteten, haben sich ihr entgegengestemmt und sich gegenseitig von Land zu Land wieder in den Lügen emporgesteigert, aber nie hätte ihnen dieses erbärmliche politische Spiel der Selbsterhaltung gelingen können, wäre nicht in den Menschen mit ihrer ungeheuren Müdigkeit, mit ihrer seelischen Trägheit ihnen ein Helfer entstanden: jener angetierte Wille, die Wahrheit zu vergessen. Man frage einen Buchhändler: der wird erzählen, daß heute niemand mehr Kriegsbücher lesen mag, daß das Publikum die wichtigsten Dokumente des Erkennens für unnötig findet. Nein, nur nichts lesen, nichts hören, nichts sehen, nicht die Wahrheit in geschriebenen Lettern und im gesprochenen Wort, nicht in den Gestalten der Krüppel, der Waisen, der Arbeitslosen, nein, nur vergessen, nur rasch vergessen um jeden Preis, nur laut Hurrah brüllen, um das Gewissen zu überschreien, um nicht die eigene Stimme zu hören, nur fortrasen in hitziger Flucht vor der Wirklichkeit in Vergnügen hinein, in Lügen, in Traum. Aber nur weg von der Wahrheit!

Und das, gerade dies macht unsere Zeit so furchtbar tragisch, so widerlich und so hoffnungslos, daß sie eines ungläubigen Glaubens ist, daß alle nationalen und politischen Ideale, die jetzt so laut gebrüllt werden, irgendwo einen falschen Ton haben und aus einer Absicht, nicht aus einer Innerlichkeit klingen. Es gibt Zeiten, wo der nationale Wahn eine kindliche und ahnungslose, eine reine und unbewußte Schönheit hatte. Selbst 1914 war noch solchen kindlichen Vertrauens voll. Wenn da jedes Volk – es hatte ja keiner einen wirklichen Krieg gesehen, keiner auch nur mit der Phantasie in seine Abgründe hineingeblickt – meinte, es sei überfallen, verraten worden und seine Brüder und Gefährten in Gefahr, so waren sie aufrichtig gläubige, unwissende Opfer dieser ihrer reinen Gläubigkeit. Den Menschen von heute aber fehlt dieser unschuldige Wahn. Sie haben einmal vom Baum der Erkenntnis die bittere Frucht genossen und hinter jedem ihrer Worte ist etwas, das sie Lügen straft, und jeder, der die Worte hört, auch jeder, der ihnen zujubelt, weiß irgendwo im tiefsten Herzen um ihre Lüge. Es gibt keinen Abgeordneten in irgendeinem Parlament Europas, der die einfache Tatsache nicht wüßte, die ein siebenjähriges Kind verstehen muß, wenn man sie ihm erklärt, daß nämlich unser Europa keine andere Möglichkeit hat, sich wirtschaftlich zu erhalten als die brüderliche Vereinigung, daß wir 20 Millionen Menschen als nutzlos bezahlte Beamte und Soldaten verwenden, um unser gegenseitiges Mißtrauen zu nähren, während in Amerika diese 20 Millionen Menschen, statt den Staat zu belasten, produktive Arbeit und Werte erzeugen und mit dieser Überlegenheit alle unsere Staaten einmal zugrunde richten werden. Jeder dieser Abgeordneten weiß, daß dieser Krieg für Europa war, was der peloponnesische für Sparta und Athen, der momentane Erfolg einer Partei, in Wahrheit aber der Untergang einer ganzen Kultur. Jeder weiß es, und keiner hat den Mut, es zu sagen, alle sprechen sie weiter von Bedrohung des Vaterlandes und nationaler Ehre, aber so wie sie selbst glaubenslos, ist die Welt vertrauenslos geworden und der grauenhafte Dunst von Lüge liegt darum über unseren Tagen. Unsere Welt ist dunkel geworden, weil sie das Dunkel des Vergessens wollten, weil sie die Wahrheit, die sie einmal erkannt hatten, nicht länger ertragen wollten.

Tragischer Ausblick tragischer Stunde in tragischer Welt! Wieder ist der alte Schlaf über der Erde, aber erregt noch von den wüsten Träumen des blutigen Tages. Unruhig geht der Atem der Völker, und wenn sie sich träumend hin und her wälzen, klirren manchmal schon verräterisch die Waffen. Vergebens blickt die Vernunft in diese Dunkelheit, die kein einzelnes Wort zu erhellen vermag, in diesen dumpfen Schlaf, den kein Ruf der Warnung aufschrecken kann, und muß ohnmächtig bekennen, daß offenbar ein tieferer Sinn in dieser Selbstflucht in das Vergessen liegt, in diesem ewigen Rückschritt der Menschheit von ihren reinsten Zielen. Aber wenn dies auch der Menschheit als Schicksal verhängt ist, immer wieder dem Wahn der Entzweiung anheimzufallen, so bleibt es ewige Aufgabe der Wachen, zu warnen und dem Unvermeidlichen zu wehren. Alles Erleben ist sinnlos, insoweit es vergänglich ist und wieder verloren geht, alle Wahrheit nutzlos, wenn sie wieder vergessen wird. Und darum muß es der Lebenssinn jedes Wachen sein, die einmal klar erkannte Wahrheit für sich selbst festzuhalten und unablässig zu erinnern an das Sternbild über unseren Häuptern, um vorbereitet zu sein auf die heilig-seltene Stunde seiner Wiederkehr.

Ist die Geschichte gerecht?

»Wer da hat, dem wird gegeben, daß er die Fülle habe; wer aber nicht hat, dem wird genommen, auch was er hatte.« Dieses Wort, obzwar 2000 Jahre alt, gilt unvermindert auch in der Gegenwart. Wo Erfolg, da strömt Erfolg zu, wo Reichtum, da neues, frisches, quellendes Gold und überdies noch die Anbetung vor dem Golde, der freiwillige Enthusiasmus der Mitläufer und matten Seelen, denn Macht ist die geheimnisvollste Materie der Welt. Magnetisch zieht sie den einzelnen, suggestiv die Masse an, die selten fragt, wo diese Macht gewonnen und wem sie weg genommen ist, sondern nur ihr Dasein als eine Steigerung ihrer eigenen Existenz blind hingegeben empfindet. Immer war es die gefährlichste Eigenschaft der Völker, sich selbst freiwillig unter das Joch zu stellen, sich begeistert in die Knechtschaft zu stürzen. Und am liebsten unter eine des Erfolges.

Jeder Gegenwart gilt dies grausame Wort, daß dem, der da hat, noch gegeben wird. Aber sonderbarer als dies: auch die Geschichte, auch sie, die leidenschaftslos sein sollte, klarsinnig und gerecht, auch sie hat die Neigung, nachträglich dem recht zu geben, der im wirklichen Leben äußerlich recht behalten hat; auch sie neigt sich, wie die meisten Menschen, zur Seite des Erfolges, auch sie vergrößert noch nachträglich die Großen, die Sieger, und verkleinert oder verschweigt die Besiegten. Auf die Berühmten häuft sie zu ihrem tatsächlichen Ruhm noch die Legende, und jeder Große erscheint in der Optik der Geschichte fast immer noch größer, als er wirklich gewesen – den unzähligen Kleinen wird genommen, was dem Großen zugetan wird.

Von der Heldentat eines Schiffes bleibt der Name des Kapitäns, und ins Dunkle sinken jene, die an seiner Seite gestorben und vielleicht mehr als er die wahre Leistung gefördert und getan. Auf die Monarchen wird der Fleiß und der Heroismus ihrer Untertanen gehäuft, immer nimmt die Geschichte aus der Notwendigkeit der Verkürzung auf wenige Namen und Gestalten Unzähliger ihre Tat und schiebt sie dem Stärkeren zu, denn: »Wer nicht hat, dem wird genommen, was er hatte.« Darum tut es not, Geschichte nicht gläubig zu lesen, sondern neugierig mißtrauisch, denn sie dient, die scheinbar unbestechliche, doch der tiefen Neigung der Menschheit zur Legende, zum Mythos – sie heroisiert bewußt oder unbewußt einige wenige Helden zur Vollkommenheit und läßt die Helden des Alltags, die heroischen Naturen des zweiten und dritten Ranges ins Dunkel fallen. Legende aber ist immer, gerade durch das Verführerische, durch den Abglanz von Vollkommenheit, der gefährlichste Feind der Wahrheit, und darum ist es unsere Pflicht, sie ständig zu überprüfen und die eigentliche Leistung auf ihr historisches Maß zurückzuführen.

Eine solche Entgöttlichung mindert nicht die Wesenheit, nicht den Weltwert eines Menschen, sie steigert nur unser Zeitgefühl, unser Zeiterkennen, sie macht durch Erkenntnis der Vergangenheit uns der Gegenwart mehr gerecht. Nichts gefährlicher als die Pietät vor der einmal erkannten Größe, nichts verhängnisvoller als die Kniebeuge vor der offiziell geheiligten Macht! Wo Legende ihre Ranken gewoben hat, um eine Gestalt psychologisch unsichtbar zu machen, dürfen wir sie, ohne damit blasphemisch zu werden, beruhigt wieder ablösen; immer müssen wir das Dazutun, das Dazugetane innerhalb der Geschichte wieder korrigieren und dem unwiderstehlichen Zwang der Menschheit, vor Erfolg sich zu beugen, die reine und gerechte Achtung vor der tatsächlichen Leistung entgegensetzen.

Unsere Pflicht ist darum immer, nicht die Macht an sich zu bewundern, sondern nur jene seltenen Menschen, die sie redlich und gerechterweise gewonnen. Redlich und gerecht gewinnt sie eigentlich nur immer der geistige Mensch, der Wissenschaftler, der Musiker, der Dichter, denn was er gibt, das ist niemandem genommen. Das irdische, das militärische, das politische Herrschertum eines einzelnen entsteht ausnahmslos aus Gewalt, aus Brutalität, und deshalb müssen wir, statt die Sieger blindlings zu bewundern, immer die Charakterfrage stellen: durch welches Mittel und auf wessen Kosten einer gesiegt. Denn wo im Materiellen, im Staatlichen große Macht eines einzelnen entsteht, dort kommt sie selten aus dem Nichts oder aus freiliegendem Gut, sondern fast immer ist sie anderen, ist sie Schwächeren genommen, fast immer hat jeder große Nimbus da verdächtig blutfarbenen Schein.

Sind wir aber – und ich hoffe, wir sind es – von der Idee der Heiligkeit jedes einzelnen Lebens durchdrungen, leugnen wir das Recht eines Individuums, über Hunderte und Tausende seiner Leidensgenossen die Stufen zur Macht emporzusteigen – sehen wir die Weltgeschichte nicht einzig als eine Chronik von Siegen und Kriegen und nicht den Eroberer schon vorneweg als Helden an, dann erst machen wir jener gefährlichen Vergöttlichung des Erfolges ein Ende. Zwischen Macht und Moral ist selten eine Bindung, meist sogar eine unüberbrückbare Kluft. Sie immer und immer wieder aufzuzeigen, bleibt unsere erste, unsere dringendste Pflicht, und wenn Dichten nach Ibsens Wort bedeutet »Gerichtstag halten«, so dürfen wir uns nicht scheuen, auch ab und zu eine der mit serviler Ehrfurcht gesalbten Gestalten vor unser privates Tribunal zu rufen und auch dem Vergessenen, dem Getretenen das Recht der Zeugenschaft zu gewähren.

Der Turm zu Babel

Die tiefsten Legenden der Menschheit walten um ihren Anbeginn. Die Symbole des Ursprungs haben eine wundervolle dichterische Kraft und gleichsam selbsttätig deuten sie auf jeden späteren großen Augenblick der Geschichte zurück, in der sich Völker erneuern und bedeutende Epochen ihren Anbeginn nehmen. Und es ist in den Büchern der Bibel, noch auf den ersten Blättern, bald nach dem Chaos der Schöpfung, ein wunderbarer Mythos der Menschheit erzählt. Damals, kaum erstanden aus dem Unbekannten, noch umschattet von der Dämmerung des Unbewußten, hatten die Menschen sich zusammengetan zu einem gemeinsamen Werk. Sie standen in einer fremden, weglosen Welt, die ihnen finster schien und gefährlich, hoch über sich aber sahen sie den Himmel stehen, rein und klar, als ewigen Spiegel des Unendlichen, nach dem eine Sehnsucht ihnen eingeboren war. Und so traten sie zusammen und sprachen: »Wohlauf, lasset uns eine Stadt und einen Turm bauen, dessen Spitze bis in den Himmel reiche, daß wir uns einen Namen machen für die Ewigkeit.« Und sie taten sich zusammen, kneteten Lehm und brannten Ziegel daraus und huben an zu bauen, daß es ein Turm werde, der hinreiche in Gottes Saal zu seinen Sternen und zu der blanken Schale des Mondes.

Gott sah vom Himmel das kleine Mühen und mochte gelächelt haben, wie er die Menschen erblickte, die selbst klein, durch die Ferne wie winzige Insekten noch Kleineres zusammentaten, knetete Erde und behaue Steine. Ein Spiel mochte es ihn dünken, einfältig und ungefährlich, was die Menschen da unten begannen in ihrem wirren Verlangen nach Ewigkeit. Aber bald sah er die Grundfesten des Turmes wachsen, weil die Menschen einträchtig waren und einhellig, weil sie nicht innehielten in ihrem Werke und einträchtig sich halfen, einer dem anderen. Und da sagte er sich: »Sie werden nicht ablassen von dem Turm, ehe sie ihn nicht vollendet haben.« Zum ersten Male erkannte er die Größe des Geistes, den er selbst in die Menschen getan. Er ward inne, daß es nicht mehr der seine war, der dann ewig ruhte nach sieben Tagen des Werkes, sondern ein anderer, gefährlicher, wundervoller Geist der Unermüdlichkeit, der nicht abläßt von der Erfüllung. Und zum ersten Male ward Gott bange vor den Menschen, denn sie waren stark, wenn sie ähnlich waren wie er selbst, eine Einheit. Er begann nachzusinnen, wie er das Werk hemmen könnte. Und er fand, daß er nur stärker wäre als sie, wenn sie nicht mehr einträchtig wären, und tat Zwietracht zwischen sie. Er sprach zu sich selbst: »Lasset uns sie verwirren, daß keiner des andern Sprache vernehme.« Damals wurde Gott zum ersten Male grausam gegen die Menschheit.

Und Gottes finsterer Entschluß wurde Tat. Er reckte die Hand aus gegen die Fleißigen, die unten in emsiger Eintracht wirkten, und schlug ihren Geist. Die bitterste Stunde der

Menschheit war gekommen. Plötzlich über Nacht, mitten am Werk, verstanden sie einander nicht mehr. Sie schrien sich zu, aber keiner begriff des anderen Rede, und da sie sich nicht verstanden, ergrimmten sie gegeneinander. Sie warfen ihre Ziegel weg, Haue und Kelle, sie stritten und zankten, und schließlich liefen sie alle fort vom gemeinsamen Werke, jeder in sein Heim, jeder in seine Heimat. Über alle Felder und Wälder der Erde zerstreuten sie sich, bauten jeder nur mehr seine enge Heimstatt, die nicht in die Wolken reichte und nicht zu Gott, sondern nur eben sein Haupt schützte und seinen nächtlichen Schlaf. Der Turm Babels aber, der gewaltige, blieb verlassen, Regen und Wind rissen an seinen Zinnen, die schon den Himmel nahe gesehen, allmählich sanken sie ein, bröckelten ab und zerbrachen. Bald war er Legende, nur aufgezeichnet im Lied, und die Menschheit vergaß das größte Werk ihrer Jugend.

Hunderte und Tausende Jahre gingen darüber hin, die Menschen lebten seitdem in der Abgeschiedenheit ihrer Sprachen. Sie taten Grenzen zwischen ihre Felder und Länder. Grenzen zwischen ihre Glauben und Sitten, fremd lebten sie nebeneinander, und wenn sie ihre Marken überschritten, so war es nur, um sich zu berauben. Jahrhunderte, Jahrtausende gab es keine Einheit zwischen ihnen, nur abgesonderten Stolz und eigensüchtiges Werk. Aber doch, wie von einem Traum mußte aus ihrer gemeinsamen Kindheit noch eine Ahnung des großen Werkes in ihnen sein, denn allmählich ansteigend in die Reife der Jahre, begannen sie wieder einander nachzufragen und unbewußt den verlorenen Zusammenhang zu suchen. Ein paar kühne Menschen machten den Anfang, sie besuchten fremde Reiche, brachten Botschaft heim, allmählich befreundeten sich die Völker, eines lernte vom anderen, sie tauschten ihr Wissen, ihre Werte, ihre Metalle, und allmählich entdeckten sie, daß verschiedene Sprachen keine Entfremdung sein müßten und Grenzen kein Abgrund zwischen den Völkern. Ihre Weisen erkannten, daß keine Wissenschaft aus einem Volk allein die Unendlichkeit begreifen könnte, bald empfanden auch die Gelehrten, daß der Austausch der Erkenntnisse rascher den gemeinsamen Fortschritt befördere, die Dichter übertrugen die Worte der Brüder in die eigenen und Musik, die einzige, die frei ward vom engen Band der Sprache, durchdrang gemeinsam aller Gefühle. Die Menschen liebten das Leben mehr, seit sie wußten, daß auch eine Einigkeit möglich war jenseits der Sprache, ja sie dankten Gott für das, was er als Strafe über sie verhängt, dankten ihm, daß er diese Vielfalt ihnen zugeteilt, weil er ihnen damit die Möglichkeit gegeben, vielfach die Welt zu genießen und an den Verschiedenheiten die eigene Einheit stärker bewußt zu lieben.

So begann er allmählich auf Europas Boden wieder zu erstehen, der Turm zu Babel, das Denkmal der brüderlichen Gemeinschaft, das Monument der menschlichen Solidarität. Nicht die stumpfe Materie war es mehr, Ziegel und Ton, Mörtel und Erde, den sie wählten, um den Himmel zu erreichen, Gott und Welt zu verbrüdern. Aus dem feinsten unzerstörbarsten Stoff des irdischen Wesens, aus Geist und Erfahrung, aus den sublimsten seelischen Substanzen war er erbaut, der neue Turm. Breit und tief war das Fundament, die Weisheit des Morgenlandes hatte es vertieft, christliche Lehre gab ihm das Gleichgewicht und die Menschheit der Antike die ehernen Quadern. Alles, was je die Menschheit getan, was der irdische Geist vollbracht, ward eingefügt in diesen Turm und er stieg empor. Jede Nation steuerte bei, was sie schuf zu diesem Denkmal Europas, junge Völker drängten sich heran und lernten von den alten, gaben ihre unberührte Kraft zu der weisen Erfahrung. Sie lernten voneinander die Kunstgriffe und daß jeder anders arbeitete, erhöhte nur den gemeinsamen Eifer, denn wenn einer mehr tat, so war es Ansporn für den Nachbarn, und die Zwistigkeiten, die manchmal unter den Nationen manche verwirrten, konnten keinen Einhalt tun an dem gemeinsamen Werk.

So wuchs der Turm, der neue Turm von Babel, und nie stieg seine Spitze so hoch empor wie in unserer Zeit. Nie waren die Nationen gegenseitig so sehr in ihren Geist eingedrungen, nie die Wissenschaften ähnlich innig verknotet, nie der Handel so sehr verwoben zu einem wundervollen Netz und nie hatten die Menschen Europas ihre Heimat und die ganze Welt so sehr geliebt. Schon mußten sie in diesem Rausch der Einheit den Himmel fühlen, denn die Dichter aller Sprachen begannen gerade in den letzten Jahren in Hymnen die Schönheit des Seins und des Schaffens zu preisen und fühlten sich wie einst die Erbauer des mythischen Turms, schon selbst der Gott durch die Nähe der Erfüllung. Das Denkmal stieg auf, alles Heilige der Menschheit war darin versammelt und Musik umflutete es wie ein Sturm.

Aber der Gott über ihnen, der unsterblich ist wie die Menschheit selbst, sah erschreckt den Turm wieder wachsen, den er schon einmal zerschlagen, und ihm bangte wiederum. Und wiederum wußte er, daß er nur stärker sein könnte als die Menschheit, wenn er wieder Zwietracht sendete und es vollbrachte, daß die Menschen einander nicht verstünden. Wieder war er grausam, wieder sandte er Verwirrung unter sie, und nun, nach tausend und tausend Jahren, ist dieser entsetzliche Augenblick mitten in unserem Leben erneuert. Über Nacht verstanden die Menschen einander nicht mehr, die friedlich miteinander geschaffen, und weil sie sich nicht verstanden, ergrimmten sie gegeneinander. Wieder warfen sie ihr Arbeitszeug weg und richteten es als Waffe gegeneinander, die Gelehrten ihre Wissenschaft, die Techniker ihre Entdeckungen, die Dichter ihre Worte, die Priester ihre Glauben, alles wurde tödliche Waffe, was früher Handhabe war zu lebendigem Werk.

Das ist unser furchtbarer Augenblick von heute. Der neue Turm von Babel, das große Denkmal der geistigen Einheit Europas, ist verfallen, die Werkleute haben sich verlaufen. Noch stehen seine Zinnen, noch ragen seine unsichtbaren Quadern über der verwirrten Welt, aber ohne die gemeinsame Mühe, die erhaltende, fortdauernde, wird er stürzen in Vergessenheit. Wie jener andere in den Tagen der Mythe. Viele sind heute unter allen Völkern, die solches wünschen, die das, was ihre Nationen beigetragen zum Gemeinsamen, am liebsten auslösen möchten aus dem wundervollen Bau, unbesorgt darum, ob er in Brüche ginge, um allein mit der verminderten Kraft ihrer Volksgemeinschaft den Himmel und die Unendlichkeit zu erreichen. Aber andere sind noch zur Stelle, die meinen, es könne niemals einem Volke, einer Nation, gelingen, zu erreichen, was kaum die vereinte europäische Kraft in Jahrhunderten heroischer Gemeinsamkeit vermocht. Menschen, die gläubig glauben, daß dieses Denkmal sich hier vollenden müsse, in unserem Europa, wo es begonnen ward, und nicht vielleicht in fremden Erdteilen, in Amerika, in Asien. Noch ist die Stunde nicht reif zu gemeinsamer Tätigkeit, noch zu groß die Verwirrung, die Gott in die Seelen sandte, und Jahre werden vielleicht vergehen, ehe die Brüder von einst wieder in friedlichem Wettbewerb gegen die Unendlichkeit schaffen. Aber wir müssen doch wieder an den Bau zurück, jeder an die Stelle, wo er ihn verließ in dem Augenblick der Verwirrung. Vielleicht werden wir einander bei der Arbeit Jahre nicht sehen, vielleicht kaum hören voneinander. Aber wenn wir nun schaffen, jeder an seiner Stelle, mit der alten Glut, so wird der Turm wieder aufsteigen, und auf den Höhen werden sich die Nationen wiederfinden.

Nachwort des Herausgebers

Der Essay über »Montaigne«, den wir an die Spitze dieser Sammlung gestellt haben, ist Stefan Zweigs letzte Arbeit. Erst lange Zeit nach seinem Tode ist das Manuskript nach Europa gelangt, ein Konvolut von Vorarbeiten, Notizbüchern, ersten und zweiten Fassungen des Textes, an dem er nach seiner Art unablässig weiter feilte, ehe er ihn aus der Hand legte, um nur noch jenen allerletzten Gruß an seine Freunde aufzusetzen, mit dem er sein Leben abschloß.

Auch in dem stillen Petrópolis, der Sommerhauptstadt Brasiliens, hatte er nur eine Zuflucht gefunden, nicht die Ruhe. Er arbeitete, er las – man sollte nur noch die ganz Großen lesen, meinte er: Goethe, Shakespeare, Tolstoi, Montaigne. In einer Welt der Unfreiheit, einer Zeit, da »meine geistige Heimat Europa sich selbst vernichtet«, wie er in seinem Abschiedsgruß schrieb, suchte er Trost bei dem ersten freien Denker, bei einem der Begründer des europäischen Erbes, als dessen bescheidener Sachwalter Stefan Zweig sich fühlte. »Ein Freund ist gekommen, mich zu beraten und von sich zu erzählen. Manchmal ist in seiner Stimme eine leise Trauer über die Gebrechlichkeit unseres menschlichen Wesens, die Unzulänglichkeit unseres Verstandes, die Engstirnigkeit unserer Führer, den Widersinn unserer Zeit, jene edle Trauer, die sein Schüler Shakespeare gerade den liebsten Gestalten, Hamlet, Brutus und Prospero so unvergeßlich mitgegeben. Aber dann spüre ich wieder sein Lächeln: warum nimmst du dies alles so schwer? Warum läßt du dich anfechten und niederbeugen von dem Unsinn und der Bestialität deiner Zeit? All das rührt doch bloß an deine Haut, an dein äußeres Leben, nicht an dein innerstes Ich.«

So notiert er sich für das erste Kapitel des Montaigne-Essays. Er führt das Wort Goethes von der »Zitadelle« an, dem geheimsten Raum seines Herzens, und stellt eines der Kapitel unter dies Zeichen. Er skizziert: »Damals wie heute die Welt zerrissen, ein Schlachtfeld. Krieg zum summum der Bestialität gesteigert.« Und wie eine Vorahnung seines eignen Schicksals, seiner eignen Situation lautet die abgebrochene Notiz:

»1593. Wird müde. Der Tod. Der Turm. Der einzige Spazier-
weg. Die Mauer. Von da alles überseh...«

Es ist, als ob Stefan Zweig damit sein eignes Todesmotiv
angeschlagen hätte und als ob der Akkord vor dem Ausschwin-
gen von einer höheren Macht abgebrochen worden wäre.

Er schließt aber diese letzte Arbeit mit fester Hand ab:
»Niemand haben wir dankbarer zu sein als jenen, die in einer
unmenschlichen Zeit wie der unseren das Menschliche in uns
bestärken, die uns mahnen, das Einzige und Unverlierbare, das
wir besitzen, unser innerstes Ich, nicht preiszugeben. Denn nur
jener, der selbst frei bleibt gegen alles und alle, mehrt und
erhält die Freiheit der Welt.«

Dem Dank an Freunde, Gefährten, an Vorbilder oder Weggenossen gelten auch die meisten der anderen Beiträge, die wir
in diesem Bande zusammengestellt haben. Es sind nicht immer
nur die Großen, denen seine Gedanken in der Einsamkeit von
Petrópolis galten. Es sind halb oder ganz vergessene Namen
darunter, aber keiner, der Stefan Zweig nicht wichtig war als
ein Helfer und Mitarbeiter an dem Bau jenes unsichtbaren
Turmes und Schatzhauses, dem er eine seiner Traumphanta-
sien gewidmet hat. Zu danken, zu rühmen, das sah er als seine
Hauptaufgabe an; Polemik, oder auch schärfste kritische Son-
dierung war nicht seine Sache, so genau er sehr wohl zu
unterscheiden wußte, so unerbittlich er ablehnen konnte,
wenn er die »Zitadelle« in Gefahr sah. Als Dank für einen
unermüdlichen Mehrer und Erhalter unseres gemeinsamen
Geistesgutes, das immer wieder bedroht ist, durch Gleichgültigkeit und Vergeßlichkeit ebenso wie durch Bosheit oder
unbändige Torheit, sei daher diese Sammlung verstanden.
Wenn wir sie unter das Motto »Europäisches Erbe« gestellt
haben, so soll damit gerade auch die Weltoffenheit bis nach
Indien oder Japan hinüber inbegriffen sein, die Stefan Zweig
eine Selbstverständlichkeit bedeutete, und die er nicht zuletzt
meinte, wenn er seinen Freunden im Abschiedsgruß zurief:
»Mögen sie die Morgenröte noch sehen nach der langen
Nacht!«

Richard Friedenthal

Anmerkungen

Montaigne: Geschrieben zu Petrópolis, Brasilien 1941/42

Chateaubriand: Einführung zu Chateaubriand, ›Romantische Erzählungen‹, Wien–Leipzig, Rikola Verlag, 1924

Jaurès: ›Neue Freie Presse‹, Wien, 6. 8. 1916

Léon Bazalgette: 1927

Edmond Jaloux: 1931

Romain Rolland: Vortrag in Berlin, Meistersaal, am 29. 1. 1926

Pour Ramuz!: aus ›Hommage à Ramuz. Zum 60. Geburtstag‹, Lausanne, V. Porchet & Cie 1938

Lafcadio Hearn: Einführung zur Auswahl aus den Werken (›Das Japanbuch‹), Frankfurt am Main, Rütten & Loening 1911

Jens Peter Jacobsens »Niels Lyhne«: Vorwort zur Ausgabe von ›Niels Lyhne‹ in der Sammlung ›Epikon‹, München, Paul List Verlag 1931

Rabindranath Tagores »Sadhâna«: aus ›Das literarische Echo‹, Berlin, 1. Oktober 1921

Das Drama in Tausendundeiner Nacht: Wien 1917; Besprechung von A. Gelber, ›1001 Nacht. Der Sinn der Erzählungen der Scheherezade‹, Wien, M. Perles 1917

E. T. A. Hoffmann: Vorwort zur französischen Ausgabe der ›Prinzessin Brambilla‹, Paris, Attinger 1929

Gustav Mahlers Wiederkehr: ›Neue Freie Presse‹, Wien, 25. 4. 1915

Arthur Schnitzler. Zum 60. Geburtstag: ›Neue Rundschau‹, Berlin 1922

Jakob Wassermann: ›Neue Rundschau‹, Berlin 1912

Peter Rosegger: Zum Tod des Dichters am 26. Juni 1918, ›National-Zeitung‹, Basel

Anton Kippenberg: aus der Festschrift ›Navigare necesse est‹, Leipzig, Insel Verlag 1924

Vorbeigehen an einem unauffälligen Menschen – Otto Weininger: ›Berliner Tageblatt‹, 3. 10. 1926

Abschied von Alexander Moissi: Vortrag in Mailand am 5. 6. 1935

Walther Rathenau: 1922, unmittelbar nach der Ermordung Rathenaus am 24. Juni 1922 geschrieben

Rainer Maria Rilke, Ein Vortrag in London: 1936

Joseph Roth: Paris 1939; Ansprache zur Trauerfeier

Die Tragik der Vergeßlichkeit: 1919

Ist die Geschichte gerecht?: 1922

Der Turm zu Babel: ›Pester Lloyd‹, 1. Januar 1930

STEFAN ZWEIG

Fischer Taschenbücher